聂荣臻与傅作义

◎ 王红云　郑健　著

U0782333

山西出版传媒集团

北岳文艺出版社
BEIYUE LITERATURE & ART PUBLISHING HOUSE

图书在版编目（CIP）数据

聂荣臻与傅作义 / 王红云 , 郑健著 . —太原 : 北岳文艺出版社 , 2015.7（2020.10重印）

ISBN 978-7-5378-4492-5

Ⅰ.①聂… Ⅱ.①王… ②郑… Ⅲ.①聂荣臻（1899～1992）–生平事迹 ②傅作义（1895～1974）–生平事迹 Ⅳ.① K825.2

中国版本图书馆 CIP 数据核字（2015）第 146974 号

书　　名	聂荣臻与傅作义
著　　者	王红云　郑　健
责任编辑	赵　瑞
设计制作	鸿儒文轩
出版发行	山西出版传媒集团·北岳文艺出版社
地　　址	山西省太原市并州南路 57 号
邮　　编	030012
电　　话	0351-5628696（太原发行部）
	010-57427866（北京发行部）
	0351-5628688（总编室）
传　　真	0351-5628680
网　　址	http://www.bywy.com
E－mail	bywycbs@163.com
印刷装订	三河市华东印刷有限公司
开　　本	710×1000　1/16
字　　数	325 千字
印　　张	23.25
版　　次	2015 年 9 月第 1 版
印　　次	2020 年 10 月河北第 2 次印刷
书　　号	ISBN 978-7-5378-4492-5
定　　价	45.00 元

再版感言

羊年初春，北岳文艺出版社准备再版此书，这离第一次出版已经16年。

16年前应华文出版社之约，我们撰写了《聂荣臻与傅作义》，力图通过聚焦解放军华北军区司令员、中共平津战役前线总前委之一的聂荣臻与国民党华北"剿总"司令傅作义，表现两军在解放战争期间如何从对垒撕杀到握手言和，从而保住古都北平，推进解放全中国的进程，促进新中国的建立。不言而喻书中着力展现了中国共产党统一战线政策的正确、深邃，展现了毛泽东同志的远见卓识、足谋善智以及伟大的人格力量，展现了中华民族伟大的凝聚力。当然，我们自始至终紧紧把握住将其写成一本北平和平解放的人物化的史书。

马克思、恩格斯在《神圣的家族》中写道："历史不过是追求着自己目的的人的活动而已。"当年撰写此书时，正值北平和平解放50周年，我们在书前的"引子"中综述了北平和平解放的历史意义。如今，又过去了16年，16年在漫长的历史长河中不过是一朵浪花，但就在这朵历史浪花间，我们的共和国发生了翻天覆地的变化，生产总值成倍上涨，综合国力、国际地位大幅提升。而且，中华民族前进的目标更加明确了，步伐更加坚实了，这目标就是实现民族伟大复兴的中国梦。面对这样的巨大变化，回首《聂荣臻与傅作义》所展示的那段人物化的历史，我们深感北平和平解放的意义逾显重大、深远。

要实现中华民族伟大复兴的中国梦，必须实现中华民族的伟大统一；要实现中华民族的伟大统一，必须实现共产党、国民党的第三次合作，实现台湾的回归。现在，海峡两岸、国共两党都能更加明确地认识现实，更加理智能地处理问题，更加清醒地前瞻未来，坚冰已经打开，航向已经指明。更重要的，两岸炎黄子孙从阻隔到交流的不同际遇中，真切体验到和则两利，分则两害，统一已是人心所向，大势所趋，这是最大向心力，也是最坚实的基础。但是，要实现统一还有很长的路要走，还有许多坎坷、艰险。反对合作、鼓吹"台独"的势力不时兴风作浪、甚嚣尘上。而且，总有外部的力量想置两岸于永远分离的状态，借此扼制中华民族的和平崛起。这些，都需要时间、意志和诚意方能解决。

"历史给我们的最好的东西就是它所激起的热情。"（歌德语）北平和平解放是统一战线的精彩篇章，是中国共产党和国民党中的有识之士的历史杰作，是中华民族伟大凝聚力的生动展现。如果此书能给着眼于民族千秋大业、致力于两岸和平统一的人们以激情和启迪，我们就会很欣慰了。

王红云　郑　健

2015 年新春于首都北京

引　子

蛇年新春，又想起聂荣臻元帅与傅作义将军。

…………

任何一个国家都有自己的首都，自己的象征。

美国的首都是华盛顿，它的象征是白宫；英国的首都是伦敦，它的象征是白金汉宫；而俄罗斯的首都是莫斯科，它的象征是克里姆林宫……

新中国的首都是北京，天安门则是它的象征。

这是因为，一九四九年十月一日，毛泽东站在天安门城楼上向全世界庄严宣告："中华人民共和国中央人民政府在今天成立了！"没有这庄严的宣告，便没有新中国的诞生。

这是因为，一九四九年十月一日，毛泽东站在天安门城楼上摁动电钮，升起了新中国的第一面国旗——五星红旗。没有五星红旗的升起，便没有中国人民从此站立起来的崭新历史。

这是因为，天安门的图形是新中国国徽的重要组成部分。没有天安门，共和国的标志就将是另外的式样。

…………

正因为天安门是新中国的象征，所以，将近半个世纪以来，共和国的许多历史性的镜头，都与天安门密不可分；许多历史性的内涵，都浓缩在这里。

一九五九年十月一日，共和国十年诞辰，毛泽东、刘少奇、周恩来、朱德在这里检阅数十万人的游行队伍。

一九七六年十月二十三日，首都百万军民在天安门广场集会，庆祝粉碎"四人帮"反革命集团的伟大胜利。

一九八四年十月一日，三十五周年国庆，邓小平在这里检阅中国人民解放军陆海空三军部队。

…… ……

如果新中国的首都不是选择北京，那么，新中国的许多历史性画卷，将全然是另外的画面。

这是毫无疑义的。

作出这个历史性选择的，是毛泽东。

而鼎力实现这种历史性选择的重要人物中，有聂荣臻和傅作义。

在北平和平解放前，聂荣臻时任解放军华北军区司令员、中共平津战役前线总前委成员之一；傅作义其时为国民党华北"剿总"总司令。

这两位将军，曾怀着不同的信仰，为着不同的阶级，指挥各自的千军万马，浴血搏杀了数年。

为了中华民族的大义，也由于毛泽东的远见卓识、足谋善智，以及他那伟大的人格力量，最终化干戈为玉帛。

当聂荣臻、傅作义两人的大手紧紧地握在一起时，千年文化古都变为瓦砾的危险烟消云散了。

毛泽东定都北平的设想，开始转化为现实。

于是，共和国气势磅礴的崭新话剧，揭幕在这最富于中华民族特色的舞台上。

历史是丰碑，已将聂荣臻、傅作义的名字，与一大批应该永远铭记的名字，镌刻其上。北平的和平解放，他们是功臣。

历史是大海，不断地冲刷岁月、沉淀文化。北平的和平解放，历经四十八个春秋潮起潮落，愈益凸现其意义的伟大。

在蛇年新春，当我们重温这段历史时，又有了一次深刻的感受。

北京，是举世闻名的具有悠久历史文化的名城。

在这里，完整地保存着中国明清两代帝王宫廷建筑——紫禁城，亦称故宫。而其它独具中华民族文明特点的园林、王府、寺观、宅院、名人故居等，更比比皆是……

北京，是镶嵌在中国版图上的一颗最明亮的宝珠。

所以，人们不难想象当年若真以武力解放北平，会造成多大的损失！战争造成的毁灭性的后果，是难以估量的！

毛泽东想到了这一点。他殚精竭虑，要求参加解放北平的各部指挥员在地图上详细标出需要保护的目标，指令各纵队领导直接掌握，指示宁肯推迟攻击时间也要减少损失。

后来，奇迹出现了，聂荣臻、罗荣桓等指挥员，运用各种力量，想尽各种办法，历经惊心动魄的斗争，战胜千难万险之后，实现了北平的和平解放。

毛泽东欣喜万分，他为新华社亲笔撰写了北平解放的新闻稿。后来，毛泽东见到傅作义，夸赞他说："对人民立了很大的功！"并强调，"应该给你一枚天坛一样大的奖章。"

北平和平解放，保护的不仅是文物古迹，还有众多的工厂、学校、商店，还有无数人民的生命。它的影响是永久性的、历史性的！

北平的和平解放，在当时，还极大地影响了湖南、四川、云南、新疆等地的解放战争进程。她创造了和平解放的一种模式！

而且，上百万对垒的两军握手言和，还昭示后人：爱国主义的旗帜，对于中华民族来说，具有最浓厚的凝聚力。

于是，在蛇年新春，我们又想起了聂荣臻元帅和傅作义将军……

目 录

第十章　以诚相见　以心换心

第十一章　共促绥远和平起义

第十二章　时光淡漠不了的交往

第一章
大敌当前共御外侮

一、绥远抗战——"神为之王，气为之壮"

一九三六年初冬，随着挟雨带雪的朔风的袭来，战争的阴云，在绥远上空翻卷滚动开来了。

"九一八"事变后，日本帝国主义者占领了东北三省，接着又侵占了热河、察北、察东大片土地。"贪心无底蛇吞象"，占领了比本国领土要多得多的土地，并没有使贪得无厌的日本侵略者满足而却步。他们的胃口太大了。他们要占领整个中国，占领整个亚洲，称霸全球。

日本的战争决策者们策划了一个庞大而险恶的阴谋：在海上，以其太平洋上的海军封锁中国的海岸，截断美、英等国从海上对中国的援助；在陆地，占领内蒙古、宁夏、甘肃、新疆，切断中苏联系，从陆地断绝苏联对中国的援助；这样，经济落后的中国得不到外援，大而无力，只能听任其宰割。

工于心计的日本侵华战争策划者们，早已开始了行动。他们在华北、内蒙古、宁夏、甘肃等地遍设特务机关，收集情报，拉拢策反军政人员，并策划了一条以绥远为中心点的封锁线，一步步实现封堵中国的目的。

一九三六年初，日本收买、怂恿蒙奸德穆楚克栋鲁普（德王），成立了"蒙古军司令部"，易帜为蓝底三色的蒙古旗，背叛祖国，罪无可逭。

五月，德王又在日本关东军的导演下，成立了"蒙古军政府"。由日本出枪出钱，德王招兵买马，纠集了一万多人，编为两个军。德王任总司令，李守信任副总司令，村谷彦治郎以下二百多名日本军官充任其各级顾问。

与此同时，日军还收买了流窜于察、绥一带的土匪头子王英，组成"大汉义军"，三四千人编为五个旅，王英任总司令，雷中田、张庆云为副总司令。

日本特务机关长田中隆吉和德王反复研究，制定了侵绥方案，得到了日本关东军司令的批准。日伪计划以王英打头阵，伪蒙古军殿后，热河、伪满洲国军渐次驻伪蒙古军驻地，波浪式地攻占平地泉（集宁），然后夺取绥东四县，接着进入归绥或大同，再让王英占领五原。如果这一阴谋得逞，绥远土地将全部沦陷，日本侵略者从陆上切断中苏联系的阴谋，将实现重要的一部分。

怎么办？一时间，全国舆论的焦点，聚集在绥远，人们的眼睛，盯住了绥远省主席、陆军上将傅作义。

一九三六年八月十四日，带领红军二万五千里长征到达陕北刚立足的毛泽东，亲笔修书，并派南汉宸赴绥远送傅作义。信中说：

涿州之战，久耳英名，况处比邻，实深驰系。迩者李守信、卓什海向绥进迫，德王不啻溥仪，蒙古傀儡国之出演，咄咄逼人。日本帝国主义卧榻之侧，岂容他人鼾睡！先生北方领袖，爱国宁肯后人？保卫绥远，保卫西北，保卫华北，先生之责，亦红军及全国人民之责也。今之大计，退则亡，抗则存；自相煎艾则亡，举国奋战则存，弟等频年呼吁，要求全国各界一致联合，共同抗日，组织国防政府、抗日联军。幸人心未死，应者日多，抗日图存，光明渐启。近日红军渐次集中，力量加厚，先生如能毅然抗战，弟等决为后援。亟望互派代表，速定大计，为救亡图存而努力，知先生必有同心也。①

傅作义捧读来信，深感毛泽东胸襟宽阔、情真义切，大为感动。他对南汉宸说："请转告毛泽东先生，我将不计任何牺牲坚决抗日，绝不做对不起国家民族的事。"

十一月八日，傅作义在归绥召开了秘密军事会议。他比预定的时间提前十多分钟，走进作战室，在东墙的绥远作战地图前站住了。在他那魁梧的身材前，似乎地图也显得挂低了一些。

傅作义面色红润，精力过人，两道炯炯有神的目光，从"归绥"向东扫到"红格尔图"，向西扫到"包头"，向北扫到"百灵庙"。

傅作义，一八九五年六月二十七日出生在山西省荣河（今临猗）县安昌村。其父傅庆泰早年家境清贫，靠种几亩河滩地养家糊口，后来从山西河津县禹门装载煤炭运往潼关出售，逐渐富裕起来。傅作义十五岁时考入太原陆军小学，崇敬岳飞、戚继光等名将。十七岁时，傅作义被保送到北京清河镇第一陆军中学深造，后考入保定陆军军官学校第五期步兵科，一九一八年毕业后回山西晋军任职。由于他治军有方，作战有功，很快升任晋军师长。在直奉战争中，傅作义率本师在数倍于己的奉军进攻下，坚守涿州三个月，创造了战争史上的奇迹，声震海内外。一九三一年初，张学良在天津召开军事会议，整编晋绥军，傅作义被任命为三十五军军长，兼代绥远省政府主席。

"九一八"事变后的第四天，即一九三一年九月二十二日，傅作义等晋绥军将领十五人，联名通电全国请缨抗日。一九三三年二月二十一日，日军纠集十万兵力进犯热河，热河省主席汤玉麟弃承德逃走，十天之内，热河全境沦陷。日军继而进攻长城各关口，傅作义奉调率三十五军从绥远

---

① 中共中央文献研究室、中央档案馆编《建党以来重要文献选编（一九二一——一九四九）》第13册，中央文献出版社，2011，第249页。

到昌平、怀柔一带参加抗战。进攻怀柔一线的敌人主力是日本关东军第八师团，师团长为西义一。敌人步兵、炮兵、坦克兵和空军蜂拥而至。傅作义沉着应战，灵活指挥，率全军将士激战一昼夜，阵地岿然不动，敌人却遗尸遍野，前进不得。第二天，敌人改用迂回战术，地面步炮配合，天上飞机轰炸，进行疯狂报复。傅作义部伤亡很重，但他指挥若定，及时调上预备队增援，形成包围与反包围的态势，一直杀到夕阳西下。最终敌人被击败，仓皇逃遁。这一仗，沉重地打击了日本侵略者的嚣张气焰，激励了全国人民的抗日斗志。

一九三六年十月底，傅作义借随阎锡山到洛阳晋见蒋介石的机会，向蒋、阎请求抗日御侮。蒋、阎均怕引起中日冲突，主张先集中兵力消灭共产党，而不同意与日伪作战。傅作义力陈绥远安危是关系整个国家前途命运的大事。他慷慨陈词，迫使蒋介石不得不作出"不亢不卑，相机应付"的允诺。

…… ……

参加会议的人员陆续到齐了。傅作义坐下，介绍绥远的紧迫形势，请与会人员发表意见。会场上气氛十分热烈，主战者占了多数。

"打！我们一定要打！"傅作义起身，挥动着右拳说，"日寇占我察北，犯我绥东、绥远，是我全军将士的耻辱。"

会场上鸦雀无声。

傅作义一字一顿："岳武穆三十八岁壮烈殉国，我已过了三十八岁，为抗日死而无怨！"

傅作义的话，激励了每一位将士。

会上决定：进击绥北一带敌人，由师长孙长胜和旅长孙兰峰指挥；进击绥东一带敌人，由骑兵师长彭毓斌和步兵旅长董其武指挥。

十一月十五日拂晓，薄雾笼罩着绥东大地。日本特务机关长田中隆吉和汉奸王英，指挥步兵、骑兵五千余人，配以飞机、大炮，并由装甲车开路，向驻守红格尔图的傅作义所部发起了猛烈进攻，枪炮声震撼了绥东大地。

红格尔图是绥远东北的门户，是日伪军犯绥的必经之地，也是日伪军百灵庙据点的重要外围。按照傅作义命令严阵以待的蒙汉军民，沉着应战，奋勇反击，先后击退了敌人的七次进攻，大量杀伤了敌人。猎人出身的神枪手王五海，还用步枪击中了低空扫射的一架敌机，使其在商都城北十里处坠毁。

十六日，傅作义从归绥赶到前线指挥所，与彭毓斌、董其武商谋歼敌之计。

傅作义听完彭毓斌、董其武战况汇报后，侧身指着地图说："这一仗，是由日伪军主动进攻开始的。他们琢磨的是怎样继续向我进攻。我们不可消极防守，而要出其不意，攻其不备，主动进击！"

接着，傅作义与彭毓斌、董其武研究，制定了秘密迂回、出敌不意、分路包抄日伪军盘踞的土城子、打拉村等地的计划。

十七日晚上，参加作战的部队秘密开进，其中由卓资山、集宁两地乘汽车开出的炮兵、步兵，途中遇上大雪。官兵们便将车子蒙上白布伪装，隐蔽开进，于十八日凌晨二时前按时到达了预定的攻击位置。二时整，各部向敌人发起了猛攻。

连日进攻受阻的日伪军，已将援军增加到七千余人，原准备十八日上午发起进攻。傅作义军提前三四个小时行动，一下子将敌人打乱了。傅军官兵作战异常勇敢，日伪军溃不成军。王英眼看抵挡不住，只好带领部分残兵，夺路东逃。

猛袭土城子、打拉村的同时，坚守红格尔图的傅军也乘势反击。十八日上午七时，步兵、骑兵一口气将敌人追到了察境附近。

红格尔图战役，傅作义军连续作战七昼夜，捣毁了日军田中隆吉和伪军王英的指挥部，毙敌一千多人，俘敌三百余人，内有日本电台台长等。

取得红格尔图大胜后，傅作义立即下定决心，挟初战告捷的声威，乘敌人损失惨重一时难以集结再犯之机，先发制人，攻取百灵庙。

百灵庙位于归绥西北一百七十公里处，距武川县城一百二十公里，是乌兰察布盟草原上的一个大庙。这里地形险要，是西去甘肃、新疆，东去察哈尔、热河的必经之地。日伪军一个多师驻在这里，屯集了大量武器弹药，构筑了坚固的防御工事。

十一月二十一日下午，傅作义再次召开秘密军事会议，商讨百灵庙作战计划。他分析了百灵庙的敌情后，提出了"以强袭之准备，作奇袭之行为"的作战方案，并任命孙长胜、孙兰峰为奇袭百灵庙的前敌总、副指挥官。

二十三日夜，参加作战的部队隐蔽地向百灵庙开进。当夜月明星稀，白雪皑皑，快到百灵庙了，部队立即将汽车蒙上白布，闭灯行驶，而官兵早已穿好了白茬皮衣。由于隐蔽巧妙，部队晚十时前到达攻击位置时，加岗添哨、防范严密的日伪军竟毫无察觉。

十一时，在孙长胜、孙兰峰的指挥下，部队突然发起了猛攻。傅军很快攻占了几座山头，居高临下，对百灵庙遂形成了合围之势。然而，日特务机关长胜岛角芳是个亡命徒，他举着战刀，亲上前沿督战，在女儿山上架起十余挺轻重机枪，组成密集的火网，阻止傅军前进。若拂晓前攻不下百灵庙，敌人的五千名援军、十多架飞机一到，战局将会陡然逆转。形势十分危急！

傅作义闻讯，沉思片刻，拿起电话筒，命令孙兰峰：把山炮营推到百灵庙东南高地，对女儿山实施摧毁性打击；要营长韩天春指挥装甲车车队，配以汽车多辆，向百灵庙东南山口冲击！

傅作义这一招十分管用！女儿山上日伪军遭到毁灭性的打击，十来挺机枪成了哑巴。装甲车和满载步兵的六辆汽车从山口冲入，接着攻入庙内，左、右梯队也冲上来了，包围、聚歼了庙内之敌。骑兵团控制了敌人的飞机场，切断了敌人的退路。

百灵庙之敌，大部被歼。胜岛角芳和伪军第七师师长穆克登宝看大势已去，只好狼狈逃窜。

此战役毙敌近千人，内有日军尸体三十余具，俘敌四百余人。缴获大批枪炮、弹药、电台、汽车、战马、汽油等军用物资，其中面粉多达两万袋，堆成小山。

不出傅作义所料，日伪军很快进行了疯狂反扑。部队按傅作义的布置，早已严阵以待，勇猛地反冲击，打死打伤日伪军五百余名，击毙伪军副司令雷中田。伪军王子修、安华亭部在兴和县境内反正。驻大庙的伪军金宪章部，将日本顾问官小滨大佐等二十九人全部杀死，并将从百灵庙来的逃敌全部缴械，然后反正。

绥远抗战胜利的消息，一下子传遍了海内外，炎黄子孙闻之，无不欢欣鼓舞。慰问、祝捷的函电雪片似地飞向绥远，国内外爱国人士纷纷捐款达二百万元，慰问品堆积如山。著名爱国人士黄炎培、华侨领袖陈嘉庚，以及大批学者、艺术家、社会名流亲赴绥远慰问。著名记者范长江还专题报道了绥远抗战。

十月二十五日，中国共产党的代表彭雪枫携毛泽东的亲笔信去绥远见傅作义，鼓励他抗战到底。毛泽东在信中热情称赞道："观乎报载以死继之之言，跃然民族英雄之抱负，四万万人闻之，神为之王，气为之壮，诚属可贺可敬。"[1] 接着，中共中央又派南汉宸率慰问团赴绥，赠送"为国御侮"的锦旗。

对中共中央和毛泽东的鼓励，不仅在当时，而且数年、数十年间，一直为傅作义铭记在心。

①中共中央文献研究室、中央档案馆编《建党以来重要文献选编（一九二一——一九四九）》第13册，中央文献出版社，2011，第359页。

二、晋西北同战板垣师团

一九三七年九月下旬，中秋刚过，晋北繁峙一带连着降了几场大雨，溽暑渐消，天转凉了。

二十四日清晨，太阳刚从东山顶上露出半张脸，未及收去覆盖在山野上的轻纱般的薄雾，一支足蹬草鞋，身着八路军军服的四五十人的队伍，踏着铺满黄叶的山径，隐蔽地向着平型关东南一座小山头攀去。

身材颀长、面容清瘦的八路军一一五师副师长聂荣臻，紧跟在警卫班战士之后，步履稳健。他右手拽住一根灌木枝条，脚一蹬，跨上了山梁的顶峰。眼前顿时出现了一幅苍凉的晋北秋色图：叶黄草枯的群山间，雄姿古老的内长城蜿蜒起伏；与长城相照映的平型关，犹如一座古桥飞架两山之间，又如一把巨锁，紧紧锁住了两山。一条狭窄的沟道，长近二十公里，像一条褐色的带子，从平型关山口飘飘忽忽，一直飘到灵丘县东河南镇。沟道宽不过三五米，两辆大车也难交错；沟深十米到一百多米不等，沟坎多为刀砍斧削似的危崖绝壁。

聂荣臻放下手中的望远镜，略显倦色的脸上现出了少有的兴奋、激动。他转过身时，师长林彪也登上了顶峰。

林彪个子比聂荣臻矮小半个头，清瘦得多。他举起腰间的望远镜，两道剑眉一拉，脑门上现出了细细的皱纹。

跟在林彪、聂荣臻身后的团长、营长们，也都登上了山梁。他们交换着用望远镜观察地形。

一朵白云，从西南飞来，忽忽悠悠，向着东北方向飘去。聂荣臻的思绪也飘向了远方。

两个半月前，即七月七日夜，在此东北数百里的北平城西南角的卢沟桥上，骤然响起了震天动地的枪炮声。这枪炮声，是日本侵略者侵占东北三省之后，进一步扩大对中国侵略的开始；这枪炮声，也是中华民族全面抗战的号角。

北平危急！华北危急！全中国危急！

中共中央迅即于"七七"事变的第二天发布《中国共产党为日军进攻卢沟桥通电》，指出："只有全民族实行抗战，才是我们的出路。"号召"全中国同胞、政府与军队，团结起来，筑成民族统一战线的坚固长城，抵抗日寇的侵略！国共两党亲密合作抵抗日寇的新进攻！"七月十五日，由周恩来等人组成的中共代表团与国民党当局在庐山举行会议，敦促其维护国家和民族利益，下定决心抗日。

朱德、彭德怀、刘伯承、贺龙、林彪、徐向前等红军高级将领，联合致电蒋介石，要求其抗日，并表示全体红军将士愿"为国效命，与敌周旋，以达到保土卫国之目的"。

一批国民党的爱国将领，也纷纷发出通电，要求停止内战，一致抗日。身为国民党军队绥远前线总指挥的陆军上将傅作义，在绥远发出通电，请缨杀敌。

八月十九日，担任红一军团政委的聂荣臻，接到前敌总指挥部的通知，从红一军团的驻地三原赶到洛川参加中央政治局扩大会议。会上，毛泽东作了关于军事问题和国共两党关系问题的报告；张闻天作了关于形势和任务问题的报告；周恩来作了重要发言。会议还将抗日战争的战略方针归纳为："基本的是游击战，但不放松有利条件下的运动战。"八月二十五日，中央革命军事委员会正式下达了改编命令：红军改编为国民革命军第八路军，下辖第一一五师、一二〇师、一二九师。一一五师由原红一军团、红十五军团和七十四师组成，师长为林彪，副师长为聂荣臻。八月二十二日，一一五师主力由三原地区出发，开赴山西抗日前线。

九月中旬，国民党二战区司令长官阎锡山，要求八路军帮助防守平型关，阻止日军南下。二十三日，八路军总部命令一一五师侧击向平型关前进的日军。

二十三日，聂荣臻接到八路军总部下达的一一五师侧击向平型关前进的日军的命令，即带队挺进，与林彪带领的第一梯队会合于上寨。

聂荣臻，一八九九年十二月二十九日诞生于四川省江津县（今重庆市江津）吴滩镇石院子一户农民家庭，读完私塾、小学后，考入江津中学，在中学参加了"五四"爱国运动。为了追求救国救民的真理，聂荣臻从一九二〇年起赴法国、比利时求学，一九二三年加入中国共产党，一九二四年进入莫斯科东方大学学习，一九二五年调苏联红军学校学习军事。同年九月，聂荣臻奉调回国，任黄埔军校政治部秘书兼政治教官。在南昌起义前夕，经周恩来指定，他任前敌军委书记，赴九江做武装起义准备工作。一九二七年十二月，聂荣臻参与领导了广州起义。一九三一年一月任中央军委参谋长，一九三二年一月任红军总政治部副主任，三月任红一军团政委。在中央苏区和二万五千里长征中，战功卓著。抗日战争开始，任八路军一一五师副师长。

此时，聂荣臻、林彪带领全师营以上干部实地察看，正是为了下定作战决心，确定作战方案。

看完地形回到上寨师部驻地后，林彪叫参谋人员在油灯下摊开地图。他俯身看了一阵子，抬起头来："我们可考虑利用平型关以北险要地形打一仗。"

聂荣臻曾在头天乘卡车到距离日军仅五公里的灵丘县城，侦察敌情，了解友军情况，使各方情况谙熟于胸，已有此念头。

"打！为什么不打呢？"一听林彪的建议，性格内向的聂荣臻口气十分果断，攥紧右拳，"日寇气焰嚣张，友军锐气丧尽，不好好打一仗，便不能扭转这种颓势。而平型关是打伏击战的好地形，利用这样的地形狠狠打击日本侵略军，打出八路军的威风，打出全国人民的抗日信心！"

聂荣臻和林彪在平型关侧翼山地打一个大仗的决心，很快下定了。他们电告八路军总部，八路军总部将这一决定转告了阎锡山。

山西太原国民党第二战区司令部。

"报告！"参谋人员送来了八路军总部的电报。

安坐在太师椅上的阎锡山，挪动了一下略显臃肿的身子，接过电报。随着目光在电报上扫动，阎锡山的脸上，显现出极其复杂的表情。他把电报放在身前的栗色长案上，用脚把太师椅往外一蹬，站起了身。

阎锡山坐镇山西二十多年，是名副其实的"土皇帝"，向来不许外来势力染指。日本侵略势力从东北逐渐扩大到华北后，阎锡山与敌人暗中勾结，达成"谅解"：阎锡山禁止共产党和亲英美的国民党势力进入山西，日本则不进攻山西；日本不进攻山西，阎锡山则不提抗日。

然而，这种"谅解"没有维持多久。"七七"事变后，日军西进，打开了山西大门，继而长驱直入。眼看"土皇帝"就要当不成了，阎锡山才勉强抗日，出任第二战区司令长官，指挥杨爱源为总司令、孙楚为副总司令的第六集团军，傅作义为总司令的第七集团军等部队。

一个月前，阎锡山设计了"大同会战"，决心指挥他的晋绥军与日军拼一下，但无奈，他的部队战斗力太差了。自正北南下的一路日军，轻而易举地攻下了天镇，打开了问鼎太原的大门，守军第六十一军军长李服膺仓皇撤退。其后，阎锡山枪毙了李服膺以正军法，部队仍然难以阻止日军南下的铁蹄。雁门关告急！

与此同时，自东面攻入山西的日军板垣师团，也是势如破竹，很快打到了平型关。平型关守军高桂滋部与日军血战，死伤惨重。平型关岌岌可危！

怎么办？日军的进攻势头再遏制不住，自己无法向山西人民交代了！

危急关头，阎锡山想到了傅作义。"水来土掩，兵来将挡。"孙楚不顶用，只好调用傅作义了。想到这里他狠狠地敲了一下桌子，外屋的参谋听到响声，急忙进来。

"电令第七集团军傅作义司令官，火速进驻大营，接替孙楚，负责指挥平型关全线！"阎锡山命令。

九月二十四日，林彪、聂荣臻召集一一五师的营以上干部，在上寨镇小学的土坪上开了干部动员大会。林彪宣布了具体的战斗部署，聂荣臻作了激奋人心的政治动员："……眼下，'恐日病'、'亡国论'盛行，中华民族到了生死存亡的关键时刻。党中央在看着我们，全国人民在盼着我们。我们要打好这八路军出师的第一仗……"团长、营长们，深为聂荣臻火焰般的情绪所感染。

傍晚，侦察员匆匆赶来报告：日军已经进至蔡家峪以东地区，极有可能明日进攻平型关。林彪、聂荣臻当即下达了出击命令。是夜，一一五师的主力部队冒着滂沱大雨，赶到各自的埋伏地域。

九月二十五日清晨，林彪、聂荣臻赶到了预定的指挥地点——平型关东侧一座无名山头上。聂荣臻举起望远镜，看到为侵略军设下的那条口袋——从平型关到东河南镇五公里长的沟道里，空无一人，两侧挂满水珠的草丛、秋叶，闪动着碎银般的点点光亮。看着看着，聂荣臻的脸上，露出了一丝儿笑意。

太阳穿破薄云，给平型关四周的山野涂上了一层金色。就在这时，远处传来了汽车的隆隆声。日军板垣师团第二十一旅团的辎重和后卫部队进入伏击圈了。一百多辆载着日本兵和军用物资的汽车，二百多辆拉着步兵炮、炮弹和给养的骡马大车，穿皮鞋、戴钢盔、着黄呢大衣、骑着高头大马的骑兵，全无戒备。是的，他们根本没把中国军队放在眼里。

日军全部进入"口袋"，林彪、聂荣臻对视了一下，便下达了攻击命令。霎时间，追击炮弹、手榴弹、子弹暴雨般地在敌人头上倾泻。前面敌人的汽车被打坏了，走不动了，后面的敌人一下子乱了阵脚，车撞马，马踩人。一辆辆汽车、马车炸毁炸飞了，一片片敌人倒地。

敌人嗷嗷地叫着，跳下车来，四处散开。

看到残敌利用汽车、沟坎负隅顽抗，林彪和聂荣臻命令部队杀入敌阵，分割、消灭敌人。战士们冲进敌阵，把敌人分割开来，与敌人展开肉搏战。

经过近五个小时的激战，进入伏击圈的一千多名敌人全部被消灭，一百多辆汽车、二百多辆马车被击毁，二十多挺机枪、一千余支步枪全成了八路军的战利品。

闻讯赶来增援的日军，被杨成武率领的一一五师独立团歼灭了三百余名，只好狼狈退却。

一一五师的这一仗，是中国抗战以来的第一个大胜仗，粉碎了"日本皇军不可战胜"的神话，增强了中华民族的抗战信心。

着一身整洁的布军装，身高五尺有余，肩宽体壮、面孔微红的傅作义，看过阎锡山发来的电报，思索片刻，便下达了命令："第七集团军向大营开进！"

傅作义赶到大营时，天已经黑了。他顾不上洗脸、吃饭，让参谋点上马灯，展开地图。

参谋指着地图，介绍起了国民党军队在这一线的部署情况。频频告急的军情，显然激怒了这位豪情凌云的爱国将领，他强忍住内心的焦虑，沉着地思索着。

俄而，他离开地图，站起身来。马灯把他的身影，一下子拉得又高又大。

"传我的命令。"傅作义一字一顿，"命令郭宗汾所部坚守待援，命令陈长捷率六十一军主力兼程前进，命令孙兰峰旅推进到平型关内作为预备队，命令董其武旅做好准备随时听候调遣。"

九月二十五日，日军为了打通平型关、团城口间的联系，从团城口、关沟两面夹攻鹞子洞。傅作义一直站在司令部砖墙瓦顶的大屋里，指挥战斗。国民党守军按傅作义命令，奋力反击。团长程继贤率两个营的官兵与敌人展开肉搏战，全部壮烈殉国。日军占领一三八六·六高地后，又向国民党军吕瑞英旅发起进攻，形势十分危急。

傅作义大声命令："独立八旅孟宪吉旅长率部增援！"

孟宪吉部迎着敌人拦击的炮火，冲了上去。两旅官兵终于守住了正面阵地。

八路军一一五师歼敌一千多名的喜讯传来，傅作义深受鼓舞。在九月三十日阎锡山召集的前方将领会议上，傅作义提出："乘势攻击繁峙，消灭窜入的敌人！"然而，东路日军狡猾地绕道茹越口，侧击平型关后翼。平型关失陷。北路日军以同样的战术，突破了雁门关。两关既失，晋西北到太原已无险可守。唯一的战略要地便是忻口一带了。于是，阎锡山和火速赶来增援的国民党中央军第十四集团军卫立煌部及八路军总指挥朱德、副总指挥彭德怀，联合部署了忻口战役，决心与日寇决一死战。

忻口战役，是抗战初期国共两党军队唯一的一次在同一战场并肩作战的战役。是役，八路军第一一五师、第一二〇师、第一二九师深入敌后，断敌后路。而晋绥军和中央军十八万人则在忻口正面宽约五十华里的战线上，英勇抗击南下之敌，国共两党"推背扼咽"，与日军血战二十三天，毙伤敌三万余人。后因娘子关方向被敌突破，忻口战场告危，使中国军队不得不再次撤出战斗。

忻口战役期间，傅作义的部队于忻口中央阵地，在前敌总司令卫立煌的指挥下拼死拒敌。第一一五师林彪、聂荣臻部则按照毛泽东、朱德、彭德怀的战略部署，迅速收复平型关、团城口，投入了阻击敌增援部队，切断敌运输线，截获敌运输车辆的游击战，有力地支援了正面战场作战。

这样，由于有了晋西北携手共战日军的经历，聂荣臻、傅作义虽然尚没能直接接触，但彼此抗日的决心和战绩，都深深地铭刻在了对方的心头。

三、"傅作义的三十五军成'七路半'了！"

忻口战役后，太原失陷，第二战区长官司令部和八路军总部一同撤到晋南临汾、洪洞一带，继续合作抗敌。

一九三八年初，傅作义任第二战区北路军总司令，总部驻离石县柳林镇。

随着战争的发展，随着与八路军接触的增多，傅作义的脑海里不时闪现出这样一个问题：国民党正面战场军队可谓不少，装备也算精良，但士气低落，战果甚微，甚至节节败退；八路军人数不多，装备很差，但士气高昂，能打一个个胜仗，这是为什么？

"你说这是为什么？"一次，他把周北峰找到办公室，谈了这些现象后便直接发问。

身材瘦高、一副书生模样的周北峰，与傅作义是晋南同乡，二人交往甚早甚密。周北峰早年留法时加入共产党，被称为"红色教授"。抗战前，曾在太原参加组织过"中外语文学会"，创办过左派杂志《中外论坛》和进步书店。抗战开始后，周北峰在傅作义部做政治工作。

"……我也在琢磨，八路军虎虎生气，而我军摆脱不了颓势。"周北峰也只谈了现象，未能深究原因。

傅作义在办公室里来回踱步。

忽然，他停住步子，转过身来："北峰，你到延安走一趟，去见毛泽东！"

周北峰没想到傅作义会下此命令，一时不知如何作答。

"是这样，你去，去向中共最高领导人表明我部愿与共产党、八路军精诚团结、共同抗日的意愿，同时，也开开眼界。"傅作义诚恳地说，"要取得抗战的胜利，不是轻而易举之事，人家共产党、八路军的好东西，我们为什么不能学呢？"

周北峰欣然受命，几天后，便直奔延安。

初到延安，周北峰颇感拘谨。没几天，毛泽东安排时间，在自己住的窑洞里会见了他。

"宜生派你到延安来，我们很欢迎哟！"毛泽东浓重的湘音、爽朗的笑声，使周北峰感到很亲切。

周北峰转告了傅作义的意思。

"宜生真心抗日且屡建战功，我们看得清楚，全国民众看得清楚。早在一九三六年八月十四日，我党就派南汉宸同志带着我的信到绥远，函请傅将军毅然抗日。同年十月二十五日，又派彭雪枫同志带我的信去见傅将军，再度激励将军抗日。傅将军收复百灵庙的捷报传出后，我党首先发出贺电，并派南汉宸率团慰问。"

周北峰说："中国共产党、毛泽东先生的支持，给了傅将军极大的鼓励，他念念不忘。"

毛泽东点燃一支烟，深深地吸了一口："请周先生转告傅将军，只要他抗日，共产党一定支持他。共产党说话是算数的。"

"一定，一定！"

周北峰满心欢喜，正要起身告辞，毛泽东告诉他："一二〇师师长贺龙、副师长萧克正在延安，你应该与他们见个面，好好谈一谈。"

按照毛泽东的安排，第二天，周北峰见到了贺龙、萧克，作了推心置腹的长谈。

几天后，周北峰回到北路军总部，向傅作义汇报了延安之行的情况。汇报到毛泽东接见的情况时，傅作义听得聚精会神。周北峰很快被傅作义任命为北路军总司令部战地工作委员会主任，原绥远省政府的于纯斋、周钧被任命为委员，负责与八路军保持联系。

一九三八年三月中旬，傅作义指派周钧到岚县参加晋西北地区动员新战士大会。第二战区战地总动员委员会主任续范亭、组织部长南汉宸、分配部副部长武新宇主持了大会。一二〇师政委关向应、政治部主任甘泗淇参加了大会。

会上，周钧介绍了三十五军严重减员的情况。续范亭等当即决定，为三十五军动员新战士三千五百多人，补充战斗力。

一天深夜，傅作义把周北峰、周钧等人喊到自己的办公室："你们与共产党都接触过了，你们再谈谈对共产党、八路军的看法吧！"

周北峰、周钧等人讲了对共产党、八路军表示好感的许多话。

大家说完后，目光都投向了傅作义。

傅作义沉思着，两三分钟后站了起来："我与诸位的看法毫无二致，共产党与我们团结抗日是一致的，八路军那一套是切实可行、深得民心的。对人家的好东西，光夸赞一番没用，得实实在在地学呀！"

傅作义这么一说，周北峰等人活跃起来了。大家你一言、我一语，都说应该学习八路军，改造三十五军。

看看大家都讲得差不多了，傅作义伸出左手的食指和中指说："这样，眼下我们先实行两条。第一条是成立军政干部训练学校，培训干部；第二条是参照八路军的做法，建立政治工作机构。"

几天后，三十五军军政干部训练学校在柳林宣告成立了，傅作义亲自兼任校长。思想进步的青年军官苏开元被任命为教育长，主持日常的训练工作。共产党员杨子明被任命为政治部主任。

"学员嘛，既要年轻，有文化，又要有抗日热情。这样吧，你们去招一些流亡的学生来。"傅作义吩咐。

学校派人一打听，西安汇集了大批从北平、天津两大城市，以及山东、河北、河南等省流亡来的青年学生，便先后派出曾厚载、于纯斋、崔载之等人，去做招生工作。青年学生听说是在长城、百灵庙抗战的傅作义三十五军来招人，报名都很踊跃。

后来，傅作义又指令学校，派人到他的家乡山西运城一带，招了三百多名青年。这些具有初中以上文化程度的青年，经过学校培训后大多充当政工干部，也有部分做机要、秘书工作。

对于政治机构和政治工作，傅作义作了这样的安排：建立北路军政治工作委员会，自兼主任委员，周北峰为委员兼秘书长，主持会务行政；于纯斋、周钧为委员，分别兼任该会军队政治工作组组长和民运工作组组长，于纯斋还以军队工作组组长身份兼任三十五军政治部主任。政工干部在军事指挥员领导下工作，各师、旅、团设政治部，营连两级配政治指导员，从军政治部主任到连政治指导员，都不设军衔，统一在左胸部佩带黄色符号，不作级别标志，月薪均为20元。政治工作的主要任务是活跃部队的政治、文化生活，废除军阀作风，改善官兵关系和军民关系，实行经济公开，提高官兵的思想政治水平。为了便于开展政治工作，傅作义还指令三十五军所属各部、各连队都设"奋斗室"，作为对士兵进行政治教育的场所。

后来，傅作义又指示创办了《奋斗日报》。这家报纸以宣传全民抗战为宗旨，既采用国民党中央通讯社的稿子，也刊载共产党新华通讯社的稿子。延安出版的报纸、刊物和书籍，可以在北路军总部驻地和三十五军部队中公开传播、阅读。

晋西一带经常遭到日军的扫荡。有段时间，北路军总部驻地河曲和第二战区司令长官所在地吉县间的交通被切断，后勤补给上不来了，与后方的人员往来也中断了。

怎么办？

傅作义站在军用地图前，琢磨了半天，右手一挥："改道，由西安经延安，再渡黄河到河曲。"

"又是人员又是钱物，经过延安……"有人担心、疑惑。

"我看共产党人办事光明磊落，改道延安不会出什么差错！"傅作义毫不犹豫。

果不其然，北路军的物资经过陕北，都顺利通行，没有出过一次差错；持有北路军、三十五军路条的人员经过陕北，都得到热情接待。

"这叫做以诚相待，以心相见！"傅作义一次次对部属说。

初冬的一天，晋西北下起了纷纷扬扬的小雪。天还不太冷，雪又小，一落地就化了，空气显得湿润宜人。

一队身着八路军军服的人马，向着北路军总司令部驻地河曲赶去。走在前面的，是中共中央北方局派出的代表南汉宸和罗贵波。

傅作义与南汉宸、罗贵波有过交往，他把客人迎进门。

"傅总司令，我们受我党北方局的委托，来向你递交一份名单。"南汉宸说。

"名单？"傅作义接过南汉宸递上的条子，上面写着潘纪文、左青、赵会山、黄健拓、黄才等五人的名字。

"是这样的……"

"不用说，我都明白了。"傅作义打断南汉宸的话头，哈哈笑了起来。

原来，北路军总司令部移驻河曲、三十五军到河曲一带整训后，北路军军政干部学校也从柳林迁到河曲。傅作义不仅要学校派人招收学员，还向延安要了一批青年。这些青年多系平、津大专学校流亡学生，其中有的就是共产党员、抗日民族先锋队员。为了加强对党员、民青队员的领导，中共晋西北省工委派出潘纪文等人，以特派员身份加以领导。

"共产党在三十五军里设了组织了！"傅作义又哈哈笑了起来。

南汉宸、罗贵波也笑了。

"共产党的主张，我不敢完全认同，"傅作义正色道，"但是，听其言，观其行，共产党抗日是真心实意的。大敌当前，我们应摒弃一党一派私利，精诚团结。"

南汉宸颔首："傅总司令，你接受我们的特派员，既是对我党的支持，也是对抗日救国的远见之举，我们很钦佩！"

罗贵波说："我们的党员、队员在三十五军，一不搞兵变，二不搞瓦解、情报工作，唯一的行动是宣传抗日，巩固、发展民族统一战线，促进三十五军政治素质的提高。"

"请贵党相信，我傅作义是个讲信义的人，这些同志是和我在一个战壕里同生共死的战友，我一要保证他们的安全，二要为他们开展工作提供方便。"傅作义爽快地说。

傅作义提倡学习八路军，使三十五军从上到下面貌大变，官兵打仗的目的明确了，官兵关系融洽了，练兵的劲头更高了。

而且，受傅作义和三十五军的影响，北路军总司令部所指挥的部队，像东北挺进军马占山部、骑兵第二军何柱国部、骑兵第六军门炳岳部、察哈尔游击军张厉生部、绥远游击军李大超部、新编第五旅安华亭部、新编第六旅王子修部、新编骑兵第三师井得泉部、新编骑兵第四师石玉山部和炮兵二十五团刘振蘅部等，也都不同程度地学习、借鉴了八路军的许多东西。一到这些部队驻地，都能听到《义勇军进行曲》《游击队之歌》《流亡三部曲》等歌曲。

"傅作义学习八路军"，一时像长了翅膀，在国民党军队中传开了，有人叫好，有人叫骂。与傅作义太原战役中产生隔阂的阎锡山，到处散布流言蜚语，甚至派了几批人到西安、重庆等地，大造舆论，说"傅作义的三十五军成'七路半'了，用不了多久就成'八路'了！"阎锡山还几次密电蒋介石，说傅作义与共产党、八路军过往甚密，实不可靠，应该从速撤换。

听到这些传言，傅作义气极了："这些人这样干，是在为汉奸说话，在帮日本鬼子办事！"

但他不知该怎样制止这些谣言，也没力量制止这些谣言。

四、"模范抗日根据地"与"绥西小康"

太原战役后，敌我态势发生了很大变化。一九三七年十月二十日，毛泽东致电周恩来、朱德、彭德怀、任弼时，指出日军占领太原后，一一五师等部及八路军总部有被敌隔断的危险，拟留一一五师独立团在恒山、五台山地区坚持游击战，师主力转移到汾河以西吕梁山山脉，而八路军总部应转移至孝义、灵石地区。八路军总部根据这一电报精神，决定聂荣臻留守五台山地区，创建晋察冀抗日根据地，并于十一月七日任命聂荣臻为晋察冀军区司令员兼政治委员。

早在红军时期，聂荣臻对毛泽东关于要运用人民战争战胜强敌，必须建立巩固的革命根据地的思想，就有了深刻的认识，此次受命，他欣然而决然。

要开辟抗日根据地，首要的是人才。留下哪些部队，八路军总部已经明确，就是师独立团、骑兵营、八路军总部特务团一部，再加上各地方工作团，不过三千人。干部呢？

聂荣臻在心里把独立团、特务团的干部拨拉了好几遍，也感到不太够用，尤其是找不到参谋长和政治部主任。聂荣臻犯愁了。

这天，聂荣臻策马赶到了八路军总部，反映了干部奇缺的问题。

八路军副总参谋长左权提出："荣臻，你把副官长唐延杰调去当参谋长。"

提到唐延杰，聂荣臻想到北伐前后的往事。唐延杰原是安源煤矿的一名矿工，是聂荣臻把他介绍给叶挺，在叶挺的独立团当兵的。唐延杰作战勇敢，脑子清楚、灵活，进步很快，后来担任了红二十八军的参谋长。

"好呀，好呀！"聂荣臻欣然同意。

任弼时、邓小平提议："荣臻，把总政秘书长舒同调去当主任。"

对舒同的情况，聂荣臻也有所了解，舒同的字写得很漂亮，毛泽东称他是"马背书法家"。聂荣臻也同意了。

有了参谋长、主任，聂荣臻心里踏实多了，急忙回到了一一五师驻地。

几天后，一一五师内部"分家"了。聂荣臻表现了宽阔的胸襟，他对政治部主任罗荣桓说："你来分，你公平。哪些人走，哪些人留，都由你定，我不争一个人！"

根据地有人，还要有地。晋察冀党政机关原驻在五台，地形不错，但是太原失守之后，此地与外地已被隔断。这里人口稀少，又是阎锡山的老家，阎在这里留了一个师，这个师不愿人民抗日武装力量发展，经常和八路军闹摩擦。如果在这一带建立根据地，光国民党这个师就够难缠的。

聂荣臻找来唐延杰、舒同一起商量，他指着地图上的"阜平"说："我们到这里怎么样？"

聂荣臻接着介绍说："平型关战斗前，我曾到过阜平西面的下庄、龙泉关、上寨等地，那里地形险峻，别说敌人机械化部队，就是骑兵也难活动。从这里往东，就是华北大平原，人口稠密，利于发展。总之，这地方可进可退，易于固守也利于发展。"

唐延杰、舒同很赞同。

他们很快将这意见报到八路军总部，获得批准。十一月十八日下午，聂荣臻率军区领导机关到达河北阜平县城。

当天晚上，聂荣臻即与五台县县长宋劭文、盂县县长胡仁奎以及察、冀两省的有关人员，商量如何成立晋察冀边区政府的问题。宋劭文的五台县县长职务，是经阎锡山任命的，宋的公开身份是阎锡山认同的山西"牺盟会"成员，实际是中共地下党员。胡仁奎也是地下党员。他们商议，只有建立起抗日政府，制定有利于抗日的各项政策，才能稳定社会秩序，改善人民生活，共同抗日，也才能解决部队的补给、扩充等问题。

这些意见，得到了中共中央和八路军总部的赞同。毛泽东还就如何取得阎锡山的认可，使边区政府合法化，以便于开展工作，给聂荣臻发了电报。几经周折，得到阎锡山的认可后，一九三八年十月十一日，晋察冀边区军政民代表大会隆重召开了。晋察冀边区人民政府成立了，聂荣臻当选为委员，宋劭文、胡仁奎分任正副主任委员。

一九三七年十一月十三日，聂荣臻发布了经八路军总部批准的命令：晋察冀军区下面成立四个军分区，第一军分区，杨成武任司令员、邓华任政治委员；第二军分区，赵尔陆任司令员兼政治委员；第三军分区，王平任司令员兼政治委员（后陈漫远为司令员）；第四军分区，周建屏任司令员、刘道生任政治委员。十二月十二日，根据军委的指示，聂荣臻发布了军区部队整编命令，将各分区编组的师改为支队，每支队下辖三至四个大队。

孤悬于敌后的晋察冀抗日根据地，得不到什么接济，一切困难均需靠自己的力量去解决。聂荣臻按照毛泽东关于抗日战争的一系列战略构想，充分发动群众，使八路军的军事斗争得到了人民群众的广泛支持，陷日本侵略军于人民战争的汪洋大海。聂荣臻十分注重党的建设和人民政权建设，使部队、地方的各级党组织，成为了真正的战斗堡垒，使各级人民政权，成为领导人民、服务人民的好政权。聂荣臻十分重视发展生产，号召边区军民兴修水利、改良耕作方法，开垦荒地，植树造林，在极端困难的条件下满足了群众和部队所需。聂荣臻十分重视边区的政治文化教育和文化工作，使边区呈现出生机勃勃的景象。

一九三八年十月五日，中共中央六届六中全会致聂荣臻等人的慰问电说道——你们已经创造晋察冀边区成为敌后模范的抗日根据地及统一战线的模范区。这些都在华北抗战中已经和将要尽其极重大的战略作用，而且你们的经验将成为全党全国在抗战中最有价值的指南。

一九三九年三月十八日，毛泽东接到聂荣臻修改后的关于晋察冀边区情况的报告，复信聂荣臻："……这些都是十分宝贵的东西。书准备在延安、重庆两处出版，……"同时致电八路军前方总部、一一五师、一二〇师、一二九师等单位，说"这本书对外对内意义甚大"。毛泽东亲自题写书名：《抗日模范根据地晋察冀边区》，并在撰写的序言中说：

> 晋察冀边区是华北抗战的堡垒……聂荣臻同志的这个小册子，有凭有据地述说了该区一年半如何实行三民主义与如何坚持游击战争的经验，不但足以击破汉奸及其应声虫们的胡说，而且足以为各地如何实行三民主义，如何唤起民众以密切配合抗战的模范。谓予不信，视此小册。[①]

朱德总司令和八路军总政治部主任王稼祥也作了序。

一九三八年三月底，毛泽东对要求到晋察冀工作的白求恩风趣地说："中国古典著名小说《水浒传》里，写了鲁智深大闹五台山的故事，五台山就在晋察冀。五台山前有鲁智深，今有聂荣臻。聂荣臻就是新的鲁智深。"

著名爱国民主人士李公朴先生在晋察冀作了六个月的考察后，写了一本题为《华北敌后——晋察冀》的书。李先生也称晋察冀为"模范的抗日根据地。"他认为"晋察冀边区是新中国的雏形！"

傅作义率部主动出击，英勇作战。经过几次战役后，受到沉重打击的

[①] 中共中央文献研究室、中央档案馆编《建党以来重要文献选编（一九二一——一九四九）》第13册，中央文献出版社，2011，第1123—124页。

日军不敢轻举妄动了，而傅作义亦无力量进行大的反击行动，于是，双方处于相持状态。傅作义看到当地百姓被日军践踏，满目疮痍，民不聊生，军队的吃粮也十分困难，便决心重新整理土地，以解决百姓吃饭和军粮的供给问题。

傅作义通知绥远省政府战时代理主席、财政厅长李居义来司令官部商议。

"没有粮食军队不能打仗，老百姓无法安身。而要解决粮食问题，首先必须解决土地问题。"傅作义说。

李居义面有难色："要解决土地问题，困难很多。后套地广人稀，政府住在沙里梁，对许多地方鞭长莫及，难以控制。"

傅作义果断地说："这样，把政府从沙里梁迁到新攻克的五原，过一段再迁回陕坝，以便于领导全省的土地整理和其他工作。"

傅作义让李居义组成战地复兴委员会，由李任主任委员，刚参加国民党中央训练团高级训练班结业回绥西的周北峰任副主任委员兼逆产处理委员会主任。

过了几天，傅作义又与李居义、周北峰等人一道，对后套的土地、粮食问题进行了深入研究。河套是黄河水冲击成的肥沃平原，土地多，而且只要撒上种子，就会不管旱涝，都有好收成。民无口粮，军无军粮，主要是地主造成的。

后套的土地，长期疏于管理。地主们用一二两银子在垦务局挂个号，就可以在广阔的土地上挑选能耕种的土地，筹建垦殖庄园。他们将庄园的土地租给来自各地的农民，秋后以三成、四成，以至对半的比例收取地租。农民们秋后拴上一辆牛车，买上匹口外马，驮上些粮食，回家过冬了。带不走的粮食则以低价卖给地主。地主把粮食藏在沙窝里，第二年春天放高利贷给外乡来租种土地的农民。遇到战争，他们把粮食藏好，全家老小到包头等城市去了，军队就无法找到粮食。

很快，战地复兴委员会制定了八条规定，并以傅作义的名义发出布告：绥远全境一律停止放垦，只向放垦局挂过号而未交地价的领地，一律无效；交了地价的，交多少价留多少土地，多余的一律退回；对所有领垦地一律重新丈量；凡是包租蒙古王公贵族的土地，承租权由土地整理委员会接收；领垦户和地主在国家收回的土地上建有庄园及经营的土地，也一律由国家收回，房舍等作价归国有；土地清丈后，属于领主的地段，由领主继续收租，但租粮不得高于其产量的千分之三十七点五，属于国家的土地，一律收回；地主包商们在自己所设的庄园附近经营的土地，如果代经营的人愿意继续耕种的可以耕种，但不能转租或变相转租。

一九四〇年初，绥远省政府正式恢复了抗战前的绥远省地政局，任命周北峰为局长。还成立了粮食局，收购农民出售的余粮。

这些措施，损害了当地豪绅们的利益，豪绅们起来反抗了。他们自知动不了傅作义，便将矛头集中指向周北峰，想通过打倒周北峰，破坏傅作义的整理土地政策。"周北峰是共产党。""周北峰是打进傅将军部队挖墙脚的人。"……一时间，谣言四起。这些谣言，传到了重庆国民党政府。

一九四二年春，蒋介石在中央政府行政院地政署召开全国征地会议。傅作义命周北峰出席。

"你这次去至关重要，一定要想办法面见蒋委员长，陈述我们整理土地的用意和办法。"行前，傅作义找来周北峰，反复叮嘱。

征地会议结束的头天，传来了蒋介石要接见各省地政局长的消息，周北峰找到了地政署署长郑震宇，请他帮忙。

郑震宇说："你可以向蒋委员长面呈，只是说话要小心点！"

接见时，周北峰向蒋介石讲述了绥远土地整理的情况。蒋介石问郑震宇："这一情况你们知道吗？"

郑震宇连忙说："知道，知道！"

蒋介石站起身，对周北峰说："你参加完会后，就回去吧。傅主席叫你怎样做，你就怎样做。"

这样一来，绥远豪绅们反对整理土地的阴谋，才未能得逞。

整理土地取得了明显的收益。农民所受的剥削有了一定程度的减轻，粮食大多控制在了政府手中。傅作义部队的军粮得以保证，还有积余则以私商的名义运到包头换取杂货布匹。这样，绥西不但粮食无虞，还在一定程度上将经济搞活了，被人称为"绥西小康"。

"绥西小康"无论从动机到效果，从广度到深度，以至从性质到意义，都无法与晋察冀"抗日模范根据地"相比。但从中可以看到，傅作义作为一个富于指挥才干的军事指挥官，在战区建设等问题上，讲求务实、效益，与聂荣臻有相通之处。

五、斗敌酋各毙一日军中将

"挽弓当挽强，用箭当用长。射人先射马，擒贼先擒王。"在中国人民抗击日本侵略军的战斗中，先后击毙了一批日军高级将领。击毙侵略军的这批高级将领，沉重地打击了敌人的嚣张气焰，极大地鼓舞了全国军民的斗志。说来有些巧合，其中被誉为"名将之花"的阿部规秀中将、皇族水川伊夫中将，则分别是聂荣臻率领的八路军和傅作义率领的国民党抗日部队击毙的。

一九三九年十月三十日晚，在阜平县青山村参加北方局组织工作会议的聂荣臻，正凑在马灯前审阅文件，被一声"报告"打断了思绪。他抬头一看，是一分区司令员杨成武。杨成武也参加了组织工作会议。

"聂司令员，有个重要情况向你报告。"一向办事干练、稳重的杨成武，此时显得很着急，也许刚才走路太快，额上还闪动着汗珠。

"成武，坐下说。"聂荣臻说着，顺手提过桌上的白瓷壶，给杨成武倒了一碗白开水。

杨成武端着水，未及坐下就说开了："今天上午，坐镇张家口的日军阿部规秀中将，派部下辻村大佐率一千多名伪军进驻涞源，准备'扫荡'一分区的银坊镇、走马驿、灰堡等地。其中辻村亲自指挥两个步兵中队、一个炮兵中队及部分伪军共六百余人，经龙虎村、白石口、鼻子岭向银坊镇地区逼近，企图消灭在这一带活动的我一分区部队。"

聂荣臻把马灯拧亮了一些，边看地图边问："情况是从哪里来的？"

杨成武说："情报来自涞源维持会和宪兵队的内线，还汇集了五回岭情报站的情报，是准确的。"

"哦，阿部规秀策划这次行动的直接原因是什么？"

"我看有两个原因，"杨成武回答，"一是上个月一分区二团一部配合三五九旅七一七团打过敌人一个伏击，阿部规秀想报复；二是涞源为敌我必争的交通要冲，阿部规秀想通过这次偷袭，抢占交通要道，稳定张家口态势。"

聂荣臻点头赞同。

"我们打一个伏击战吧，聂司令员。"杨成武提出。

聂荣臻思忖了片刻，霍地站起身来："打！"

随即，聂荣臻让杨成武请来刚从冀东返回冀西、应邀参加晋察冀军区成立两周年庆祝活动的一二〇师师长贺龙、政委关向应，以及北方分局书记彭真，征询他们的意见，得到完全赞同和支持。

商定了打东路之敌后，聂荣臻要杨成武不再参加会议，当夜立即返回一分区组织战斗。

十一月二日，聂荣臻批准了一分区的作战方案，以其一团、三团和三分区的二团打埋伏，以六千人对待辻村大佐率领的六百人之敌。以曾雍雅支队诱敌进入伏击圈，以另外的兵力包括地方游击队堵截另两路敌人。聂荣臻不分昼夜，坐守在电话机旁，掌握、指挥战斗。

十一月三日晨，响起一阵"叮铃铃"的铃声，杨成武报告："部队先后同三路敌人交了火。其中辻村率领的东路军，被曾雍雅支队引诱到了雁宿崖一带。这里两边是陡峭的山崖，中间是一条小河。疲惫不堪的敌人进入河滩后，正解散休息。"

"进入河滩，解散休息，这是最好的歼敌时机，"聂荣臻攥紧话筒，大声命令，"抓住战机，全歼这路敌人！"

给杨成武下达完作战命令后，聂荣臻的目光，久久停留在地图上的"雁宿崖"处。为了防止走马驿的敌人增援东路敌人，全歼辻村这路敌人，聂荣臻又命令军区教导团、三分区随营学校两个队、七一五团二营立即出发，阻击企图东进之敌。

雁宿崖河滩上的六百余名敌人，顿时成了瓮中之鳖。

战斗进展很顺利。下午五时，这六百余名敌人除十余人乘天色昏暗脱逃外，其余均被消灭。打扫战场时，八路军战士发现一件衣襟上绣有"辻村宪吉"字样的日军将佐级呢大衣。后来对辻村的下落有两种说法，一说已击毙，一说已逃脱。但是，不管辻村个人结局如何，阿部规秀确为辻村部被消灭而激怒了。

雁宿崖战斗结束后，聂荣臻命令参战部队："立即撤离战场，隐蔽待敌，准备再战。"

果不其然，阿部规秀实行了大规模的报复，并且亲自出马。

阿部规秀所率的独立第二旅团，是日军的精锐部队。阿部本人则被日本军界捧为精通山地战的"名将之花"，一个月前刚由少将晋升中将。这个暴戾自负的敌酋急于挽回面子，便不顾一切，亲自出马"扫荡"了。

十一月四日凌晨，日军乘九十多辆卡车从张家口急驰涞源，兵力达一千五百余人，而集结在易县、满城、完县、唐县等南部地区的敌人却没动静。

聂荣臻当即判断，刚愎自用的阿部规秀并未实行原定的南北对进、合击计划。他立即电话告知杨成武："日军进行的是报复性'扫荡'，因此可能要走辻村走过的路线。要抓住战机，全歼这股敌人！"

聂荣臻迅速调兵遣将，除原有的一分区一团、三团、三分区二团、曾雍雅支队外，他命令二十五团和分区炮兵营迫击炮连做好战斗准备，命令二十团、二十六团、二十四团钳制易县、满城等地敌人。贺龙也命令一二〇师特务团从神南北上，归杨成武指挥。

为了确保敌人进入重兵布下的伏击圈，聂荣臻电话里告诉杨成武："你们应以少量兵力在白石口一带迎击敌人，将敌引向银坊，然后在银坊以北示以疑兵，将敌引进黄土岭地区，利用有利地形集中兵力合歼。"

战斗完全如聂荣臻所预料的那样发展。

十一月七日中午十二时，日军先头部队接近黄土岭东面的寨坨村，大队人马还滞留在上庄子一线，直到下午三点左右，全部人马才陆续进到峡谷中的小路。一分区一团、二十五团迎头杀出，三团及三分区二团从西南北三面合击，把日军紧紧压缩在一条长二三里，宽百余米的沟里。八路军一百多挺机枪喷射出暴风雨般的子弹，炮兵也向日军发起了轰击。日军依仗自己的雄厚兵力和优势兵器，向八路军寨坨阵地猛冲，遭到反击后掉头向西，妄图从黄土岭突围，逃回涞源。三团死死守住西南阵地。一二〇师特务团及时赶到，从左侧加入战斗。

敌人的逃路完全被切断了。

包围圈越来越小。

一团团长陈正湘用望远镜发现，一群身穿黄呢大衣的日军军官，站在村里一个小院里。他冷静地指示配属一团的分区炮兵射击。几发炮弹落在院中，击倒了一批敌人。敌军官阿部规秀就在这一阵炮火中毙命了。

聂荣臻从敌人电台的广播中得知阿部规秀被击毙的消息。毛泽东要"总部向各方公布，广为宣传"这一消息。

击毙日军中将级高级指挥官，这在华北战场上是第一次，在中国人民的抗战史上也是第一次。日本朝野震动，陆军省发布了阿部阵亡公报。《朝日新闻》哀叹："自从皇军成立以来，中将级将官的牺牲，未曾有过。"阿部的骨灰送回东京时，"帝都降半旗致哀，以高龄的柴大将为首，杉山大将、东防司令官稻叶中将、爱妇、国妇等团体和很多遗族前往迎接。"

中共中央、八路军总部和全国各地的友军、抗日团体、著名人士纷纷向聂荣臻发来贺电。各地报纸纷纷报道黄土岭战斗经过，刊登祝捷诗文。国民党政府中一些污蔑"八路军游而不击"的人士噤若寒蝉了。蒋介石也为此发来了嘉奖电：

朱总司令：据敌皓日播音，敌辻村部队本月江日向冀西涞源进犯……支日阿部中将率部驰援，重陷我重围，阿部中将当场毙命等语。足见我官兵杀敌英勇，殊堪奖慰。希饬将上项战斗经过及出力官兵详查具报，以凭奖赏，为要。

中正（二十八年十二月）

一九四○年一月二十一日，聂荣臻欣然提笔，拟写通令，嘉奖黄土岭战斗中的炮兵部队：

据东京《朝日新闻》报昭和十四年十一月二十一日载，敌首阿部中将于十一月七日下午六时在上庄子附近被我迫击炮击中要害，负伤四处而亡等情。查在黄土岭战斗中，我第一军分区炮兵连充分发挥炮兵的作用，给予敌人以极大的杀伤和威胁，以准确的射击命中敌首，使敌失指挥与掌握，致全线动摇而陷于极端混乱状态中；并密切配合我之步兵获得黄土岭战斗的胜利。除通令嘉奖勉励外，仰各部队炮兵应该以此战例积极研究学习炮兵技术的提高，步、炮在战斗中动作的协同，仰我炮兵指战员努力学习为要。此令。

傅作义率部击毙日军水川伊夫中将，是在一九四○年三月至五月的五原战役中。

一九四○年二月初，日本侵略军占领了五原等地。其后经过调整，留下了日军一个联队、伪蒙军四个师和由察南、雁南及绥远调来的一些地方留守部队、王英的绥西联军、日本宪兵队、特务队等，总兵力约一万五千人，由日本皇族、水川伊夫中将和大桥大佐、特务机关长桑原中佐负责指挥。指挥中枢设在五原平市官钱局（地方银行）、屯垦办事处及附近各个院中。

二月二十六日夜，傅作义在临河县东南沙窝中的亚马赖村，召集了一个军事会议，会商收复五原问题。与会者有傅作义的指挥部参谋长鲁英麟、一〇一师师长董其武、三十一师师长孙兰峰、三十二师师长袁庆荣等人。

后套初春的夜晚，依旧寒气袭人，可是，亚马赖村的那间小土屋里，气氛却异常热烈。会议开始后就因打不打五原的问题，形成了三种意见。一种认为，部队抗战以来损失太大，特别是包头、绥西两战役，部队减员三分之二以上，干部损失尤其严重，伤了元气，不作整补再打下去，胜算不大。第二种意见认为，部队整顿一个时期，使人员装备得到部分补充，士气稍有恢复后再作反击。第三种主张马上打，而且认为只要加紧整训，做好各项准备，完全可以克敌制胜。

傅作义端坐在迎门而挂的作战地图下，静听着，思考着。一个多小时过去了，各种意见都讲得差不多了，傅作义起身，神情严肃地指着地图："你们看，目前我们与日军之间，仅隔丰济渠一水，不是我们进攻，就是他们进攻，相持状况维持不了多久。如果要修整，这样一支数以万计的队伍到哪里去修整？唯一的出路是打。"傅作义用拳头捶击着桌面，"我早已下定决心，要和敌人打下去，只剩一兵一卒也要打下去！"

"怎么打呢？"傅作义还就作战时间和具体打法提出了自己的设想，"每年春分是河套消冰解冻时期，攻击时间确定在三月二十日左右，即刚解冻时，这样便于阻止日军车马行动；进攻五原战斗打响后，敌必沿包五公路增援，必须配备坚强的打援部队；采用突击队直插敌心脏的掏心战，由中间打响，全面开花，且要速战速决，在三两天内全歼五原新旧城守敌。"

傅作义向部属勾勒出了一幅宏大、清晰的作战图。

会后，部队开始了紧张的战前大练兵。傅作义亲自到训练场鼓舞士气。

三月十九日，各部队按傅作义的命令到达了各自的预定地点。二十日黄昏，攻击开始。由九十三团团长安春山率领的"掏心"突击队行至距五原城数里处，与伪军一个团遭遇，经过争取，晓以大义，该团反正，将城里布置一一告知突击队，并交出当晚口令。突击队进入城后，与事先潜入城里的便衣密切配合，勇猛袭击。战至深夜，攻占了天主教堂、耶稣教堂、五原小学、皮毛作坊，直鲁豫会馆、粮食库、弹药库等重要据点。天亮后，数架敌机飞临上空，但因双方犬牙交错，投了一些弹药却炸了守备处，便未敢多投弹。残敌纷纷逃至平市官钱局和屯垦办事处两个据点。这两个据点主要由日军把守，敌人凭借坚固的工事和优势火力，拼命抵抗。

傅作义闻讯，拿起电话急令三十一师副师长王雷震："你亲自率部驰援，务必于援敌到达前攻占敌司令部，肃清残敌！"

王雷震与部属商量后，于二十一日晚用山炮平射，轰倒敌司令部围墙，突击队员迅猛突入。孙兰峰率领的三十一师主力也赶来了。在敌增援到来之前，全部克复了五原。

水川伊夫率数十骑乘乱逃出了五原城。逃到乌梁素海附近的四柜圪旦，妄想渡过乌加河去安北县城所在地大余台。后套的游击部队发现了这群日军，连长张汉三假称是伪安北保安部队，把敌人诱到三驴子湾。伏兵突起，将水川等人击毙。

收复五原，是抗战以来国民党战区内第一次收复失地。四月五日，国民党军事委员会发出嘉勉电，并为傅作义请求颁发青天白日勋章。此勋章当时极少有人得到。蒋介石亲自签署嘉勉电。四月十七日，重庆国民政府明令，授予傅作义青天白日勋章一枚。傅作义不肯接受，请人代拟《辞勋呈文》。蒋介石看完，即令陈布雷复电："功不自居，归美部属，殊深嘉慰。惟中央受典策勋，实属斟酌至当，兄为所部之长官，则兄受国家殊奖，亦即全体将士共有之光荣。望即诚敬领受，勿再辞让。"

傅作义只好接受勋章。

六、傅作义"礼送"共产党员

一九三八年冬天，傅作义参加了蒋介石在陕西武功召开的军事会议，被任命为第八战区副司令长官，并受命在绥西河套地区设立副司令长官部。一九三九年一月底，傅作义率少数随从人员到绥西五原，为三十五军和绥远省政府进套作准备。二月，在五原正式成立第八战区副司令长官部。五月初，傅作义的总部和所属董其武、孙兰峰两部及绥远省政府人员，从晋西北河曲渡黄河北上，经绥南东胜，越伊克昭盟沙海，到达绥西五原、临河。

经过几天忙腾，看着部队和省政府人员都安顿下来了，长期受制于阎锡山、吃尽了苦头的傅作义，长长地嘘了一口气："这回可有个安身立命之地了！"是的，从此他脱离了阎锡山的桎梏。

然而，傅作义似乎还未意识到，要他成立相对独立的副司令长官部，正是蒋介石的良苦用心。这样做，客观上有利于作战，但也极大地加深了他对蒋介石的依附，有利于蒋介石对他的控制。一根更粗更长的绳索，正向他套来。到了绥西，兵员、后勤补给，均由国民党中央政府拨付。"吃人家的嘴软，拿人家的手短"，再加自身先天不足，尤其是多年形成的正统思想作祟，傅作义逐渐靠向了蒋介石。

一九三九年七月的一天上午，一位"钦差大臣"从重庆飞抵绥西，颐指气使地召见了傅作义。他就是蒋介石的特派员、国民党中央委员姚大海。

和身材魁梧、脸膛红润的傅作义相比，脸色灰白的姚大海显得瘦小。可是，这丝毫未影响他对傅作义发号施令。

姚大海摁灭了手中的烟头，大腿跷到二腿上，滔滔不绝地传达了国民党中央"一个政党、一个领袖、一个主义"的精神，传达了蒋介石对傅作义组织"抗战建国讨论会"，研讨"共产主义与三民主义之异同"等问题的批评，明确要傅"解决"其所属部队中共产党员的问题。

"傅总司令，我知道你有为难之处，可这是蒋委员长的命令，是为本党最高利益作出的决策，不能有半点含糊。"姚大海步步紧逼。

傅作义不动声色，心里却一阵紧似一阵："共产党真诚抗日，有口皆碑，到三十五军的这些共产党员，忘我工作，贡献卓越。怎能为一党之私利置民族大义于不顾？又怎能背信弃义，翻脸不认人呢……"但他知道，蒋介石的命令如山，凭借自己的力量，不可阻挡。

当天中午，傅作义茶饭未进。

下午，他即召见了共产党特派员潘纪文。

"纪文，你们到三十五军，为人光明，工作勤勉，对提高三十五军士气，对团结抗战，功不可没……"傅作义话音低沉。

机敏的潘纪文知道傅作义心中有事，便说："傅将军，有什么事？"

"是这样，纪文，根据国民党中央的通知精神，为了今后的工作，你和你领导的中共党员，必须加入国民党。"

"加入国民党？"潘纪文怔住了。

傅作义与国民党中央关系的加强，傅部后勤关系的变更，使具有多年白区工作、统战工作经验的潘纪文，预感到生变的可能，但他没想到傅作义会提出加入国民党的问题。

"北伐战争时期，不少共产党员不也加入国民党了吗？"傅作义说。

"北伐是北伐，抗战是抗战，情况各不相同。"潘纪文努力克制着自己的愤懑，"这事实在太重大了，我做不了主，需要请示党中央。"

谁也没吭声。在他们相处的日子里，第一次出现这样尴尬的场面。

"当，当，当"，墙角的落地钟，无忧无虑地摆动着。

过了一阵子，傅作义开腔了："我知道共产党把此类问题看得很重。你们党员个人不可自己作出决策。这样吧，你最近不是要到西安去买书吗？你转道延安，把双重党籍问题向贵党中央提出，以便处置。"

潘纪文感到，傅作义口气很软，心气却很硬，没有多少商量的余地，便说："傅将军的意见我明白了，我们不会勉为其难。但是，抗日民族统一战线是我党坚定不移的方针，也是人心所向，我们绝不会对任何破坏行为坐视不管！我要告诉傅将军，我们党对蒋介石打着'一个政党、一个领袖、一个主义'的旗号，破坏抗日统一战线的行为，是坚决反对的！"

会见后，三十五军参谋长张濯清奉傅作义之令，设宴为潘纪文"饯行"。外出几日也饯行，这是过去没有过的。潘纪文完全明白，这是一顿逐客饭。

潘纪文吃过饭回到住地，忽然电话铃响了。

"纪文，请你马上到我这里来一下。"电话是傅作义打来的。

潘纪文赶到傅总司令长官部时，傅作义已等候在那里了。卫兵正在沏茶。傅作义摒去卫兵，示意潘纪文坐到一桌之隔的木椅上。

"纪文，你要走了，我有一事相托，不知你肯不肯帮忙？"傅作义说。

"有什么事，傅将军尽管吩咐。"

"是这样，请你到延安后，代我向贵党中央反映，帮我打通与苏联、蒙古的联系。"傅作义边说边示意潘纪文喝茶，"要取得抗战的胜利，在国际上，离不了这些社会主义国家的支持。"

"这个……"

潘纪文的脑海里翻动起来了：苏联与蒋介石政府有着公开的外交关

系，没有经过国民党政府的特许，不可能直接与傅作义建立什么联系。傅作义是个聪明人，当然明白一个地方军政长官，不可逾过国民党中央政府，直接与外国建立什么联系。这样说，不过是想故作姿态。

"傅将军，你这个想法很好，我一定向我党中央汇报，尽量实现你的愿望。"潘纪文敷衍着。

"那好，那好。与共产党合作，是孙中山先生提倡的三大政策之一，也是抗日胜利的基本条件，我傅作义对此绝不动摇！"

潘纪文显得很有礼貌地微笑着，可他心里觉得，这样一些话此时由傅作义讲出，未免有点滑稽。

七月底，潘纪文起程去西安了，途经百川堡时，去向到这里视察部队的傅作义辞行。话不投机，寒暄几句后，潘纪文便起身告辞了。

刚出门，差点和一个人撞了个满怀。此人正是国民党中央特派员姚大海。

两人对视了一下，各走各的路了。

"这是巧合，还是傅作义的精心安排？"一路上，潘纪文都在想这事。

潘纪文回到延安不久，便收到了傅作义的电报："过去以工作领导工作，今后将以主义领导工作，请不必返部。"捧着电报，潘纪文觉得沉甸甸的，既为傅作义的行为愤慨，又为傅作义的走向担忧。是呀，不管怎么说，傅作义毕竟与中国共产党精诚合作过。

来而无往非礼也。征得中共中央的同意后，潘纪文给傅作义回了电报，分析了国际国内及抗战的形势，请傅作义好自为之，并请他代为通知中共党员撤回延安。

从一九三九年九月到一九四〇年底，中共党员、民先队员和革命青年一百多人，被傅作义"礼送"回了延安。

傅作义始料不及的，是"送"走了共产党员，来了大批国民党特务、刽子手。

蒋介石派来了国民党中央委员苗培成，要傅作义将部队的政治部改组为以国民党党员为核心，并任命曾任过蒋介石英文秘书的张彝鼎为政治部中将主任。

国民党政府绥远省党部的实权，很快为中统特务张庆恩所攫取；三青团的实权，则为重庆派来的赵仲容所掌握。

奋斗日报社社长景昌之被调离，中统特务、中央社特派员王华灼出任社长。

…… ……

部队的政治工作，从学习八路军的那一套，逐渐换成了中央军的那一套。

在一九四一年春的第二次反共高潮中，后套特委代理书记郭北宸被国民党特务杀害，二百多名党员被捕，千余名青年被囚禁。共产党、进步人士、进步青年惨遭迫害。

《奋斗日报》从此再也不登新华社的消息，每天登的都是"领袖言论"、"脱离共党启事"、"悔过声明"等。

抗战如火如荼的绥西，变得一片恐怖。

然而，傅作义毕竟是傅作义。

他的经历，决定了他当时尚不可能完全赞同共产党，也不可能把共产党视为仇敌。他的正统思想，促使他警惕、反对共产党的影响超过国民党。

然而，眼前的一切，他又觉得过了头。他运用他的力量，予以阻止。

当中统、军统特务提出黑名单、大肆捕人时，傅作义对于跟随他多年的一部分人给予了保护。他对张庆恩说："李居义、周北峰、于纯斋、阎又文、杨子明等人，说他们是共产党证据不足，不能随便逮捕，让我来处理。"周北峰、于纯斋曾是重庆掌握的"要犯"，傅作义就有意派他们去重庆中央训练团受训，带着他写的亲笔信去找何应钦、陈诚、陈立夫等国民党要员，借以涂上保护色。

《奋斗日报》越办越不像话，他痛下决心，于一九四二年三月底果断进行了改组，由暂三军政治部主任崔载之接办。

傅作义在长官部办公厅下设立了以秦丰川为首的文化室，夺回了舆论阵地。

他派王克俊兼任三青团书记兼组织部长，代替了蒋系人物赵仲容。

一九四三年，他还组织成立了长官部人事室，接管了长官部政治部的人事权，架空了蒋系人物、政治部主任张彝鼎。

这年五月，蒋介石乘第三共产国际解散之机，掀起了第三次反共高潮，但在傅作义驻守的后套地区，没有形成大的气候。

…… ……

然而，傅作义毕竟只是傅作义。在这一时期，他还不可能从根本上端正对共产党的看法，也不可能从根本上看清国民党、蒋介石。他所做的一切，既是为了抗战，也是围绕他自身的利益进行的。

第二章

内战初起兵戎相见

一、大同得手，傅作义得意洋洋

一九四五年八月十五日，日本法西斯无条件投降。经过八年浴血奋战的中国人民，迎来了近代史上抗击外敌入侵的第一次胜利。举国上下，万众欢腾。

消息传到宝塔山下、延河两岸。正在参加党的"七大"的聂荣臻和党的其他高级领导人、八路军的高级将领们，与延安的广大军民一样，沉浸在无比的幸福、喜悦之中。聂荣臻看着燃放的鞭炮和载歌载舞的延安群众，几次眼眶润湿了。

聂荣臻是一九四三年八月底离开晋察冀军区，到延安参加"七大"的。在延安他先参加了整风，后来参加了"七大"，再后来又参加了华北问题座谈会，一待就是两年。

一九四五年九月九日，聂荣臻搭乘一架美军 C—46 型飞机飞抵灵丘，接着又换乘汽车，于黄昏时分赶到张家口，主持晋察冀中央局工作，继续担任晋察冀军区司令员兼政治委员。

一九四五年八月二十八日，毛泽东偕同周恩来等中共代表飞赴重庆，和国民党进行谈判，力争实现国内和平。此时，蒋介石进行内战的准备还没有完成，加上国内外舆论反对内战，便于一九四六年一月十日勉强与共产党达成停战协定。然而，在美国支持下完成了内战准备后，蒋介石悍然撕毁了停战协议，一九四六年六月二十六日，全面内战爆发了。

一九四五年八月十一日，傅作义在蒋介石的再三催促下，就任国民党十二战区司令长官。傅作义秉承蒋介石的旨意，站到内战的第一线。他下达命令，令其所属各部向绥东挺进，以武力扫平东进道路，在绥远、察哈尔、热河受降。从此，傅作义站到了内战的前沿。

九月十一日，聂荣臻回到晋察冀的第三天，接到中央军委关于"各战略区关于粉碎蒋军进攻的部署"的电报。电报说："绥远傅作义部夺我归绥、武川、陶林、丰镇、集宁五城后，于六日又夺我兴和，逼近天镇、柴沟堡，有向张家口进攻模样……我必须立即组织察、绥战役，解放绥远，收复归绥……晋察冀军区必须立即集结二万五千以上的兵力……协同晋绥军区转向傅顽进攻。"中央的电报明确了整个战役由聂荣臻统一指挥。聂荣臻坚决执行中共中央的命令，率部奋起抗击。从此，傅作义和聂荣臻成为国共两党在华北较量的主要对手。

根据中央军委的指示精神，聂荣臻决定，从晋察冀部队中抽调整三个纵队，与晋绥军区的五个旅一道，一起执行战役任务。十一月十五日，聂荣臻发布了绥远战役命令，并亲自率部西进。绥远战役是从民族战争到阶级战争、从游击战到运动战转变期间的一次战役，历时两个月。这次战役虽未完全达到预期目的，但消灭了傅作义部队一万二千人，解放了绥远的广大地区。

针对蒋介石已经发动全面内战，中共中央毛泽东主席同其他中央领导人和各战略区领导人多次磋商后，拟定出了南北两线的作战计划。其中提出了在北线夺取"三路四城"的计划。即以晋察冀野战军和晋绥野战军主力协同作战，逐一占领平汉、正太、同蒲三路和保定、石家庄、太原、大同四城，将冀东、热河作为钳制方向。

一九四六年六月二十六日，聂荣臻与晋察冀军区副司令员肖克、副政委刘澜涛、罗瑞卿一起，向中央提出了晋察冀、晋绥、晋冀鲁豫三大战略区集中力量先打下山西，使三区连成一片的建议。中央很快复电赞同。聂荣臻还考虑到平汉路和平津唐两线敌人共有八个军、二十一个师、五个总队，而山西太原以北地区敌人只有二个军、七个师，建议以半个月时间，与晋绥部队配合，打下大同。中央也复电同意。

八月二日，聂荣臻到阳高主持了大同战役作战会议。巨幅作战地图前，围坐着罗瑞卿、刘澜涛及晋绥军区的副司令员张宗逊等人。

"大家把看法都谈出来。"和往常战役战斗前的情况一样，聂荣臻充分征求大家的意见。

有的同志表态："大同是平绥、同蒲两条铁路的连接点，拿下它，可以使晋绥、晋察冀连成一片，震撼敌人，应该打。而且大同的敌工事虽然坚固，但只要我军在外围战中大量歼敌，然后再用坑道作业，完全可以突破敌人的城垣！"

有的同志提出不同看法："我军炮兵不足，缺乏攻坚经验，不如打平汉铁路保定南北段为好。"

两种意见泾渭分明。

聂荣臻听着，分析着两种意见的利弊，手里端着的一杯水，一直没喝一口。他认为，条件基本具备，只要掌握好战机，协调好行动，是可以打下大同的。会议最后统一了意见：按照中央军委批准的方案，攻打大同。

会议确定了前线指挥部组成人员，由张宗逊任司令员，罗瑞卿任政委。张、罗统一指挥外，还负责指挥集宁、卓资山地区阻击傅作义增援部队。杨成武任副司令员，负责指挥攻打大同。

攻打大同的战斗空前艰苦，解放军节节胜利。

三纵八旅攻克大同附近应县白家窑子后，估计敌人要反扑，便以一个营固守，主力在两翼布阵。敌人果然调集两个团的兵力反扑。正面坚守的这个营顽强抗击，消耗敌人。敌人逼近村子前沿阵地时，早有准备的八旅主力从两翼包抄，一下子歼敌一个整团。

八旅追击敌人至大同城南的南大庙时，防守南大庙的敌人以二三十辆坦克打头阵，大量步兵殿后，赶来增援。八旅缺乏炮弹，形不成打敌坦克的火力，退了下来。大同守敌也不敢过多前出，缩了回去。一连几次均如此。双方在南大庙形成了拉锯。

怎么办？八旅副旅长宋玉琳想出了办法。一天夜里，他率几个营的兵力，乘着夜色，挖成了一条五里多长的防坦克壕。第二天防守大同之敌还想增援南大庙，可是坦克到堑壕旁前进不了，想绕道而行，堑壕两端都是山崖，无法前进。后面的步兵遭到了一场弹雨袭击，死伤不少。大同的守敌只好退回城里，再也不敢出城增援了。南大庙经围困数日后被攻克。

"打进大同吃月饼！"外围据点一个个被拿下，攻城部队士气高昂，等待着预定的总攻时间——中秋节。

"娘希匹！"蒋介石骂开了，随手把几份大同战报扔到办公案上。

"你们知道吗，大同一旦失手，冀察、晋西就将被共产党割裂，进而分块吃掉……"

"是不是给傅作义发电报，让他火速增援大同？"参谋总长陈诚问。

"发电报，发这样的电报有用吗？十二战区傅作义司令长官肯冒着被共军歼灭的危险，救助第二战区阎锡山的部属吗？"

这些日子，蒋介石老为发动内战不顺利，各战场均遭到解放军奋力反击而阴沉着脸。说到这儿他突然笑了起来，笑得左右先是莫名其妙，继而有几分不寒而栗。

部属们或屏息静气，或左顾右盼，或抓耳搔脑，全没有了主意。

蒋介石提高声调："发报，给傅作义发报。从即日起，大同划归傅作义司令长官十二战区管辖！"

参谋迅速记下后，恭敬肃立，静听下文。

"够了，这一句就够了。有了这一句，下面的文章傅作义就会作了。"

参谋把电报发走了，陈诚尚不明白蒋介石下的什么棋。

蒋介石面不露色，心里却为自己这一高招乐不可支：现如今除了自己的嫡系，要想调他人的部队，不给钱，不给地盘，不加官晋爵实难办到，特别像傅作义这种精明过人、长期独守一方的将领。

一着不慎，满盘皆输；而一手妙招，满盘皆活。蒋介石这一手，真使远在绥远的傅作义的积极性一下子起来了。

傅作义伏案久久审视地图，额头不时拧起一个疙瘩。大同是煤都，比他苦守苦熬了六七年、地瘠人贫、交通闭塞的绥西，不知要好多少倍。更重要的，这里是联结晋冀的交通要冲，是华北这个大战场上的军事要地，占了它，可连可合，可进可退。傅作义决定，出动六个师，分左中右三路，驰援大同。

傅作义起身走到窗前，谋算开了。自己兵力、装备占优势，如能打胜这一仗，既可大大提高士气，又可得到蒋介石的信赖，继而得到大批装备，何乐而不为呢？

傅作义一声喊，隔壁办公室的参谋长鲁英麟急步过来。

"鲁参谋长，火速组织实施！"

解放军早有准备。杨成武率攻城部队，继续围攻大同。张宗逊、罗瑞卿率其他部队，在集宁、卓资山一线，迎击傅作义的增援部队。

左右两路敌人，均被解放军挡住、击溃了。中路的敌人，更是陷于灭顶之灾。暂十一师、十七师和新编三十一师，被解放军三五八旅、十一旅、一旅、二旅、骑兵旅等部包围在集宁城下，两夜一天的激战，被歼五千多人。几个师的人马被压缩在集宁城西狭窄地区，指挥电台被解放军炮兵击毁，军心大乱，士气低沉，大有束手待毙之势。

傅作义看着一份份战报，心里一阵紧似一阵地悸颤。

然而，在这即将决定胜败的关键时刻，解放军集宁前线指挥部下令停止对敌新编三十一师等部的进攻，撤出部队迎击前来增援的敌一〇一师。

已被套上绳索、危在旦夕的新编三十一师喘过气来，复活了。而一〇一师之后，敌新编三十二师、骑兵四师相继赶到，敌人六个师的兵力麇集于集宁地区，兵力占了优势，形势对解放军明显不利。

傅作义出了一身虚汗后，转愁为喜：假如共军继续攻打新编三十一师，而不去攻击一〇一师，那就危险了！

是的，如果那样，三十一师等部将被消灭，增援部队构不成威胁，大同城头将插上解放军鲜艳的红旗。

痛失良机。晋绥、晋察冀的部队只好撤围大同。进攻大同的战斗失利了。

聂荣臻在三十多年后撰写的回忆录中，谈及此事时说："发起大同战役，有考虑不当之处。因为大同敌人的兵力虽不雄厚，而城防设施是颇为坚固的。当时，我军既没有重武器配备，又缺乏攻坚战经验，哪有把握攻下大同？"

占了地盘，扩了部队，打了胜仗，傅作义像喝了塞外窖酒，昏昏然了。

他授意部属起草了《致毛泽东的公开电》，电文称："被包围、被击溃、被消灭的不是国军，而是你们自夸的所谓参加'二万五千里长征'的贺龙所部、聂荣臻所部……的全部主力。"洋洋自得和对解放军的蔑视，充满字里行间。

国民党的报纸对《公开电》突出刊载，国民党的电台对《公开电》反复广播。

解放军官兵从敌电台广播中听到这封信，无不义愤填膺。

朱德总司令拿着《公开电》的抄件，对延安的解放军领导人说："向连以上干部宣读，这叫激将法。人家骂我们经过二万五千里长征也不过如此。"

《解放日报》把《公开电》作为反面教材，全文刊登，以便"奇文共欣赏，疑义相与析"。

聂荣臻深为前线指挥部指挥失误、错失战机而扼腕痛惜。但他并不气馁，没有过多地埋怨部属，而是命令部队："认真总结教训，迅速做好准备，迎击新的战斗！"

二、张家口之战，谁胜谁负？

九月的一天，正在张家口晋察冀军区司令部办公室审阅文电的聂荣臻，忽然看到跟随叶剑英在北平军调部工作的杨尚德，风风火火地闯了进来。

"你，怎么回来了？"

"聂司令员，情报，"杨尚德说着，从烟盒里取出一支香烟，用手一掰，掏出一张纸条："这是敌人进攻张家口的命令，是打入国民党十一战区孙连仲部的工作人员提供的。"

情报原件字体太小，聂荣臻令人誊抄出来，同时，将肖克、刘澜涛、罗瑞卿等人召集来，让杨尚德作详细介绍。

大家坐到西墙的巨幅作战地图前。

"东面十一战区李文兵团十六军、五十三军沿平绥铁路西进，蒋介石嫡系十三军从承德到丰宁配合，九十四军在北平作为预备队；西面是傅作义三十五军、新编骑兵四师、暂编三十八师……"杨尚德边在地图上指画着边讲解。

"这些，和军区掌握的情报完全一致。敌人想东西合击，占领张家口。"聂荣臻站起身说。

情报并未给与会人员造成多少紧张，这是因为聂荣臻早有准备。

一九四五年底绥远战役后，傅作义的主力部队未被消灭。东面国民党十一战区孙连仲部计上十万人马，处于优势。张家口处在两面受敌之中。

"张家口是敌人下一个进攻目标，敌我兵力悬殊，我们很有可能要撤出张家口。"一九四六年七月，聂荣臻给察哈尔省主席张苏交待，要他组织往涞源山区疏散人口，转运物资。在高级干部中，聂荣臻也及早吹了"风"。

听完杨尚德介绍，聂荣臻和其他领导同志，都主张撤离张家口。

然而，真要撤离张家口，撤离抗日战争以来解放军攻占的唯一大城市，有的同志便舍不得了。一九四五年八月二十三日，晋察冀军民从日本侵略者手里解放了张家口，这座被誉为"塞上明珠"的城市，便成了晋察冀解放区政治、军事、经济的中心，成了仅次于延安的第二大红色城市……为了全局的胜利，聂荣臻痛下决心。

聂荣臻主持召开了晋察冀中央局会议，在会上作了《不计一城一地得失，力争战胜敌人》的报告。肖克、刘澜涛、罗瑞卿等中央局的领导同志，都支持聂荣臻的意见。他们致电中央军委："……拟在敌人进攻时只进行掩护战斗，不作坚守。"十八日中央军委复电："……以歼灭敌有生力量为主，不以保守个别地方为主，使主力行动自如。"九月二十日，聂荣臻发布了《关于保卫张家口战役部署的命令》。

"多消灭敌人的有生力量，争取战场的主动权。"聂荣臻下定决心。

九月二十九日，战斗在张家口的东面打响了。

大炮狂轰滥炸后，李文兵团的四个师向怀来发起进攻。这四个师打了三天三夜，勉强进至东、西花园后，便再也前进不了。李文气急败坏，把第二梯队两个师投入进去，企图一鼓作气突破火烧营阵地，夺取怀来。然而，几天下来，解放军的阵地岿然不动。李文像泄了气的皮球，退回了东、西花园。

"李文真窝囊！"蒋介石边骂边令总参谋长陈诚，"辞修，你亲自去。"

陈诚到南口后，即按照蒋介石的意图，调整了进攻部署，以九十四军的两个师，从东南方向迂回怀来。两个师的敌军，分成几路向前赶去。其中一路进到了马刨泉地区。

马刨泉山高坡陡，灌木野草丛生。战前，聂荣臻曾到这里看过地形，对一纵的领导说过："这是个打伏击的好地方，要把这里作为预设阵地！"在这里打一场伏击战，是聂荣臻心中早已有之的作战预案。

如今，按照蒋介石的"妙计"、并由陈诚亲自指挥的部队，正进入了聂荣臻的预设阵地。这叫自投罗网。不到半天工夫，一个美式机械化团被消灭了，这一场伏击战，打得干净利落。再加上南石岭、镇边城两仗下来，东线之敌被消灭了一万多人，李文兵团动弹不得了。

在平汉路的北段，杨成武、王平指挥六个旅的部队，连克四座县城，控制了一百二十五公里铁路，占领了沿线全部车站，共歼敌一万三千多人。其中漕头河战斗中，一举消灭国民党保安第三总队三个团和直属队四千六百多人，一下子把敌人打痛了。延安《解放日报》发表文章，把漕头河战斗的胜利，与华东我军"七战七捷"联系在一起，称为"南北两捷"。

蒋介石的电报，又飞到了傅作义的手中，与大同战役前的电报大致相同，只不过上次是把大同划归十二战区，这次是把张家口划归十二战区。

蒋介石故伎重演，是因为他笃信权、钱、利能通神，即使傅作义这等清廉能干的人，也违背不了这个逻辑。蒋介石在心里说："这叫以利诱之。"

傅作义不是不知道蒋介石的用意，但是，张家口对他的诱惑力，只比大同大，不比大同小。这是连接绥远与平津的交通要冲，这是长城以北于平津最为重要的重镇，这是共产党的第二个"红都"，无论政治、军事，其重要性均在大同之上。

傅作义举起黑铅笔，欲在地图的"大同"与"张家口"之间，画上一条连线。但他的笔，还没落下就停住了。

"参谋长，张家口共军的部署搞清楚了没有？"傅作义问。

"总司令，完全搞清楚了。"新调任的参谋长李世杰送上情报员的材料，"共军的主力在张家口西南，张北方向兵力极少。"

原来，傅作义的部队没有破译机构，但他命令架了几部电台测向，以获取的解放军无线电的方向和声音大小，来判断解放军的兵力部署情况。这一招还管用。

"共军真的破译不了我们的电报，也就是说，我们的行动不会因为无线电而泄密码？"傅作义面对清瘦的李世杰再次问道。

"不会。我们不用国军统一的密码，而是自己另搞了一套。这套密码破译极难，目前共军还破译不了。"

傅作义的嘴角，露出了一丝旁人不易觉察的微笑。他重新拿起铅笔，画了一条粗黑的线段，这线段从集宁、尚义直达张北。

傅作义来了个声东击西、偷梁换柱的把戏，命令大肆宣扬新任三十五军军长鲁英麟率部沿平绥线经大同向东推进，实际则由董其武、孙兰峰率步、骑兵主力三十五军、暂三军、新骑四师等部，靳书科率战车队，经尚义、张北，奔袭张家口。

解放军对傅作义可能经丰镇、大同、阳高东进早有准备，但对其从集宁、尚义直插张北估计不足。当傅作义的部队出现在张北时，西线的部队一时调不到北线，张北阻敌的少数地方部队，无法阻敌了。

傅作义的偷袭获得了成功。

天上，敌人的五六架飞机嗡嗡地盘旋，发现目标便饿鹰似地猛扑下来，轰炸、扫射。地上，从东西南北各方打来的炮弹，落在了市郊、市内。敌人已经围上来了。

聂荣臻在东山坡的司令部大院里，沉着地指挥部队抗击、迟滞敌人。

"维山，北面情况怎么样？"聂荣臻向张家口卫戍区司令员郑维山电话询问情况。

"聂总，教导旅已经上去了，正在狼窝沟一线抗击敌人！"

聂荣臻又给察哈尔省主席张苏打电话，询问省机关、群众及物资的转移情况。

张苏回答："聂司令员，人员、物资都转移完了，我们把门一锁就可以走了。不过，聂司令员，不少同志要求把张家口机场、下花园发电厂毁了，不要留给敌人！"

"张苏同志，我已给部队下达命令了，这些都不要破坏，张家口还留下不少群众，再说用不了多久我们就会回来的。你要负责做好地方同志的思想工作哪！"聂荣臻动情地说。

"是，我们按聂司令员的指示办！"

夜幕降临了。嗡嗡了一天的敌机早飞回去了，四周的枪炮声也渐渐稀疏了。

"聂总，刚刚破译了蒋介石的命令电报，敌人十一日，也就是明天一定要占领张家口，现在已经八点多钟了，你……"知识分子出身、精通英语、文质彬彬的作战处长唐永健走进屋里。

"你们快去准备，准备完了就走。走前一定要再通过电话检查一遍各机关转移了没有。"

唐永健退出后，聂荣臻走出司令部大院。

一轮明月从东太平山后慢慢升起，锁在东西太平山之间的大镜门依稀可见，穿市而过的大洋河水闪烁着银波……

"我们一定要回来，一定会很快回来！"聂荣臻自言自语地说着，深情的目光再一次投向月光下的山城。

晚上九点来钟，各机关部队都安全撤完，只留下教导旅最后阻击敌人，聂荣臻这才上了吉普车，驶上宣北大道。

十月十一日，傅作义部占领张家口。

傅作义通电毛泽东主席，声称击败聂荣臻、贺龙两部是"人民意志的胜利"。

蒋介石认为这是"一个伟大的胜利"，电令喜勉傅部，宣布"共军已总崩溃"，"可在三个月至五个月内，完全以军事解决问题。"

次日，蒋介石下令十一月十二日如期召开没有共产党和民主党派参加的"国民代表大会"。

傅作义飞往南京参加"国大"时，会场内外、电台报纸，均称傅为"英雄"、"中兴功臣"。在掌声、鲜花、美酒中，傅作义有些陶醉了。

十月十三日，延安《解放日报》发表社论，其中说："我们全解放区一切军队、一切人民，一定要彻底粉碎蒋介石的进攻，收复张家口、承德、集宁……"

红色电波将这钢铁的誓言，传到解放军将士的心上，传到全国人民的心上。

聂荣臻在转移途中连续收听到延安的广播。他为党中央、毛泽东主席的理解、支持所感动，心里暗自喊道："我们一定要收复张家口，一定要收复被蒋军占领的一切解放区的土地，一定要解放全中国！"

三、傅作义出任"剿总"司令

参加"国大"期间，蒋介石专门接见了傅作义。

"请坐，请坐！"蒋介石一身长袍马褂，与客厅里的太师椅、八仙桌倒也协调。

傅作义则是与士兵毫无二致的布军装、窄皮带，要不是格外干净、整洁，会让人觉得刚从战场上下来。

"宜生，你足谋善智，身体力行，指挥有方，大同解围，张家口占先，功在党国呀！"

傅作义不知蒋介石作何用意，只得应允着："哪里，哪里……全靠委座英明指挥。"

"宜生呀，对目前这时局，你怎么个看法？"

"与共产党作战，刚刚开始，任重道远，不过有委座英明领导，一定能完成'戡乱救国'之大业！"

"宜生呀，眼下这仗，越打越大，打一仗不是几个师，而是几个军，下一步再打，将不是几个军，而是一打就是几个兵团。我们不能不看到这趋势呀！"

"是，是。"

"宜生呀，根据目前战局的发展，有必要加强统筹指挥。"说到这里，蒋介石端起盛白开水的瓷杯，借机观察了一下傅作义的神情，见傅面无表情，便继续说，"我想让你到北平，担负统帅华北的重任。"

傅作义没想到蒋介石会提出这样的问题，也不明白"担负统帅华北的重任"指什么，便谦恭地说："作义我不才，实难担此重任，难担此重任！"

蒋介石不由分说："此事就这样定了，你不必推辞。当然，这样说并非马上实行，要分步来。现在是非常时期，全党要同心同德，尽职尽责。"

傅作义不好说什么，正要告辞，忽然想起阎锡山和孙连仲，便说："委座，阎总司令德高望重，孙总司令才识过人……"

"这些我都有考虑，都会处置，宜生你就别管了。"蒋介石打断了他的话，"古人云：'千军易得，一将难求'呀！"

然而，听了蒋介石褒奖自己的话，傅作义并未感到兴奋，更没受宠若惊，只是"委座过奖，委座过奖"地应付着。

回到张家口，傅作义对此事暂时守口如瓶。传达完"国大"的会议情况后，他回到卧室，冷静地思索起来：为什么攻占张家口自己欣喜异常，而在短短一个月后，听到蒋介石要重用的消息，反倒没了兴奋，心绪复杂了呢？

傅作义闭上双眼，想使自己安静一会儿，可是，一个多月间发生的事情，像一幕幕电影，浮现在脑海：

占领张家口后，所部在察绥一带七次征兵，可是，老百姓极少有自愿当兵的，没法儿，只好抓壮丁。这与抗战时期青年人踊跃投奔他的三十五军，完全不是一回事了。

打起仗来，老百姓一见他的军队，能躲则躲，能藏则藏，不肯与之合作；而解放军每到一地，都得到群众的拥戴，如鱼得水，应付自如。

占领张家口后，自己提出了"二分军事、三分政治、五分经济"的口号，有时又提为"三分军事、七分政治"，想以此争取民心，可是民心越来越向着共产党。

…… ……

几天后，暂三军（即后来的一○四军）军长董其武被任命为绥远省主席。向傅作义辞行时，傅作义与董其武商量此事。

"蒋总统想让我到北平去，你看……"

"不去，不能去！"董其武不假思索地回答。

"为什么？"

"蒋总统让你到北平，说是统帅华北，实际是担华北这担子。这副担子太重了，好担吗？"

董其武是傅作义一手提拔起来的，对傅忠贞不贰。傅了解他的脾性，认为他有勇有谋，处事周全，视他为心腹。

董其武声音更高了："不要说我们与共产党较量尚不知鹿死谁手，只说你要上去了，阎锡山、孙连仲还不拼命拱你？"

"蒋总统要下了命令，不干行吗？"

"这……"董其武沉思片刻，又说，"蒋总统准备起用你这样的非嫡系了，说明他无路可走了。如果无法推辞，何不借这机会，外部的问题解决不了，也把内部问题好好解决一下。"

"你指的外部是……"

"外部是指共产党，蒋总统当然解决不了。内部嘛，是指我们自己，是指人、财、物。"

傅作义苦笑了一下："其武，你真学聪明了。"

"其实，这些我要不说，你可能早有腹案。"董其武说着，也笑了。

一九四七年一月十五日，傅作义被任命为察哈尔省主席。

一月十六日，傅作义被任命为"张垣绥靖公署"主任。

这年十月十一日至二十二日，聂荣臻指挥晋察冀军区部队，在平汉铁路望都以南的清风店附近，全歼国民党军第三军主力，生俘敌军长、师长。随即十一月六日至十二日，晋察冀军区部队又攻克了华北军事重镇石家庄，全歼守敌二万四千余人。

十一月，蒋介石从南京飞抵北平，主持召开了军事会议。会间，蒋介石突然宣布，准备撤销保定、张垣、太原等绥靖公署，另成立"华北剿匪"总司令部，由傅作义任总司令。

与会的阎锡山、孙连仲都是第一次听到这消息，顿时瞠目结舌。

傅作义不动声色，没有遽然承应下来。

会场上谁也不吭声，气氛尴尬。蒋介石急忙宣布散会。

会后，傅作义急飞沈阳，征求总参谋长陈诚的意见。

"委座信任，你就干呗。你不干，还能挑出谁来？"陈诚的话，也有几分勉强。

傅作义又飞抵太原，名为拜访，实为摸摸阎锡山的态度。

没想到阎锡山不说好也不说坏，哼哼哈哈，东拉西扯，避而不谈这个问题。

避而不谈就是不予支持，这个，全在傅作义意料之中。

傅作义回到张家口，召集少数高级幕僚人员商量。幕僚众说纷纭，主张去者说："去了权大好办事"。反对去者说："这副担子太重，会把人压死。"

十二月三日，国民政府电令传来：任命傅作义为"华北剿总"总司令。下辖李文兵团、石觉兵团、侯镜如兵团和孙兰峰兵团，兵力超过了他原有的三倍多。

出乎傅作义所料，未等他讲价钱，许多事就办了。其中他最头疼的与阎锡山的关系得到意外处理。按蒋介石的原意，"华北剿总"为驻晋、冀、热、察、绥五省的国民党部队。因为傅作义说过，我不能指挥阎先生。这是因为，傅作义还是下层军官时，阎锡山早已统揽山西军政大权；傅作义从晋北率部入套后，弃阎投蒋，二人结下仇恨；抗战初期，太原失守后，二人矛盾更深，阎锡山曾多次想借蒋介石之手，搞掉傅作义。蒋介石考虑到这些因素，要用傅作义为其服务，又不想过多得罪阎锡山，便在太原绥靖公署撤销时，把阎锡山的指挥机构颇为独特地改名为"国防部太原指挥所"，未将其划进"华北剿总"的指挥范围。

然而，也有令傅作义感到恼火之事。其中最主要的是配了个"剿总"副司令陈继承。陈是军统特务头子，骄横跋扈，公开宣称中央军的行动必须通过他，有的部队只有他才能使用，对傅的直属部队的使用他也要过问。最为要命的，是陈深得蒋介石青睐、赏识。傅对陈的权力不予承认，多次争得脸红脖子粗。傅还先后三次发电向蒋辞职。蒋极力挽留，直到后来不得不撤去陈。

另外，还有民政局局长马汉三、社会局局长温崇信等，都是中统、军统特务，对傅作义部队又监视、又干扰。后来，傅也以坚决的态度，迫蒋撤换了这些人。

一九四七年十二月五日，傅作义在张家口宣布就任"华北剿总"总司令。那天天气不好，浓云密布。傅作义心里也不晴朗，没请平津大报的中外记者采访，只让秘书给《大公报》写了份"在张就职"的专电。

十二月二十六日，蒋介石再三电催下，傅作义才将"剿总"总部移到北平西郊的"新北京"。从此，傅作义被更紧地拴在了内战的战车上。

四、聂荣臻涞水布阵

一九四八年元旦刚过，蒋介石急飞沈阳召开东北军事会议。蒋介石离开南京前，给傅作义发了一个电报，要他也飞沈参加会议。

这是两党、两军的第一场大决战，蒋介石及部属们均认为，要是输了这仗，影响甚为重大。会议气氛颇为紧张。

研究完东北决战的方针后，蒋介石站起身来，习惯性地环视会场："东北战场的胜负，关乎各战场战局，关乎党国的前途命运，各地将领要通力合作，精诚团结，违者严惩不贷！""严惩不贷"几个字，是从他牙缝里挤出来的。

蒋介石转过身，看着斜对面的傅作义："傅总司令官，你出动两个军，牵制住聂荣臻，决不可让华北共军再增援东北。"

傅作义急忙起身："我一定按委座的训示办！"

开完会飞回北平后，傅作义即与"剿总"参谋长李世杰等人商议行动方案。

傅作义在张家口宣布就任"剿总"司令，总部尚未及迁到北平之际，冒着严寒视察过天津、唐山、高碑店、涿县、保定等地。傅作义深感，部队人心涣散、士气不高，如今要打一仗，心中无底。不过他说："委座已有训示，再说，我们在大同、张家口得手时，孙连仲连连被动挨打，'华北剿总'所属六十余万部队，总体士气低落，只有想法打个胜仗，才能提高士气。"

李世杰等人对打这一仗心里也犯嘀咕，嘴上却应承着："打！应该打！"

大家谈了看法，傅作义仔细听着。

"各位意见差异不大，我看这样，"傅作义边用教棍指着地图，边讲，"令三十五军、一〇四军、十六军、九十四军，再加骑四师，由北平沿平保铁路南进，到保定以西的满城地区后，再沿原路回师平南的高碑店、涞水、涿县。行动的要旨在于寻找、牵制、消灭聂荣臻部主力，支援东北战场。"

停了一会儿，傅作义又说："为什么要出动四个军，而不是两个军？共军善于分而制之，兵力太少，易使共军得逞。出动四个军，而且始终扭在一起，使其无从下口，我们还要寻机歼敌。大家一定要注意，这次出击，四个军始终要沾在一起！"

迎击傅作义部队窜犯的会议，正在晋察冀军区司令部举行。与会人员摩拳擦掌，情绪高昂。坐在会场正中的聂荣臻，显得沉着冷静。

对于党中央关于建立巩固的东北根据地的方针，聂荣臻坚决拥护。早在内战爆发前夕，中共中央即指示晋察冀分局："我晋冀、平北、冀东三区部队务速分兵北进，迎接外蒙军及红军。"当时在延安的聂荣臻即命冀热辽军区抽调八个团又一个营共一万三千人，外加二千五百名地方干部，由冀热辽军区司令员兼政治委员李运昌率领出关，协同东北抗日联军配合苏军作战。至九月底兄弟军区部队到来之前，李运昌等就率部配合苏军解放了辽宁、热河两省及吉林、黑龙江的西部地区，部队扩展到十个步兵旅、两个炮兵旅和若干个独立团，达十万多人。后来李运昌返回热河时，带回三个步兵旅和野炮团，把大约五万人交给了东北民主联军，极大地支援了东北战场。

"傅作义牵制我们，让我们不能支援东北，我们更要牵制他。"聂荣臻多次对部属说。

会议正在进行，情报人员送来了傅作义三十五军等部队出动的情报。

"三十五军出来了！"聂荣臻兴奋地说。

与会的罗瑞卿、杨得志、杨成武等人，也都争先恐后地说："这次要逮住三十五军！""决不能让它缩回去了！"

三十五军是傅作义赖以起家的部队，其中，他特别珍爱一〇一师和新编三十二师，把一〇一师称为"一块金子"，把新编三十二师称为"一块银子"，别号"虎头师"。

聂荣臻和罗瑞卿、杨得志、杨成武周密研究了战法。

聂荣臻最后说："这次战斗，既要准备多点战斗，又要突击重点；既要有充分准备，又要下手快，猛打猛冲！"

北平以南，车轮滚滚，尘土飞扬，人喊马叫。

傅军三十五军、一〇四军、新编骑四师，南下大清河北，与原有的十六军、九十四军汇合了。这么多的兵力，相距几十里近百里路，打东边的，西边的马上来支援，打南边的，北边的马上接应，很不好打。傅军仿佛一股龙卷风，卷过来，卷过去。聂荣臻命令六纵并十九旅，猛攻南线的保定。敌人以为解放军真的要进攻保定了，急忙南下支援，仍然是四个军一起行动，无法分而歼之。看来，只攻一点无法分散敌人。于是聂荣臻命令三纵攻打北面的涞水，而且尽量造成猛烈攻势。这一招还真管用。傅作义急令三十五军军长鲁英麟率新编三十二师和一〇一师两个团，星夜乘车北援涞水。

一月十二日晨，鲁英麟率队离开高碑店，继续向涞水开进。恰逢大雾弥漫，十多步外就连人影也看不清了，更不用说远处的村舍、河滩了。汽车开着灯，"呼呼"地爬行。快到拒马河边时，公路两边枪声大作，子弹雨点般地倾泻过来。鲁英麟急忙命令停车。他跳下车，钻到路旁一间茅草屋，指挥应战。

打了半天，不知对手底细，鲁英麟不敢放手让部队行动。

其实，鲁英麟他们遇到的，仅是九旅的一个营，这个营在此处据守，以保证三纵主力围攻涞水。双方对打了一阵子后，三营的阵地被突破了，便且战且退，退到了一个叫庄町的村子里。双方形成了对峙。

天快黑了，拒马河东的鲁英麟电话命令带两个团进了庄町的新编三十二师师长李铭鼎，赶快撤回河东，免得夜战吃亏。

电话里传来李铭鼎声音："军座，我们发展顺利，共军也不过如此，退回去，明天还得打，何必呢？"

鲁英麟也就勉强同意了。

李铭鼎带一个师部、两个团，挤在一个很小的村子里，摆不开阵势，施展不了火力，只能在惊恐中等待黎明。

这天夜里，解放军九旅迅速开进，切断了新编三十二师的退路。三纵调整了部署，缓攻涞水，以一部监视涞水的敌人，主力则聚歼庄町的敌人。二纵在庄町南面、拒马河西面开设阵地，钳制一〇一师。

天亮了，傅部一〇一师乘汽车从定兴出发，火速北上，增援新三十二师。刚过拒马河，便遭到二纵钳制性的进攻，战了一个回合，就死伤上百人，被包围在高洛、关村两个据点，一〇一师自身尚且难保，哪能救助新三十二师。

三十五军的另一个师——暂十七师，接到傅作义的命令后，从北平郊区南下驰援，到了松林店附近被阻，再也前进不得。

一〇四军原定的目标是满城，接到傅作义的急电后，军长安春山即率部转道，前去接应三十五军，途中也被阻击，未能赶到庄町。

新三十二师不愧是傅作义嫡系中的主力，训练有素，有股死硬劲，被解放军三纵的部队打了一夜，也未被打散，更未被分割而歼之。天亮了，他们更来劲了。

偏偏就在这时，敌人骑四师从一旅阵地的北面远远绕开后，过了拒马河，呼啸着杀向庄町，增援来了。

庄町村里原有敌人一个步兵师，现在村外杀来一个骑兵师，三纵在兵力上不占多少优势了。如果让两股敌人汇合，已被包围的新三十二师极有可能逃脱。

聂荣臻立即给三纵司令员郑维山打了电话："不惜牺牲，打退敌骑四师，消灭新三十二师！"

郑维山紧握话筒坚定地说："聂总放心，我们一定打好这一仗！"

作战精神迅速传到各阵地，指战员们热血沸腾，决心拼死打好这一仗。

敌人的骑兵如一阵狂风，向二十二团、二十三团的背后"刮"来了。二十二团、二十三团一下子陷入了两面受敌的境况。二十二团团长徐信、二十三团团长张英辉一面协商，一面向村里的敌人发起攻击，将两个团的机枪调到背后，一线摆开。待敌人的骑兵冲过来，五百米，四百米……"打！"一声令下，两个团几十挺机枪一齐开火，敌骑兵连人带马倒下了一大片。不一会儿，敌人的骑兵聚集起来，又冲过来了。又一阵更猛烈的扫射，敌人的骑兵被打散了，掉转头败退下去。

增援无望，村里的新三十二师军心动摇了。

一月三十日凌晨，三纵的炮兵对庄町进行了猛烈袭击，接着，二十二团、二十三团、二十四团、二十五团向村里发起冲击，至上午九时，消灭了村里大部敌人。有小股敌人企图沿拒马河边逃跑，也被埋伏在这里的二十六团三营全歼。

新三十二师师长李铭鼎被炮弹炸死，部下七千多人被歼。

十二日下午，二纵五旅与四旅十一团向退守吴村、高洛的一〇一师发起攻击，十三日下午攻入吴村，歼敌六百余人，一〇一师主力逃回定兴县城。

敌三十五军军部在拒马河桥头遭到袭击，鲁英麟的指挥所陷入一片混乱。

"军座，再不走就晚了！"参谋人员催促鲁英麟。

鲁英麟只好下令登车，向高碑店撤退。

近百辆汽车开出没多远，公路北侧的高地上，手榴弹、子弹雨点般地飞过来了。原来，这是一纵一旅的部队。他们本来的任务是阻击增援庄町的敌人，没想到等到的是庄町逃出的敌人。

旅长曾美命令指战员，集中打击前头的几辆汽车。几辆汽车被打得起火了，后面的敌人纷纷跳车夺路逃命。冲锋号响了，一旅指战员向逃敌发起冲击，当场打死三十五军少将参谋长田世举以下二百多人，俘敌四百多人，缴获满载弹药的汽车八十多辆，榴弹炮等火炮一批。

打扫战场时，找到了鲁英麟的指挥车，却没发现他的尸体。

鲁英麟和部分参谋、政工人员眼看坐车逃跑已不可能，便向率领骑兵冲来的新骑四师师长刘春方要了些马匹，逃向高碑店。

到了高碑店，惊魂未定的鲁英麟神经有些错乱了。他不吃不喝也不睡，紧握手枪，或在室内踱来踱去，或痴痴呆呆地坐着，两眼发直，口中念念有词："三十五军，总司令的三十五军，让我断送了……"副官进来端茶倒水，请他休息，他全然不理。

夜深了，傅作义从北平打来电话，鲁英麟握着话筒，只是应承："是、是、是……"其他一句话也说不出来。

第二天一早，鲁英麟走上车站站台，乘人不注意，几步跨进一个空车厢，接着是"啪"的一声枪响。随从赶进车厢时，鲁英麟已倒在血泊中。

听到三十五军一部被歼、鲁英麟自杀的消息，傅作义瘫坐在椅子上，铁青着脸，半晌不说话。

自一九三一年张学良给了傅作义三十五军的番号，傅便是第一任军长。这是傅赖以起家的基本力量，是眼前支撑华北局面的重要支柱……它从没遭受过这样的打击。三十五军在抗日战争中仅阵亡过一个营长，而今师长阵亡、军长自杀。

傅作义不能自已，几天没好好吃饭好好睡觉了。

傅作义毕竟是傅作义，他不甘失败。

二月十五日，傅作义在北平中山公园为鲁英麟、李铭鼎举行了追悼会，由三十五军政工处长刁可成报告鲁、李"事迹"。傅作义的机关报《平明日报》，张家口、归绥、陕坝的《奋斗日报》也都把丧事当作喜事办，发表大量文章，号召文武官员学习鲁英麟，"忠于傅总司令"。

聂荣臻得到打胜仗的报告，甚为高兴，当即电报表彰有关部队，并希望他们总结经验，准备再战。

第三章

聂荣臻抑留傅作义

一、毛泽东面授机宜

一九四八年七月三十一日，聂荣臻给正在狼牙山附近整训部队的杨成武发了一封电报，要他迅速赶到华北军区司令部，然后一起去中央接受新的任务。八月二日，杨成武策马赶到了平山县烟堡村，径直走进聂荣臻居住的小院里。

聂荣臻已得知杨成武下午要到，正坐在屋檐下等候。

"聂司令员，主席找我们去会交待什么任务呀？"一见面，杨成武就问。

聂荣臻让汗水涔涔的杨成武坐下，递上一杯茶水："据我所知，主席找我们去，一是谈配合东北作战的问题；二是主席有个考虑，想把你指挥的部队组成三兵团，以利于以后大兵团作战，当然，组成兵团也和配合东北作战有关。具体情况到那里听主席的吧。"

八月三日，聂荣臻、杨成武骑马沿滹沱河北上，中午就到了西柏坡。他们先见了中共中央副主席周恩来。周恩来告诉他们，下午毛泽东和书记处的其他同志与他俩谈话。

下午三点，聂荣臻、杨成武到了毛泽东的住处——一个前后相连的小院。他们沿着鹅卵石铺成的甬道，径直向小院右边的棚房——毛泽东的办公室走去。

跨进棚房，只见正中放着一张旧八仙桌，四周是条凳。毛泽东坐在进门对面，周恩来、朱德、刘少奇、任弼时分坐四周。聂荣臻、杨成武向毛泽东等敬过礼后，坐到条凳的空处。

"五大书记"都到场了，聂荣臻知道这次下达的任务非同小可。

然而，毛泽东没有马上下达任务，而是给每人倒了一搪瓷缸子茶水，然后分别递给聂荣臻、杨成武一份电报，让他们看。

这份电报是中央军委一九四八年七月二十二日发给东北战场的林彪、罗荣桓、刘亚楼的，命令东北野战军转向南面作战，务必于八月间在北（平）宁（沈阳）、平承（德）、平张（家口）等线打响，东北野战军指挥机关先期南下，加强冀热察辽地区的工作。

聂、杨看完电报后，毛泽东又递过第二份电报。这份电报也是中央军委发给林彪、罗荣桓、刘亚楼的，只是日期为七月三十日。电报要求东北野战军首先考虑对锦州、唐山作战，然后再转向承德、张家口打傅作义。这份电报把锦州战役明确地提出来了。

"你们看完电报，我就开始说了，"毛泽东收回电报，"辽沈战役，是解放战争开始以来，国共双方的第一场大决战，对于双方至关重要。如果我们胜利了，就能巩固、发展已经建立起来的东北根据地，对于争取关内作战的主动权大为有益，并将极大地激发全国军民的斗志。兵家历来强调慎重初战。为了取得战役的胜利，我们必须抓紧做好各项准备。"

聂荣臻、杨成武边听，边在小笔记本上作记录。

"你们过去做了许多支援东北战场的工作，今后还要继续做，而且要做得更好。目前，对于你们来说，支持东北作战的核心问题，是要把傅作义牢牢拴在华北……嗯，你们喝点水，喝点水。"

聂荣臻、杨成武端起了搪瓷缸子，咕咚咕咚喝了几口。

"为了抑制傅作义，我们有些考虑。"毛泽东说着，站起身来，"一是部队要做一些调整，晋察冀野战军的六个纵队，改编为华北野战军二、三两个兵团。"接着，毛泽东谈了两个兵团的领导成员，二兵团由杨得志任司令员，罗瑞卿任政治委员，耿飚任参谋长；三兵团由杨成武任司令员兼政治委员，李天焕任副政治委员。

毛泽东呷了一口茶，继续说："第二条是打出去，主要是打到绥远去。绥远是傅作义经营了多年的地方，是他的老窝。打绥远，傅作义的主力必然要去救援。把傅作义的主力牵制在平绥线，调动他们向归绥转移，就可以使其无法出关。因此，我们决定，三兵团准备进军绥远，开辟新的战场。"

聂荣臻听着记着，在"三兵团准备进军绥远"的记录下，重重地划了一道黑线。

"在三兵团进军绥远的同时，二兵团一部在承德、北平线配合东北作战，另一部在平张线配合三兵团绥远作战。而徐向前的一兵团，仍在山西对付阎锡山，把阎部死死套在山西，既不让其支援东北蒋军，还要创造条件，待下一步消灭他们。总之，你们要密切配合，抑留傅作义部于华北，保证东北野战军在关外作战胜利。"

聂荣臻颔首静听。他觉得，毛泽东已为华北军区下一步的作战，勾勒出了一幅壮阔而清晰的画图。

毛泽东转身问杨成武："你们二十天内做好准备，有困难吗？"

杨成武站起身："没有困难！"

毛泽东示意杨成武坐下，笑着对聂荣臻说："不对，出兵绥远还能没有困难？"

聂荣臻会心地点点头。

毛泽东又伸出了两个手指头："第一个困难是傅作义经营绥远二十多年，搞了很多欺骗宣传，搞坚壁清野，而你们劳师远征，供给支前要供到前线很不容易；第二个困难是仗难打，傅作义绥远部队的官兵，不少是绥远籍的，他们守土观念很强呀！"

杨成武仍然信心十足："没有困难。"

毛泽东笑着说："成武，当年过草地，你带一个团，两千来人，现在是一个兵团，加上民工，十多万人，吃饭就是个大问题。"

杨成武低头轻轻一笑。

周恩来、刘少奇、朱德、任弼时也都谈了可能碰到的困难，并谈了解决困难的建议。

刘少奇提醒他们做好饿肚子的准备。

周恩来说："包头是个工业区，往西就是宁夏，你们占领它很重要。"

朱德说："你们要特别注意执行俘虏政策。这条执行好了，对敌人的分化、瓦解作用就大了。"

看到大家都说得差不多了，毛泽东接着说："绥远那地方，是傅作义的老窝，孙兰峰部、董其武部，是傅作义几十年苦心经营起来的。如今，你要端人家的老窝子，要敲人家的命根子，人家能不和你拼命！因此，要想到傅作义对此作出的反应，是会很强烈的。"

毛泽东又站起来了："到绥远怎么办，刚才各位都讲了，概括起来是四点。第一点，要把困难想够，并且想出如何解决这些困难的办法。必须依靠群众，让大家出主意想办法。事前做好精神准备，遇到困难就吓不倒了。第二点，物资准备要充分，武器弹药要赶紧准备。吃饭是个大问题。由薄一波给你们筹划十万现洋，揭不开锅时，就用它买粮食。第三点，就是要打好仗，首战获胜。你们可用六比一的兵力占领绥东的集宁，然后由东向西，把西面的包头占领了，把凉城、丰镇都占领了，就留下一个归绥，那就站住脚了。第四点，要做好群众工作，宣传和执行共产党、解放军的政策、主张，让群众知道解放军是人民的子弟兵。群众一旦认识了你们，你们也就可以站住脚了。"

周恩来接过毛泽东的话："我立即通知薄一波同志准备现洋。"

正作记录的杨成武停下笔，抬起头："十万现洋，怎么带得动啊！"

朱德笑了："银元还有嫌多的？分给大家背，连长背五十，排长背五十！"

大家一听，都哈哈地笑了起来。

毛主席又说："每人要多带一双鞋子，否则到了那里有大洋也不一定买得到。棉衣也要带上。绥远比河北冷得多。"

"荣臻呀，三兵团成立起来后，要开个团以上干部会，你去讲话。"毛泽东叮嘱道："要多讲困难，少讲有利条件。另外，要去绥远的自愿报名，害怕困难的可以不去。否则，去了跑回来就不好了。"

聂荣臻说："我一定按主席的要求去办。"

周恩来、朱德、刘少奇、任弼时再一次谈了自己的看法，气氛热烈而融洽。

毛泽东看了看表："今天时候不早了，荣臻、成武就在这里住一夜，还有什么问题再跟恩来谈谈。"

晚上，聂荣臻、杨成武住进了毛泽东住处西南面的一个小院子。他们借着马灯，把白天的谈话议论了一番，杨成武还把笔记作了整理。

杨成武合上笔记本："聂司令员，有个问题不知该不该提？"

"什么问题？"

"这次任务非同寻常。兵团司令员、政委的职务最好由两个人担任。"

聂荣臻觉得三兵团只有杨成武和李天焕副政委，连副司令、参谋长都没配，确实人手少了一些，就说："这意见好。你看谁来当政委合适。"

杨成武提出李井泉来担任。李井泉此时是晋绥分局书记、晋绥军区政委。聂荣臻觉得这个人选很好。

第二天，聂荣臻、杨成武找到周恩来，先征询了他的意见。周恩来很赞同李井泉当三兵团政委，带他们到了毛泽东办公的棚屋。

毛泽东一听，当即表态："这个意见好，马上下命令，让李井泉来当三兵团政委。现在他在朔县，就让他在那里等三兵团的部队。"

二、杨成武西出绥远

一九四八年八月九日一大早，聂荣臻策马向远台村赶去，准备参加三兵团团以上干部出征绥远的动员会。

马蹄"得得"，沿着易水河而上。

聂荣臻放松缰绳，让坐骑放慢步子。他举首望去，远台村村后的狼牙山，石峰壁立，草木葱茏。侧身一看，村前的易水，水波粼粼，涟漪泛起，清澈见底。

"多好的景致！"聂荣臻心里说着，忽然想起，"荆轲刺秦王，不就在易水边击琴吟唱辞行的吗？'风萧萧兮易水寒，壮士一去兮不复还……'"

聂荣臻想着，一打马，马小跑起来。

杨成武早在村头迎候。

聂荣臻纵身下马，开口便问："大家情绪怎么样？"

"新组建的兵团，新的战斗任务，团以上干部情绪高极了！"杨成武笑着回答。

聂荣臻在杨成武的陪同下，走进会场。他和干部们握手致意，然后走上讲台。

聂荣臻给团以上干部作了一个题为《配合东北进军绥远》的报告，洪亮的声音，充沛的激情，精辟的分析，激励了台下的干部：

> ……关于华北的发展趋势，除太原外，目前最具有决定意义的就是北线，我们要在那里想办法。消灭北线之敌是东北与华北的共同任务。二兵团打到冀东就是为了配合东北。现在不是敌人向我根据地进攻的问题，而是我们要到敌人线上作战的问题。二兵团到冀东一打，傅作义立刻把兵调过去，我们在保北一打，他又马上把兵调回来，狼狈不堪。有人称傅作义为"调兵司令"。现在傅部老巢空虚，根据军委指示，三兵团要排除一切困难，坚决抄掉他的老巢，给他以很大的威胁。解放绥远，使华北与东北连成一片，对解放全国有战略意义。如果要问全国胜利还需要多少年？我们回答：今后三年内一定可以打垮蒋匪帮，取得全国决定性的胜利。我们要有全国胜利的充分信心。同时也要有克服争取全国胜利中的一切困难的决心。我们估计到有困难，就要准备去克服困难，有了克服困难的准备，那么困难即不成其为困难了。要争取全国胜利，我们就要拿出力量来，把战争引到蒋占区去，要坚决打出去。

聂荣臻讲话中，不时响起阵阵热烈的掌声。

杨成武根据笔记记录，传达了毛泽东和周恩来、朱德、刘少奇、任弼时的指示，与会的干部深受鼓舞。

会开了一天。

吃过晚饭，聂荣臻和杨成武商量起派遣先遣支队的问题。

两人正谈着，随着"报告"声，门帘一挑，进来了一位精干的年轻人。他就是先遣支队的司令员赵冠英。

杨成武向赵冠英介绍了先遣支队的组成、任务。

聂荣臻对赵冠英说："到绥远后，最重要的是要制定正确的政策。怎么个定法，你们到后要作广泛、深入的调查，先提出个方案。"

"是！"赵冠英回答。

绥远不少地方居住着蒙古族群众。聂荣臻、杨成武还向赵冠英提出了学一些蒙古话、了解蒙古族风俗习惯、学一些礼节性动作的要求。

九月五日，三兵团及其配属部队分别从易县、涞源出发了。

徒步远征之师，首先遇到的是负重过大的问题，三兵团概莫能外。枪支、弹药、粮食、银元、衣被、鞋帽，每个负重五六十斤。再加上路赶得急，每天上百里，有时还遇到敌情，边打边走，够苦的。进入绥远境内后，为了隐蔽行动，部队夜行晓宿，困难就更多了。偏偏这季节，塞北常常又是风又是雨的，跌倒摔跤成了常事，干部战士一个个成了泥人。

部队严格按照毛泽东的要求，宣传群众，组织群众，执行"三大纪律八项注意"，进村不扰民，宁肯露宿屋檐下，甚至街头。看到群众断了炊，就把自己的干粮送上。

紫荆关、涞源、灵邱、平型关、繁峙、雁门关……都被甩在了身后，按预定的时间，杨成武率领主力，与率六百人的工作团等候已久的李井泉，在朔县米昔马庄会合了。部队就分驻在米昔马庄附近的村落。

司令部刚安顿好，先遣支队司令员赵冠英赶来了。他们把傅作义部队在绥远的情况都基本搞清楚了，并标示在一幅大地图上。

赵冠英汇报着，摊开了大地图。杨成武凑近仔细看了起来，地图上标得很详细，敌人的部署、阵地、渡口、沼泽地等，都清楚明白。

接着，赵冠英又汇报了如何征粮，如何做群众工作，如何打敌骑兵，如何解决冬衣分发的意见。

杨成武听着，不时点头："冠英，你们先遣支队按照聂司令员的指示、要求，做了很多工作，做得很好，为进军绥远立了大功呀！"

第二天，三兵团向着塞外，边进边打。

九月二十四日，攻占丰镇及其东北的隆盛庄。

二十五日，攻克绥东南的凉城及和林格尔。

二十六日，攻克绥远南部的清水河。

三天总计歼敌三千多人，控制了平绥路四百余里。

紧接着，三兵团指挥晋绥八纵、一纵二旅和骑兵旅，包围了集宁城。

杨成武带领作战处长、参谋，隐蔽来到集宁城外的一座小山上，抵近观察。看到眼前的集宁城，杨成武思绪万千。

一九四六年九月，解放军曾与傅作义的部队在此交锋。由于解放军前线指挥部指挥失误等原因，傅作义得手。傅作义部于当月十六日攻入集宁城。集宁是连接张家口、大同的交通要道，城西、城西南、城东南分别为水楼山、卧龙山、老虎山，山山有钢筋水泥工事，居高临下掩护全城。全城被两丈五高、一丈多宽的城墙环绕，城墙外有护城河护卫。傅军骑兵十二旅副旅长兼城防司令王炳儒，率二千四百多守敌，准备依靠有利地形和坚固工事坚守待援。

"先打卧龙山！"杨成武放下手中的望远镜，下达命令。

一纵二旅五团仅用二十分钟，就攻占了这一军事要地。

第二天，第十一旅、十四旅从两个方向很快攻入集宁城。老虎山上的守敌以炮火支援城里守敌。攻城部队对老虎山之敌先行包围，再开展政治攻势，使一个连的敌人携三门小炮、两挺重机枪、七十多支步枪投降。随即，集宁守敌被全歼。

十月九日，三兵团攻克绥远最东面的兴和县城。

十月十六日，攻克陶林县城。

…… ……

三兵团主力，继续向绥南、绥西、绥北挺进。二纵逼近包头。二纵五旅从北面的大青山上压了下来，六旅从东门助攻。包头守敌新编第十一旅第一团，感到行将被歼，急忙弃城西逃。二纵占领包头后急迫二百四十里，将敌第一团全部消灭。

聂荣臻运筹帷幄，精细地指挥着千里之外的绥远战役。

至此，三兵团解放了绥南、绥东广大地区，控制了丰镇以北到归绥以东的平绥线，歼敌万余人。

十二月二十五日，中央军委电贺三兵团：庆贺你们秋季攻势开始后一个月内歼敌万余，解放包头及其他城市十五座，控制平绥路大部的巨大胜利……

面对三兵团的凌厉攻势，傅作义急令三十五军、一〇四军、新骑四师等向西驰援。而当与三兵团密切配合的二兵团乘虚向平张线出击时，傅作义又只好急令三十五军回防张家口，处处被动，处处挨打。傅作义哪能调兵出关支援东北？

美联社惊呼三兵团的行动是"绞杀性的进攻。"

南京蒋介石徒呼奈何。

三、杨得志近逼北平

杨成武兵团到达绥远的前一天，辽沈战役的隆隆炮声响起来了。这炮声，预示了歼灭东北蒋军战斗的打响，也宣告了中国人民解放战争战略决战的开始。聂荣臻按照毛泽东的战略部署，指挥华北军区部队，紧密配合东北决战。为了避免傅作义出关援锦，也为了配合杨成武三兵团的行动，聂荣臻指挥杨得志、罗瑞卿的华北二兵团，迅速展开了行动。

"傅作义历来守土意识很强，且善于防守。在目前形势下，他认识到一旦失去北平、天津等要点，就将成为离水的鱼、离土的苗，无以存身。我们组织攻击这些要点附近目标，他就不可能不顾自己而调兵增援东北了。"聂荣臻电话里分析了傅作义的心态。

百里之外的杨得志手握话筒："我完全赞同聂司令员的分析，我们立即按原计划行动！"

"得志呀，你们选择的攻击点，离北平近，多为敌人重点防守，交通方便，敌人便于机动。你们要打痛敌人，要牵住敌人，又不能被敌人吃掉，这可要掌握好哟！"

"请聂司令员放心！"杨得志湖南醴陵口音很重，口气很坚定。

二兵团三纵和冀热辽军区的三个独立师，迅速向平承路的密云、通县及平北地区发起了猛烈进攻。四纵则在冀中军区十四分区部队的配合下，于九月八日攻克了三河县城，向平东出击。

二兵团的攻击，震动了傅作义。

"共军这两支队伍进攻的地域，离北平百里左右，我们稍有松懈，他们便会乘虚而入，直插北平。"傅作义对参谋长李世杰说。

"总座的意思是……"

"必须打退它，歼灭它！"傅作义的拳头，重重地敲击在桌案上。

李世杰暂不吭声。他知道傅作义已有腹案，马上会道出。

"世杰，这样，"傅作义招呼李世杰到地图前，"命令三十五军、一〇四军、十六军和新编骑四师，分别由密云、昌平、延庆出发，消灭华北二兵团部队。要注意，部队要随时互相照应，避免被共军分割歼灭。"

面对傅作义部队的优势兵力，三纵、四纵等部队并没马上后退，而是节节设防，勇猛抗击。

傅作义的部队不知解放军的虚实，处处小心谨慎，不敢远离北平，怕老窝给端了。

北平近郊的战场呈现出胶着状态。

一天、两天、三天……双方扭打在一起。

二兵团、三兵团、一兵团的战况，都令聂荣臻很满意。然而，他想得更多的是战场的全局和未来。

"辽沈战役，渐近决战时刻。一旦东北蒋军承受不了，蒋介石下死令让傅作义部出关怎么办？……一定要落实毛主席的战略部署，把傅作义部死死拴在华北，做到即使蒋介石下死令，傅作义愿意走也走不了！"聂荣臻下定决心。

"得志，组织部队将傅军调离北宁路，免得他们干扰东北我军行动。"聂荣臻命令杨得志。

"请聂司令员放心，我们一定把敌人牵走！"

杨得志命令四纵，迅速转进平承路。四纵先做出个反攻的姿态，待敌人慌忙调整、布防时，他们已进至顺义、怀柔。顺义、怀柔已属北平郊区，傅作义急了，命令三十五军、骑四师迎击四纵。可是，道路多处被毁，不时受到阻击，傅军追不上四纵主力。

欲追不能，欲罢不忍，傅军只好跟在四纵后面兜圈子。

按照杨得志的命令，三纵且战且退，连续九十二小时走了四百三十里，将一〇四军和十六军引到了平北山区。这些山区距北平二百多里，山高路险，交通不便，敌人要上北宁路出关，已属困难了。

劣势的两个纵队，拖着占优势的敌三个军十个师，不能离远了，远了可能拖不动；不能近了，近了可能被敌人吃掉；不能不打，不打可能使敌人脱掉；也不能大打，大打尚无全歼敌人的把握。崎岖的山路，少吃没喝的艰难，加上连续数日行军、作战，指战员们的体力消耗极大。

就这样，第三纵九旅拖着数倍于己的敌人，周旋了几天，敌人终于猛扑上来了。

南面是扑上来的敌人重兵，为了摆脱敌人，必须横跨北面的莲花瓣山。

莲花瓣山，又名"小西天"，是北平北郊海拔最高的山峰。山石突兀，小路崎岖，少有行人攀援。有些地方，亘古至今无人踪迹。

九月的山下，暑气蒸腾。然而，指战员们爬不多久，便觉得越来越冷。到了半山上，竟一下子像进到了严冬般的寒天。接连数天行军打仗，一下子又爬这样险峻的高山，有的战士疲劳至极，难以自已，在路边坐一下休息，谁知竟被冻僵在那里而牺牲。各级指挥员一看这情况，催着、拉着战士们一刻不停地赶快过山。

到了山顶，天忽然下起了冷雨，身着单衣的指战员无一不冻得浑身哆嗦。只要在山顶上多停留一会儿，就可能造成大批的冻伤，各级指挥员吆喝着，催促着，让部队迅速下山。

不料，刚开始下山，天便黑下来了。

这时，得到尖刀班的报告，前面一段路窄得只能一人侧身而过，路的下方是三百多米的深渊，一掉下去便粉身碎骨。

怎么办？有的指战员不顾一切，脱下了身上的单衣，拧成绳索，拉扯起来作护绳；有的指战员则将拧成绳索的衣服蘸上炊事班带的食用油，点燃照明。尽管如此，仍不时有人摔下山崖，献出了自己的生命。

历尽艰辛，九旅终于翻越过了莲花瓣山。

敌人上来了，但畏惧山路险峻，更怕在山上遭到解放军伏击，不敢追击，只能望山兴叹了。

这种"牵牛"战术颇有效用。十数日间，敌人转来转去，追不上解放军的主力，又不断挨打。而在这些日子里，东北野战军完全排除了傅作义部队的干扰，调兵布阵，做好全歼东北蒋军的准备。

仗越打越活，越打越主动。

聂荣臻紧紧把握住重点：死死拖住傅作义。

根据聂荣臻的意见，杨得志把位于平北地区的部队，分成两路，主动向敌进攻。

一路像一柄利剑，向平承路截去。四纵于九月二十四日再次出击平承路，攻占了平郊的白庙、燕郊。这一着，牢牢控制住了平承路，使傅军不可能由此路增援东北。这样，出关的北宁路、平承路均被封堵，傅作义援锦已属不可能。

另一路像一股洪流，向平绥路东段涌去。三纵和冀热察军区独七师，于二十八日、二十九日攻克了赵川堡，破坏了新保安至康庄的铁路，关闭了傅作义主力东去的大门。十月一日，沙城傅军守敌暂三十一师两个团，被三纵诱至宣化以东的贾家湾、贾家营地区，激战四小时悉数被歼。

看到傅作义把十六军由平承路调到怀来，四纵便转进平绥线，与三纵等部队一道，向宣化、怀来至南口、昌平段铁路沿线破击。三纵先后攻占沙城、太平堡、土木、新保安、鸡鸣驿、下花园和涿鹿县城。四纵攻占了西拨子、青龙桥、八达岭，还在康庄歼敌三八〇团主力。

"为什么处处被动挨打？"傅作义坐在沙发上，陷入了深深的困惑之中，百思不得其解。

忽然，他惊坐起来："张家口！"

"张、宣地区空虚，共军会不会乘势去夺张家口。要是丢了张家口，那影响就太大了。当年从解放军手中夺占张家口时，不就轰动了全国吗？而今，要是丢了张家口，影响能小吗？"

傅作义急令意在解除归绥之围的主力，迅速东调张家口。

此时的张家口，像一个沉重的包袱，紧紧压在了傅作义身上，使他更无力增援东北了。

四、徐向前围攻太原

聂荣臻将毛泽东要华北一兵团仍在山西作战，围攻太原，对付阎锡山的战略部署，电告华北军区副司令员兼一兵团司令员徐向前、一兵团副司令员周士第。

身材颀长、瘦弱的徐向前，坐在靠窗的一个方凳上，把聂荣臻的电报反复看了两遍，然后递给周士第。

徐向前扶着窗台，缓缓地站起身来。

徐向前是山西五台县永安村人，生于山西，长于山西。一九三七年八月，按中共中央的委派，徐向前任八路军一二九师副师长，九月随同周恩来到山西，组织抗日作战。一九四八年五月，徐向前任华北军区副司令员、华北野战军第一兵团司令员兼政治委员，与聂荣臻配合默契。

很长一段时间，徐向前一直率部在山西作战。从一九四八年三月七日至五月十七日，徐向前率部围攻临汾，攻占了这座"历史上没有被攻破过"的城市。六月十九日至七月二十日，徐向前指挥所部横扫晋中，歼灭阎锡山部十余万人，解放晋中全部土地。七月二十八日，徐向前率部围住太原。

…… ……

周士第看完电报：“太原之战，在毛主席精心布设的战争棋盘上，与东北紧紧连在一起了。”

“是呀，我们这里打的看似阎锡山，实则还有傅作义。聂司令员一再叮嘱要打得狠，打得猛，使傅作义顾忌我们攻下太原，解放三晋后，挥师入冀，直逼平津。这样，他更不敢出兵东北了。”

两人说着，围坐在太原前线敌我态势图前研究起来了。

太原是徐向前故乡的省府，是徐向前当年上师范的地方。抗日战争开始后，他曾在这里做过一段统一战线工作。因此，他对这里的天时地利、人文风情是很熟悉的。把围攻太原提到议事日程后，徐向前通过侦察员的侦察，通过城工部同志收集的情报，通过向被俘的敌军高级将领调查，通过抵近观察，掌握了太原的基本情况。

阎锡山的老巢、阎锡山统治山西的中心太原，位于晋中盆地北部，城周十二公里，东、西、北三面为高山，市区如三山之瓮底。三山之中，东山于太原最为重要，是太原的主要屏障，高出太原五百来米，其中最高峰为距城二十五公里的罕山。阎锡山曾说过：“太原形势像人样，东山好比太原头，手是南北飞机场；石嘴子和凤阁梁，好比眼睛明又亮；两脚伸在汾河西，太原城内是五脏。”

在这片兵家必争之地上，阎锡山倾其大量心血。数年间，他在日寇修筑的坚固防御工事的基础上，加修了大量碉堡。为此，他专门特设了一个“碉堡建设局”。这个局起用了大批“留用”日军专家，精心策划，日夜施工。从东面的罕山到南面的武宿，再到西面的石千峰，到北面的周家山，环城上百里，共计各式碉堡五千余座。山头上的碉堡被称为“守山堡”，山坡上的被称为“护山堡”，山沟里的称为“伏地堡”，堡与堡之间互相关联，互相支援。在南、北机场等数十处重要据点，均以若干个大水泥碉堡为骨干，以地堡为卫星，外加各类附设防御物，构成所谓要塞。阎锡山曾自夸：“每个阵地都是能经得起一万发炮弹轰炸的永久性工事”，“太原是抵得住一百万大军进攻的碉堡城。”守城的敌军达十万之众。

美国一个记者曾这样写道："任何人到了太原，都会为数不清的堡垒而吃惊：高的、低的；方的、圆的、三角形的，甚至藏在地下的，构成了不可思议的密集火网。"

徐向前、周士第指挥所部，先扫清外围之敌，逐步向市区逼近。

九月，徐向前赴西柏坡，参加中共中央政治局扩大会议。

十月十日晚，参加完中央政治局"九月会议"的徐向前，回到太原前线总指挥部，抱病参加前委会，进一步研究攻打太原城垣的具体行动计划。

十月五日前，前委考虑东南地形较开阔，便于展开兵力、后勤补给。但打了几天后，发现敌人在城东南的工事很坚固，因此需要重新审议主攻方向。

当大家等待徐向前一锤定音时，徐向前不紧不慢，先询问近期收集的敌情资料。

参谋长陈漫远说："前两天一位地下党的支部书记从敌人占领的东山柳沟村来了，他是专门来汇报情况的。"

"快把他请来，快请来！"徐向前吩咐。

徐向前乘会间休息的工夫，会见了那位党支部书记。那位党支部书记提供了东山防线中间的一条秘密小路。这条小路可以隐蔽地插到距城仅五公里的敌东北防线后方的牛驼寨要塞。

牛驼寨，阎锡山精心构筑的"四大要塞"之一。徐向前在地图前一琢磨，发现这条小路恰恰处在敌人东山守备区与北区的分界线上。深谙敌人作战特点的徐向前判定，在这大军压境、自顾不暇的时候，无论是东山守备区，还是北区的敌人，都不会主动担负起这条小路的防守。

徐向前拿起红铅笔，在作战地图上重重一画，一条粗重的红线，像飞矢直抵"牛驼寨"。

"阎锡山自以为我们不敢打牛驼寨，我们偏要打牛驼寨。前几天我们在城南、城北发起攻击，敌人正集中力量在这两地顽抗。我们要攻其不备，夺取牛驼寨，进而拿下四大要塞。"在下午召开的会上，徐向前铿锵有力的话语，激动了全体与会人员。

徐向前接着全面分析了太原的战局：攻下了"四大要塞"，就等于割断了敌人的咽喉，他就动弹不了，"土皇帝"也就成了"瓮中鳖"。

十七日深夜，太原城郊枪炮声大作，弹道划出五彩缤纷的飞虹。一兵团部队以迅雷不及掩耳之势，南北钳击，一举攻占东山要塞牛驼寨。

接着，一兵团部队以牛驼寨为依托，向四周扩展。至十九日，东山主峰罕山及其周围的大部分阵地均被一兵团占领。敌暂编二团和"雪耻奋斗"一〇八团全部、暂编八总队及保安二十五团一部被歼。"雪耻奋斗"一一四团由团长李佩膺率领，向解放军投降。一〇六、一一二、一一三团和保安九团仓皇逃跑。

这狠命的一击，为阎锡山始料不及，动摇了其整个防线，也动摇了其军心。阎锡山气急败坏，令其主力三十军和"留用"的日本人为骨干的十总队，在猛烈炮火的掩护下，向牛驼寨解放军实施连续反击。两天的时间，不到三百平方米的阵地上，落下炮弹两万多发，焦土达三尺多厚。为了减少伤亡，一兵团令七纵七旅十九团于二十一日弃守牛驼寨，转移到东面的阵地上。

重占牛驼寨后，阎锡山深感一兵团攻城力量的强大，便及时调整了部署，加强了力量。其中以暂编八、九、十总队和七十三、六十八、暂编四十师各一部，依托阵地，作纵深防御配备，以城东的炮兵群全力支援，以三十军四个团、暂编四十师两个团组成机动部队相策应。总之，以牛驼寨、小窑头、淖马、山头等四个要塞为主要依托，固守太原。

十月二十六日，一兵团对四大要塞实施猛烈攻击。七纵攻打牛驼寨，八纵打小窑头，十五纵打淖马，十三纵攻打山头。炮弹的爆炸声、炸药包的爆炸声响成一片，天摇地动。有的地方反复轰击而纹丝未动，有的阵地几易其手。

这时，徐向前面对自己指挥的空前激烈的攻坚战毫不动摇。他命令部队："只许胜利，不许失败！只许前进，不许后退！"

连续六次激战，七纵打下了牛驼寨。受到两次挫折后，八纵、十三纵分别攻下小窑头、山头。而十五纵历经半月的反复争夺，也占领了淖马。

"钢铁防线"被摧毁了。

"凭此三千堡垒，足抵百万精兵"的神话被打破了。

阎锡山经营多年的老巢，指日可破。

围攻太原的胜利，使傅作义的心头又压上了一块石头，更难以出兵东北了。

聂荣臻电令表彰一兵团官兵。

五、傅作义偷袭西柏坡

一九四八年五月，中共中央从陕北迁到河北阜平，后又移至平山西柏坡，毛泽东、朱德、周恩来、刘少奇、任弼时都赶赴这里指挥中国革命。这座位于石家庄西北七十多公里的依山傍水的小村子，一下子成了中国革命的大本营。

五月九日，中共中央决定将晋察冀中央局和晋冀鲁豫中央局合并，建立统一领导华北地区的中共中央华北局，并建立华北联合行政委员会和华北军区。聂荣臻任华北局第三书记、华北军区司令员。

此时，全国的战局已经发生了巨变：在东北，辽沈战役展开，锦州、长春解放，蒋军盘踞的沈阳已成孤城一座；在华东、中原，山东全境和郑州、开封以及豫北广大地区已解放，陇海线东段、平汉线南段，已完全控制在解放军手中……与战局相关的，是人们的心态的变化。共产党、解放军斗志高昂，信心百倍。国民党则从上到下唉声叹气、信心丧失、士气低沉。

八月初，蒋介石在南京召开了前方高级将领参加的军事检讨会。会议一开始，蒋介石就作了《改造官兵心理，加强精神武装》的讲话。蒋介石站在讲台上，边讲边比划："就整个战局而言，我们无可讳言的是处处受制，着着失败，不仅使全国人民心理动摇，军队将领的信心丧失，士气低落，而且中外人士对我们国军讥讽嘲笑，实在令人难受。"在几天的会议中，向来金口难开的蒋介石，竟先后八次讲话。然而，听的人们打不起精神，失败主义的阴云依然驱之不散。

其后，蒋介石从东北葫芦岛视察返回北平，又在"剿总"召集了师以上军官会议，批评了东北高级将领，大大表扬了傅作义，大讲"目前兵力比共产党还占优势，武器装备更是要强得多，只要大家努力，胜利是不成问题的。"

然而，听了这些话，没有谁人相信。连黄埔一期学生、蒋的嫡系将领李文这样的人都直摇头："蒋老了，从前的革命英雄气概一点也没有了。"

其他将领，大多把蒋这些话当成了耳旁风。

蒋介石毕竟是几十年摔打出来的"委员长"，枪林弹雨中摸爬出来的"总司令"，深知空话填不饱肚子，大话激不起士气，现在需要的是打胜仗，改变颓势，方能稳住人心。

怎样才能打胜仗呢？双方拉开阵势打，似难取胜。蒋介石几次把傅作义召到圆恩寺行辕，还亲自赴"华北剿总"总部，与傅密谈。

"眼下聂荣臻的三个兵团，一兵团在太原与伯川激战，二兵团出冀东，三兵团往察绥，冀中、冀南兵力空虚……"

"委座的意思是……"

"组织一支快速部队，突袭石家庄，突袭西柏坡，搞掉中共中央领导机构！"说到这里，蒋介石把手中的茶杯在桌上重重顿了一下，杯里的水一下子溅了出来，将桌面泼湿了一片。

侍卫急忙进来，明白是怎么回事后，小心翼翼地将桌面上的水擦干净，悄悄退下。

傅作义的心里像被重重地撞了一下，他端起茶杯，深深地喝了一口，以此掩饰自己的慌乱。

"宜生以为如何？"

"好，好。"傅作义嘴上支吾着，心里却在琢磨，"解放军的将领，大多足谋善断；解放军的士兵，一个个不怕死，解放军不是那么好对付的，更何况袭击中共中央所在地呢！"

"这是难得的机会，抓住了，会收到扭转战局的奇效；失掉了，有可能成为贻误战机的罪人！"蒋介石的话咄咄逼人，显然在施加压力。

傅作义忽然想到近日蒋介石几次要他出兵东北，援救卫立煌部之事。东北决战大局已定，国军必败，共军必胜，投入几个师甚至几个军，无异于肉包子打狗——有去无回。现在何不借机躲过这一回呢？

"这事要成功了，也真可以提高士气，自己的声望也会大增；要不成，也可以免除主力为蒋介石调往东北。"傅作义想着，抬起头来说："委座，我坚决拥护你的英明决策！"

"好，好，真好！宜生，你是'掏心战'专家，过去对日作战，不就多次成功地运用了长途奔袭之后的'掏心战'吗？现在正是你大显身手的时候呀！哈哈……"

"委座，此次行动要求甚高，一着不慎，满盘皆输。各部队应精诚团结，通力合作……"傅作义说。

"言之有理，言之有理。一切由你负责，由你指挥，该用哪个部队就用哪个部队。"

"能否隐蔽作战企图，是能否达到目的的关键。"傅作义说。

"是这样。"蒋介石说，"不过，共军华北一兵团围攻太原已有时日，你发兵相助，实为顺道成章之事，喊着'援晋'，快到石家庄时猛然向南，可使共军猝不及防，达成突然。"

他们当即商定，步骑协同，车马开进；对下级军官及士兵，称为"援晋行动"，只对少数高级军官讲清真实情况。

十月二十三日上午，"华北剿总"司令部作战室外面三步一岗、五步一哨，台阶下停满了各式各样的卧车、吉普车。高级将领秘密军事会议正在这里召开。

身着灰布军装的傅作义走上讲台，环视会场："现在宣读蒋总统手谕！"

数十名高级将领"唰"地起立。

"这次行动，对外称'援晋兵团'，实则为进攻石家庄，偷袭西柏坡，摧毁共产党的中央领导机构……"

傅作义接着宣读了命令：任命中央军九十四军军长郑挺锋为总指挥，傅作义部的新编骑四师师长刘春方和新二军二七二师师长刘化南为副总指挥。显然，做出这等任命，傅作义是费了心思的。总指挥是你蒋介石的嫡系将领，成败你应负主要责任；部队有你的大半，受损不会仅我一人。

"坐下！"傅作义向众将领挥手。

接着傅作义讲话，阐述此次行动意义非同小可：可以摧毁共产党领导机关；可以吸引围攻太原的共军一兵团东移，收到"围魏救赵"的效用；可以对共产党的地方政权施以摧毁；可以对军事设施予以破坏；可以征购大量物资运回保定，增加守备所需；可以用张家口印钞厂伪造的"边币"，破坏共产党地区的金融……傅作义一下子列了七八个"可以"，唯一闭口不谈的是"可以免去出兵东北"。

"这次行动，至关重要，各部要通力合作，这是没说的了。另外还要严加保密，一旦秘密外露，共产党有备，我们不但偷袭不了西柏坡，还可能带来意想不到的麻烦！"傅作义大声告诫与会将领。

十月二十一日，傅作义在"剿总"总部接见政工处副处长由竹生。由竹生走进会议室时，傅作义正与九十四军军长郑挺锋密谈。

傅作义指着由竹生对郑挺锋说："由竹生对各部队熟悉，对地方也熟悉，让他随你一起去，有事情交他办。"

郑挺锋连声说好。

二人当着傅作义，商定了出发前如何联系等问题，郑挺锋告退了。

由竹生与傅作义谈起形势及这次行动的设想。

"总座，我这次的任务到底是什么？"由竹生问。

"三条。"傅作义说："一是进入石家庄后，你以市长的身份，找几个社会贤达，也可以找教会、学校，联合向全国发一份'拥护国民政府，感谢蒋总统'的通电；二是把石家庄的军用物资抢运回来。至于不能装载运输的，还有那些坚固的城防工事，就让配属行动的新式技术大队长杜长城去炸掉。"

电话铃响了，傅作义起身接了电话。

讲完电话回坐后，傅作义接着说："这第三条，也是最主要的，你要掌握住情况，该进该退，随时向郑军长建议，绝对不能使军队受到损失，打不打石家庄还是次要的。"

"哦，这……"由竹生对这第三条理解不了。

"我们要做偷袭成功的努力，也要有偷袭不成功的准备。作不成功的准备，最主要的当然是为了减少损失。"傅作义说。

"总座，你这一讲，我就明白了。"

傅作义将话题转开了："你们去了，要注意，不能打骂杀害俘获的军政人员。攻心为上，眼下不是多杀几个人可以解决问题的，人心比什么都重要。"

第二天下午，傅作义和"剿总"副秘书长兼政工处长王克俊，接见了"剿总"政工处上校督察员王越。王在此前一天，被任命为"援晋兵团"第一线联络官。

三人走进一间密室，坐定后，王克俊用教棍指着地图，介绍了这次行动的计划，然后说："你这次去的任务，就是接管各部队的重要俘虏。"

"接管重要俘虏？"王越说，"八路军和咱们不一样，官兵服装不分，哪能认得出谁是大官？"

"这容易，"坐在中间的傅作义开口了，"共产党的高级人员，南方人居多，一听口音就听出来了。再就是看手指头，这些人都爱吸烟卷，左手的指头总是熏得黄黄的，一看就可以识别。"

傅作义让二人再仔细研究一下，刚起身要走，又留住步子："一定要注意，对高级俘虏要以礼相待，以礼相待！"

当晚，傅作义在总部大礼堂对出发的军官讲了话，鼓劲打气。他讲完走下讲台，还一边走，一边说："好好干，完成任务好的定有奖励，定有奖励！"

六、聂荣臻保卫党中央

一九四八年十月二十三日下午，聂荣臻和政委薄一波正在平山县孙庄华北军区司令部商量工作，办公室门被猛地推开了，作战处长唐永健拿着一份电话记录，急匆匆地闯了进来："司令员、政委，傅作义要偷袭西柏坡！"

"什么？"聂荣臻、薄一波都大吃一惊，腾地站了起来。

聂荣臻接过电话记录，很快看完，递给薄一波。

聂荣臻指着电话记录问："记录上写的甘霖是个什么人？电话是怎么来的？"

唐永健介绍说，甘霖是北平地下党的一个关系，在傅作义的司令部里负责刻蜡版，凡是不发电报的文件，均要经他刻印下发。这天，上司要他迅速刻印、下发一份命令，内容是九十四军和新编骑四师为先头部队，配属五百辆汽车，其后是骑兵十二旅、暂编三十二师，由涿县经保定南下，偷袭石家庄。甘霖边刻，心里边打鼓："这事太大了！这事太大了！"刻完命令，甘霖立即搭车赶到徐水，从徐水县政府给华北军区挂电话，接电话的正是唐永健。

正在紧张商量之时，参谋又送进一份电报：傅作义将偷袭西柏坡。这是中共华北局城工部长刘仁转送来的。

地下党员、北平《平明日报》采编部主任李炳泉打听到了这一消息，向北平地下党负责人之一的崔月犁汇报了情况。崔月犁通过电台向中共华北局城工部长刘仁汇报，刘仁即向上报告了这一情况。

两份情报是吻合的。

敌人用心险恶，情况十分危急！

聂荣臻立即电话向周恩来报告了情况。电话里传来了周恩来清亮、有力的声音："荣臻，一定要截住傅作义偷袭部队，保卫党中央！保卫毛主席！"

周恩来代表中央军委起草的致聂荣臻、薄一波等人的电报很快传来了。

周恩来在不到两个半小时的时间里，先后三次向毛泽东报告了情况。

中央军委决定：为了对付傅作义偷袭西柏坡，逼近北平的华北二兵团，由杨得志率领，立即南下曲阳地区；东北二兵团，立即由锦西出冀东，威胁北平。

聂荣臻根据周恩来的电报，与薄一波一起紧急研究。商量停当，聂荣臻喊来唐永健，边口授，边由唐永健记录整理，下达部队：

三纵由平绥线巩山堡地区兼程南下，五天时间赶到保定满城地区设防；

七纵队主力立即转至保定东南地区，统一指挥地方军和民兵沿平汉路两侧布防，力争把敌人堵在滹沱河以北；

八、九、十分区部队统一归周彪指挥，继续以地雷战、游击战阻滞敌人；

冀中分区派干部指导，破坏高阳至安国、望都、定县公路；

肖思明亲自掌握三分区之独立团继续协同民兵在徐水地区破路、布雷阻击敌人；

……　……

命令下达后，聂荣臻要通了三纵的电话，与三纵司令员郑维山通了话："你们五天行程五百多里，少不了敌情，困难是很大的。但一定要克服困难，按时到达预定地域设防！"

"报告聂司令员，我们一定按你的指示，完成任务！"郑维山一口浓重的河南新乡口音，声音洪亮，震得话筒嗡嗡作响。

二十六日、二十七日，聂荣臻与薄一波商议后，又采取了一系列措施，并迅即通知所属单位：

沙河以南地区七纵之一个旅、石门中央警卫团及步校统归军区副司令员肖克指挥；

沙河以北七纵主力、三纵全部及冀中、北岳两区之地方军，由聂、薄直接指挥；

石门市的战备措施，由军区滕代远副司令员主持布置；

为了完成破路和村落联防战，各县县长和县委书记分任各县的民兵总指挥和政委，武装部长任副职，分区司令员、专员任地区正、副指挥，地委书记任政委，均须亲赴破路地区指挥掌握检查；

…… ……

夜深了。凉凉的山风吹进屋里，让人感到心旷神怡。

秘书范济生走进屋里，见聂荣臻正借着马灯，伏在地图上琢磨着。

"司令员，你去休息一下吧，我来值班。"范济生说。

这些天，聂荣臻和范济生轮流守电话机，一天二十四小时连轴转，连吃饭都不离开。聂荣臻的双眼布满了血丝。

聂荣臻抬起头来："你把唐永健喊来。"

看到唐永健进屋，聂荣臻说："这一仗关系到保卫党中央、毛主席的大事，必须做到万无一失。"

唐永健点点头。

"你看，"聂荣臻让唐永健坐到身边，"滹沱河从石门北边流过，如果我们在其下游正定拦坝蓄水，就能抬高滹沱河水位，形成一道屏障，阻滞敌人！"

"对，这也是个好办法！"唐永健眼睛一亮，"我马上传达聂司令员的指示，让有关单位作好蓄水准备。"

唐永健退出后，聂荣臻要通了叶剑英的电话。此时，叶剑英在石家庄任华北军政大学校长兼政治委员。头一天，聂荣臻曾让肖克向叶剑英通报了敌情，请他们组织学员，作好应战准备。

"聂总，接到肖副司令员的电话后，我们就作了准备，不仅学员，连教员也组织起来了。大家情绪高极了，只要你一声命令就上去。"叶剑英的话音里充满了信心，深深感染了聂荣臻。

"聂总，我现在就怕傅作义的部队到不了石家庄，让咱们白等呀！"话筒里传来了叶剑英哈哈的笑声。

聂荣臻也舒心地笑了。

西柏坡。

毛泽东、朱德、周恩来围坐在一起，传阅聂荣臻发来的特急电报。

"蒋介石狗急跳墙，想让傅作义长途奔袭'掏心战'。我们打的是人民战争。敌人所到之处都是我们的预设战场，每一个群众都是我们的战士，这种战法对付我们能行吗？"毛泽东左手夹着香烟，诙谐地说。

朱德的声音有点沙哑："近期傅作义部队集中在几个点上，荣臻老想和他打一仗，就是找不到机会。这次自己上门来了，好了！"

"当然，傅作义所部有备而来，我们的准备工作也要充分一些，这才叫着旗鼓相当，势均力敌嘛！"毛泽东又说，"我们要在更大的范围里，配合、支持荣臻他们。"

周恩来征询毛泽东、朱德的意见后，立即以中央军委的名义，向各地发布了命令。其中给东北野战军林彪司令员、罗荣桓政委、刘亚楼参谋长的电报，命令他们派部队进入冀东、平东的玉田、蓟县、三河、宝坻地区，威胁平古、平津、平榆三线，近逼北平，迫使南下傅军回归北平、平东。东野十一纵、四纵，于十月二十九日、三十日先后入关。

毛泽东待这一系列军事部署完毕后，觉得还应采取一点政治攻势。

十月二十五日，毛泽东挥毫写下了《蒋傅军妄图突击石家庄》的新华社电讯，将蒋傅偷袭石家庄的密谋和盘托出，公之于世。电讯最后说：

"……蒋傅此种穷极无聊的举动是注定要失败的。华北党政军各首长正在号召人民动员起来，配合解放军，坚决、彻底、干净、全部地歼灭敢于冒险的敌军。"

十月二十七日，毛泽东又写下了第二篇新华社电讯，即《华北各首长号召保石沿线人民准备迎接敌军进扰》。这则电讯，既是对军民加紧备战的号召，更是对国民党军队冒险行动的正告。电讯称："此次务希全体动员对敌，不使敢于冒犯之敌有一兵一卒跑回其老巢。"

激情澎湃的毛泽东尚感意犹未尽。十月三十一日上午，毛泽东坐到木椅上，摊开笔墨，沉吟片刻，第三次挥毫，写下了政论性的电讯《评蒋傅军梦想偷袭石家庄》，文章嬉笑怒骂，淋漓尽致，如长天行云，又如大河奔涌：

当着国民党军队的将军们都像一些死狗，咬不动人民解放军一根毫毛，而被人民解放军赶打得走投无路的时候，白崇禧、傅作义就被美国帝国主义者所选中，成了国民党的宝贝了。蒋介石已经是一具僵尸，没有灵魂了，什么人也不再相信他，包括他的所谓"学生"和"干部"在内。在美国指令之下，蒋介石提拔了白崇禧、傅作义。白崇禧现在已是徐州、汉口两个"剿总"的统帅，傅作义则是北线的统帅，美国人和蒋介石现在就是依靠他们挡一挡人民解放军。但是究竟白崇禧、傅作义还有几个月的寿命，连他们的主人和他们自己也不知道。蒋介石最近时期是住在北平，在两个星期内，由他经手送掉了范汉杰、郑洞国、廖耀湘三支大军。他的任务已经完毕，他在北平已经无事可做，昨日业已溜回南京。蒋介石不是项羽，并无"无面目见江东父老"那种羞耻心理。他还想活下去，还想弄一点花样去刺激一下已经离散的军心和人心。亏他挖空心思，想出了偷袭石家庄这样一条妙计。蒋介石原先是要傅作义组一支轻兵去偷袭济南的，傅作义不干。偷袭石家庄,傅作义答应了;但要两家出本钱。傅作义出骑兵,蒋介石出步兵,附上些坦克和爆炸队,从北平南下了。真是异常勇敢,一个星期到达了望都地区;指挥官是郑挺锋。从这几天的情况来看,这位郑将军似乎感觉有些什么不妥之处,叫北平派援军。又是两家合股,傅作义派的是第三十五军,蒋介石派的是第十六军,正经涿州南下。这里发生一个问题:究竟他们要不要北平?现在北平是这样的空虚,只有一个青年军二〇八师在那里。通州也空了,平绥东段也只稀稀拉拉的几个兵了。总之,整个蒋介石的北方战线,整个傅作义系统,大概只有几个月就要完蛋,他们却还在那里做石家庄的梦![1]

接到中央军委的电报,聂荣臻深感周恩来考虑之缜密、周全!

捧读毛泽东的电讯稿,聂荣臻深感领袖雄才大略,气势如虹!

聂荣臻的目光,回到作战地图上。

他沉思良久,用手在"石家庄"周围画了一个圈儿:"假如敌人敢来,就在这里聚而歼之!"

①新华通讯社、中共中央文献研究室合编《毛泽东等老一辈革命家为新华社撰写的新闻作品》,新华出版社,2001,第73—74页。

七、"锦囊妙计"破产了

十月二十四日清晨，在涿县集结完毕的"援晋兵团"即将出发。总指挥郑挺锋坐着吉普车，到各部队巡视了一番：九十四军、新编骑兵四师、新编骑兵十二旅、爆破大队……骑兵战马嘶鸣、战刀闪亮；步兵全部登车，待令进发。看这阵势，倒也严整，郑挺锋顿时增添了几分胆气。

出发了。汽车马达轰鸣，骑兵马蹄"得得"，路上尘土飞扬，十几里的"长蛇阵"，可谓蔚为壮观。郑挺锋心里暗自高兴。

可是，刚行至松林店附近，前面的卡车一辆接一辆地停下来了。郑挺锋的吉普车也只好戛然停下。

"怎么回事？"郑挺锋大声发问。

一个参谋从前面跑回来报告："路面被破坏了。"参谋边说边比划着，"公路上被挖开了一道道横沟，横沟间的距离与十轮卡车前后轮的间距差不多，前轮后轮一下子陷在沟里，动弹不得。"

"有这样的事？"郑挺锋走下车来，迈上路旁土坎儿，举起望远镜一看，果不其然。

郑挺锋的目光，转向路旁的麦地：出土不久的麦苗，在寒风中簌簌抖动，"绿地毯"宽阔无垠……

"从麦田里走！"郑挺锋命令道。

前面的卡车嗡嗡地转向麦田，"吭哧吭哧"地往前开去。郑挺锋上了自己的车。走了没多远，只听"轰隆、轰隆"几声巨响从前面传来，顿时打头的那辆卡车轮子飞上了天，车厢歪倒在田里——麦田里布了地雷。

"扯淡！"郑挺锋骂了一句。

这时参谋又来报告，铁路也被破坏，有的铁轨被翻过来，被砸弯，有的连路基也被挖了。

郑挺锋正要发火，忽然听到前方不远处传来了枪声，骑兵遭到游击队伏击了。

…… ……

走走停停，边走边打，经过两天的折腾，这支"机械化部队"才赶到保定。

驻保定的一〇一军军长李士林、副军长张辑戎前来欢迎大队人马。

一见面，李士林便问："辛苦，辛苦，你们干什么来了？"

"我们也闹不清楚，可能……"郑挺锋打着哈哈。

李士林嘴角露出一丝儿笑意："你们不清楚，我可清楚得很，不仅知道你们来干什么，还知道你们来了些什么人。"

李士林说着，从口袋里掏出一叠报纸："请看'号外'，蒋傅军妄图突击石家庄。上面还有你郑军长、刘师长、鄂旅长的大名！"

"哪里来的？"郑挺锋接过报纸。

"到石家庄跑单帮的商人下午带回来的。"

郑挺锋接过报纸，瞟了一眼，气得发抖："他妈的，偷袭偷袭，偷袭个毬……'剿总'总部共产党也他妈的太多了，这仗要不输给共产党才是怪事……"

站在郑挺锋身旁的由竹生拿过几张报纸，差人火速送往北平，呈傅作义阅。

第二天上午，"剿总"总部一个副处长飞抵保定，召集各参战部队师以上人员传达作战方案。他先通报了敌情："据可靠情报，华北共军七纵主力可能据守滹沱河，以保卫石家庄。七纵战斗力弱，不论据守何处，我们均以重炮轰击，再加飞机助战，定可突破七纵防线。"

这个副处长传达了"剿总"总部的命令："骑兵今夜出发，到达滹沱河后停止待命。一俟步兵赶上，即分兵两路包抄平山西柏坡。"

"这是怎么回事？"按捺不住的郑挺锋从公文包里取出石家庄的一张登着号外的报纸。

副处长看着，嘟囔着："怎么搞的，这事竟大白于天下！"

"'剿总'总部保密工作做得太好了吧！"郑挺锋讥讽着。

"郑军长，你有什么根据说是总部泄露出去的？"

见郑挺锋不吱声，副处长反唇相讥："我看是你们九十四军自己传出去的！"

"九十四军传出来的？放屁！"郑挺锋一下子涨红了脸。

"谁他妈放屁了！"

…… ……

双方吵开了。

"算了算了，这事待打完仗后再说吧！"由竹生劝解道。

双方脸红脖子粗地坐了下来。

本来，九十四军、骑四师、骑四旅，步兵、骑兵分几路前进，你看看我，我看看你，谁也不肯走到前头，冒被歼之险。如今有了这死命令，骑兵只好先行了。

二十九日，鄂友三率骑十二旅，绕过安国，突至唐河一带。担惊受怕，赶路又急，傍晚，已是人困马乏，饥肠辘辘。鄂友三大手一挥："在此埋锅造饭，休息睡觉！"

这地方叫北旺村，属定县管辖。官兵吃完饭，便分散到老百姓家，蒙头大睡。谁知天黑不久，村子四周便响起了密集的枪声。原来，七纵一部和民兵得知鄂友三旅孤军深入，便迅速赶来，把村子团团围住。

和衣而睡的鄂友三被枪声惊醒，一骨碌爬起来翻身上马，带领部下仓促应战。战不到一个小时，解放军打进了十二旅旅部，夺取了电台。鄂部死伤一百五十多人，伤亡战马几十匹。幸亏骑兵行动快捷，才未被全歼。鄂友三率领大部，掉头向北逃去。

十月二十八日下午，郑挺锋率部渡过新洛河，在河边一些村子里歇宿。

郑挺锋有个习惯，好听收音机。东北局势紧张后，他更是每天必听。原因是他的弟弟、国民党四十九军中将军长郑挺笈率部参战。二郑从小感情甚好，成人后又一起在黄埔军校学习过。郑挺锋十分关心弟弟的安危。

近来听广播，他只愿听解放区的，不愿听国统区的。解放区讲的是实话，国统区讲的是假话。

这天晚上，他一开收音机，就收到了解放区的播音。听了不到一分钟，他的心跳猝然加快了。此时，电台正播送东北战场的一则消息："被包围于黑山、大虎山地区的廖耀湘所率五个军十二个师，已于今晨全部解决。该五个军十二个师为新一军两个师、新三军三个师、新六军两个师、七十一军两个师、四十九军一个师及归四十九军指挥的另一个师，与二〇七师一个旅……"

"四十九军……挺笈弟……"郑挺锋喃喃自语，顿时两眼发直了。

参谋进来，送上一份电报。郑挺锋直愣愣地接过电报。参谋一走，他看也不看，就把电报摔到了桌上。

"挺笈是死是活？"巨大的阴影，死死地罩住了他的心。

三十日上午十时左右，郑挺锋率九十四军主力赶到离唐河一箭之遥的清风店。

此时，印着青天白日徽章的国民党飞机飞来了，不断地在唐河南岸低飞侦察、轰炸扫射。"剿总"总部来电："据飞机侦察，有共军野战军在河边布防。""附近几十里的桥梁，均已被共军破坏。"

郑挺锋带领随从到河边一看，河水流量大，但由于河面较宽，仍可以徒步涉水过河。郑挺锋转身命令："炮兵先行轰击，然后在飞机、大炮、轻重机枪的掩护下，步兵抢渡。"

一阵密集的炮火后，飞机再次飞来，低空扫射。步兵乘这机会下了河。可是，刚过河中心，河对岸的堑壕里站起一排排解放军，轻重机枪、步枪一起射击，步兵很快被密集的枪弹打了回来，连续几次都是如此。

郑挺锋看到这里解放军防守严密，便命令刘化南组织三十二师，由唐河上游河窄水浅处过河。刘化南仅用一个连的兵力，作了试探性的进攻，刚一接触，便撤回了北岸。

郑挺锋得知此情，拿起电话话筒，想狠狠训斥刘化南一顿，促其组织大部队抢渡。可是，他很快又放下了话筒。

"不知解放军的底细，贸然过河，说不定让人家包了饺子！"郑挺锋想。

下午，郑挺锋与由竹生商议，正面突击，伤亡太大，不如派人到上游或下游寻找可乘之隙。这样，这一地区便趋于平稳状态。

然而，日近黄昏，无一家部队找到"可乘之隙"。

晚上，郑挺锋忽然对由竹生说："从白天各师报告的情况看，对面大小村里都住满了解放军。解放军的主力，很可能就在这里。何不电陈总部，令骑兵乘机绕道进攻石家庄，然后乘共军回援石家庄之机，将其歼于途中。"

由竹生嘴上连声说好，心里却想，郑挺锋也真会谋算，骑兵都是傅作义的部队，由傅作义的部队去打头阵，败了与他关系不大，胜了有他一份功劳，傅作义不会看不清郑挺锋的用心的。

果然，"剿总"复电未作明确答复，只说"郑的意见正在研究中。"并要他们"敌情不明之前，应严加防御。"

深夜三点多钟，河对岸枪炮声大作，炮弹、子弹呼啸而来。

未敢入睡的郑挺锋、由竹生凑到了油灯前。

"看来，共军要后撤，后撤的原因是什么呢？"郑挺锋问。

由竹生想了一阵子，回答："共军后撤，引我们过河，然后进行反击的可能性大。"

郑挺锋听着，不时点头。他们更其不敢命令部队过河了。

正在这时，参谋推门，送进"剿总"发来的特急电报："敌三、四纵队已由热、察两省返冀援石，其前锋已过察省蔚县。着你部克日撤至方顺桥待命，并已派第三十五军接应。"

郑挺锋、由竹生看罢电报，觉得紧缚全身的粗大绳索，陡然断开了。

二兵团三纵从察南巩山堡出发，翻山越岭，昼夜兼程，十月三十日拂晓提前一天到达望都。根据新的情况，又于三十一日凌晨赶到了沙河地区。

满脸倦容的三纵司令员郑维山，一面派人与七纵联系，一面打电话向聂荣臻报告部队的位置。

"很好，很好，"电话里传来了聂荣臻那熟悉、亲切的声音，"你们赶到敌人前面，使整个战斗取得了主动。傅作义怕九十四军被歼，已经令其回逃。这次逃了，下一次就不一定逃得了！维山，你们为保卫党中央、保卫毛主席立了大功。"

郑维山听着聂荣臻的话，深受鼓舞，但又为敌人逃得太快未能在这里打一个歼灭战而惋惜。

傅作义收到了这次行动的统计表：计伤亡三千七百多人，战马二百四十多匹，汽车九十多辆。

傅作义捧着统计表，心情极为复杂。这样的伤亡，比主力被蒋介石调往东北要好一些。可是，这一仗下来，官兵士气更低了，人心更散了。

傅作义自言自语："今后与共军作战，恐怕再也无力主动进攻了！"

八、黑土地上摧枯拉朽

很长一段时间，蒋介石的心思，主要放在东北战场上。

一九四八年十月一日，蒋介石飞抵北平，召开军事会议，会上决定抽调"华北剿总"的六十二军、九十二军、独立九十五师，以及驻烟台的三十九军部队增援东北。这些部队海运至葫芦岛集结，统由十七兵团司令官侯镜如指挥。同时，还准备抽调部分部队，由陆路支援锦州被围的国民党军队。

会后，蒋介石在圆恩寺行辕单独召见了傅作义。

"宜生，东北局势十分危急，令人担忧。"蒋介石说着，闭目低头，左手五指合拢顶住前额，疲惫不堪。

傅作义不知蒋介石下文，"嗯嗯"地应付着。

"我们必须挽救东北危局。"蒋介石依然低着头，显得有气无力。

"委座，我一定按你的命令，迅速组成援锦兵团，出兵关外。"

对于出兵东北，傅作义一开始便持反对态度，但他从未锋芒毕露地反对蒋的主张。他知道，眼下公开与蒋介石对着干没有什么好处。

蒋介石这次来北平，主旨在于策划救援东北，傅作义深知，此时公开反对，尤其不合时宜。会上决定，由侯镜如指挥六十二军等水路赴东北。

傅作义心里暗自窃喜：部队是你"中央军"，将领是你嫡系，是胜是败，与我关系不大，至于说到抽调部队，由陆路出关援锦，既未提出动多少部队，又未规定具体日期、路线，我可相机行事。

"宜生，我有一考虑，"蒋介石抬起头，睁开眼，"援锦之役，由你指挥。"

"委座……"傅作义听了一愣，一时语塞。

"挽救危局，重在良将。我挑来挑去，非你不可。"蒋介石说着，深深地叹了口气，"这几年我们为何屡屡失败，弄得捉襟见肘？是我们的兵不行？不是。是我们的装备不如共军？也不是。在于我们的干部，干部哟！"

蒋介石停顿了一下，加重了语气："宜生，像你这等人才，实在太少了。"

"委座，您过奖了。从尽职尽责而言，我自当挺身而出，当仁不让。可是，东北决战关系国家前途大计，我资浅能鲜，不堪重任。只有委座德高望重，以统帅地位亲自指挥，方能奏效。"

"宜生，你是最为合适的人选，不必推辞！"蒋介石的口气很硬，似乎无商量余地。

傅作义起身给蒋介石杯里添水，脑子里却在飞快地转动着："委座，近期聂荣臻所部十分活跃，攻城夺地，切断交通，甚至逼近北平……这里有我失职之处，此种状况不及时扭转，后果不堪设想。我已想作出调整，改变被动状况。我十分担心顾此失彼，有负委座重托。"

蒋介石站起身来，到墙边地图上看了一会儿，又回到座位上："聂荣臻指挥华北共军杨成武、杨得志、徐向前部一起行动，攻势不弱……"

"是的，他们在几个地方一起行动，这还是头一次，而且攻势之猛，更是前所未有……"傅作义略微思索了一下，"至于组织部队陆路援锦，我会马上按委座训示，组织调动。"

蒋介石又低下头合上眼。

第二天一早，傅作义召集了"剿总"总部作战会议，传达了昨夜与蒋介石密谈的情况。

"援锦援锦，我们已经自顾不暇，弄不好让聂荣臻端了老窝。"

"东北几十万大军尚且落花流水，我们几个师几个军，又顶多大用处！"

……　……

"委座的命令，无论如何都得服从。"傅作义打断众人的议论。

无人再说话了。

"我命令，"傅作义起身，展开了早已拟好的一张命令纸，"宋肯堂副司令到天津查看公路、港口情况，天津杜建时市长设法查看援锦道路，步十七师、骑四师开赴迁安、丰润一带，随时准备出关。"

然而，命令发出后，傅作义没有也不愿意多去督查了。

他的心思全放在如何对待华北解放军，对待可能入关的东北解放军身上。

傅作义的部属们心有灵犀，有的故意绕圈子，有的一天行程二十里。这样能"援锦"吗？

十七兵团司令官侯镜如，早在一九二五年就秘密参加了中国共产党，还是周恩来为他举行的入党仪式。此时，他已与中国共产党联系起义事宜，对水路率军增援锦州，迟迟未动。直到十月十二日，才率一部分援军到达葫芦岛。而辽沈决战的关键性一战——锦州攻坚战，两天后即打响了。

十月十四日上午十时，东北野战军总攻锦州开始，几百门大炮一齐怒吼，顷刻间蒋军阵地成了一片火海和废墟。各部队利用炮火准备的效果，多路突进市区。至十五日十八时，经三十一个小时的激战，全歼守敌十二万人，生俘"东北剿总"副司令范汉杰以下九万人。

十月十七日，蒋军军长曾泽生在长春率六十军起义。

十月十九日，蒋军新七军军长李鸿同东北解放军达成投降协议。

十月二十一日，"东北剿总"副总司令郑洞国自动放下武器，长春解放，歼敌十万。

十月二十八日，廖耀湘兵团十余万人被歼，廖耀湘被俘。

十一月二日，沈阳蒋军十三万人被歼，沈阳解放。

……　……

东北野战军从九月十二日至十一月二日，在广袤的黑土地上连续作战五十二天，歼敌一个"剿匪总司令部"、四个兵团部、十一个军部、三十三个整师，连同其他部队共四十七万七千二百余人，解放东北全境。

此消彼长，国民党军总兵力下降到二百九十万人，由长期的优势转为劣势。解放军则增加到三百余万人，由长期的劣势转为优势。更重要的是，国民党军由进攻、重点进攻，转入了防御；而解放军则由防御转入了进攻，最后转入了战略决战，牢牢掌握了战场的主动权。

抑留傅作义部队于华北，保证辽沈战役顺利进行，华北军民贡献卓著。聂荣臻坚决执行中共中央、毛泽东主席的战略部署，以大局为重，功不可没。

第四章

聂荣臻再抑傅作义

一、毛泽东再授机宜

西柏坡暮秋一个晴朗的清晨。

没有薄雾，没有秋霜，天蓝得如倾滹沱河水冲刷过，滹沱河则像天上剪裁下的一条蓝绸带，在山涧在平野飘舞、欢唱。西边的太行山、东边的大平原脱去了绿装，勾勒成一帧线条明快、简洁的剪影，愈显得山野空阔、冷峻。村子的上空升腾起袅袅炊烟，祥和、温馨充满了这里的几十户农家。

毛泽东从山野小路上散步回来了。他身着洗得有些发白的蓝灰色军装，没戴军帽，一任清风梳理自然后披的长发，拂去一夜秉烛思虑战事、起草文电的满脸倦意。

"主席，主席，周副主席来了。"一位作战参谋小跑过来。

"哦，有什么事了。"毛泽东大步向前走去。

周恩来迎面走过来："主席，淮海前委来电报，粟裕他们把黄百韬兵团歼灭了！"

"好，好！"毛泽东的脸上，闪现出惊喜的神情。毛泽东是个激情澎湃的领袖，爱把自己的心事写在脸上。

周和毛两人并肩向村里走去。

"黄百韬兵团被歼，蒋介石必定下令与刘、邓、陈、粟决战，这样一来，他在徐州为中心的大片土地上的二十几个军，都将投进去了。"周恩来兴奋地说。

"是的，是这样。"毛泽东放慢了步子，思忖着什么，很快他又拉开了步子，"走，回去找朱老总合计一下，怎样下好这盘棋。"

毛泽东、周恩来走进军委作战室的小屋时，朱德正举着放大镜，细看墙上的作战地图。

"朱老总，下一步棋怎么走哇？"毛泽东走到地图旁，拉过一张木椅坐下。

"主席你看，"朱德放下手中的放大镜，拿起教棍，指着地图，"东北，林彪、罗荣桓已将蒋介石的五十万军队报销了，把东北的问题完全解决了。江南是蒋介石在大陆的最后地盘，他是要拼出吃奶的劲来设防的。但在整个长江中下游地区，他只有四十个师，防线长，兵力弱，捉襟见肘，不可能有什么主动的行为，而且对于我们来说，江南是下一个目标，可以先放一放。整个北方，胡宗南有三十一个师，盘踞西北，负有掩护西南任务，谈不上有什么机动力量。现在需要在这两坨子上做文章。"朱德用教棍在淮海、平津地区画了两个圈。

"主席刚才在村外讲了，黄百韬兵团被歼，蒋介石死要面子，再加上他过高地估计自己的力量，必定与刘邓、陈粟打下去。因此可以说，淮海决战，大势已定。"周恩来的口气很坚定，"对于我们，现在需要马上敲定的是如何解决平津这一坨子的问题。"

"是这样，我们需要在这一坨子上做好文章。"朱德接着说。

毛泽东俯身凑近火盆，点燃一支烟："你们对解决平津这一坨子有何高见？"

"恩来你说吧！"

"还是朱老总先说。"周恩来谦让道。

朱德又拿起教棍，走近地图："平津傅作义集团，实际已陷入孤立无援境地。从敌方考虑，傅军及时撤至江南，既可保存实力，又可加强江北防御力量，应该说是上策。我们不能不考虑到蒋介石、傅作义取其上策。"说到这儿，朱德放下教棍，"军事上强调针锋相对，战略决战更是如此。当前，我们要采取一切措施，防止傅作义集团南撤。"

毛泽东夹烟的手停住了："恩来，你说呢？"

"我完全赞同朱老总的分析。一旦傅作义集团南撤成功，蒋军东南力量必将大大增强，再凭借长江天险死守，我军渡江作战势必增大困难，南方的解放，甚至整个全国的解放就会大大推迟。"

毛泽东深深地吸了一口烟："看来，我们还要聂荣臻再一次尊请傅作义稳坐金銮殿。"

朱德、周恩来会心地笑了。显然，毛泽东所谓前次尊请傅作义稳坐金銮殿，是指聂荣臻组织华北解放军阻止傅作义援锦兵团出关。

"上次傅作义从保存自身实力出发，完全没有出关作战的积极性。此次傅为了保存自身势力，尤其看到不撤不行时，可能会主动撤离。此一时，彼一时，聂荣臻他们要请傅总司令稳坐金銮殿，可能要困难得多了。"毛泽东说。

屋里出现了片刻的沉寂。

朱德又拿起了教棍："傅作义集团撤退，无非三条路：一是经张家口撤至绥远，甚至迂回到西北。绥远是傅作义的老巢，但是那里地瘠人贫，一下子筹措几十万人的吃穿谈何容易？而且杨成武兵团正在那一带作战，已攻占了大片地方，他们要走这条路，我军必定全力阻止，这是傅作义集团的难路。第二条是经平汉线或津浦线南撤。数十万人马再加上大批眷属，要通过广阔的解放区近乎死路，不到无路可走时，傅作义决不会铤而走险。第三条是经天津、塘沽，从水路南逃。天津、塘沽等地，原来就为傅作义设防的重点之一，加上辽沈战役后从葫芦岛撤回的十七兵团部队，蒋、傅军兵力不薄。而且津塘多为水网地带，我军一时难以攻陷。所以，这对傅作义集团可能是一条活路，我们必须着力堵死。"

毛泽东、周恩来都赞同朱德的分析。

这时，机要参谋送来一份电报，是林彪、罗荣桓、刘亚楼、谭政发来的，报告东北野战军准备召开庆功会，总结辽沈战役经验。

作战参谋退出后，周恩来说："我们还要看到一点，不管对蒋介石还是傅作义，要下南撤的决心可不大容易。他们既要考虑军事上的因素，也要考虑政治上的因素。不战而撤离平津会造成什么政治影响，蒋介石不得不考虑，美国杜鲁门政府从自身利益出发，未必会支持。至于傅作义，撤离华北，离开本乡本土，受制于人，无好日子过，也不能不考虑。"

这时，警卫员送来了早餐——烤玉米棒子，三人各拿起一个啃了起来。

"我看，不管下一步怎么发展，首先要让傅作义集团动弹不得。可让华北三兵团杨成武部撤围归绥，赶往张家口，包围住孙兰峰兵团，以吸引傅作义派兵增援；华北二兵团杨得志、罗瑞卿部把平绥线截为几段，把傅作义的嫡系部队分段包围、拖住。至于华北一兵团徐向前、周士第部，暂时停止攻打太原，改为围城休整，免得攻下太原后迫使平津之敌南逃。"

朱德、周恩来都点头同意。

"另外，我还考虑，东野部队必须提前入关，形成兵力上的优势，创造决战的条件。"毛泽东说得斩钉截铁，"这些，待一会儿请少奇、弼时来商量一下，听听他们的意见。"

十一月十六日，毛泽东为中央军委起草致徐向前、周士第电："估计到太原攻克过早，有使傅作义感到孤立自动放弃平、津、张、塘南撤或分别向西、向南撤退，增加尔后歼灭的困难。请你们考虑下列方针是否可行：（一）再打一两个星期，将外围要点攻占若干并确实控制机场，即停止攻击，进行政治攻势。部队固守已得阵地，就地休整。待明年一月上旬东北我军入关攻击平、津时，你们再攻太原；（二）如果采取此项方针，杨、罗、耿部即在阜平休整，暂不西进。"

十一月十八日，毛泽东为中央军委起草致杨得志、罗瑞卿、耿飚并告杨成武、李井泉、李天焕、程子华、黄志勇电："（一）平、津、张、塘，蒋、傅两系军队在我徐州作战胜利进展下，有分向西、南两方撤退或集中向南方（经海路，亦有某种可能走陆路）撤退的可能；（二）为着不让蒋、傅两系军队从平、津、张、塘逃走，除已令杨、李、李停止攻击归绥并将其三个纵队位于绥东地区坚决阻止傅军向绥远逃跑外，又已令徐、周停止攻击太原，以免刺激傅作义早日逃跑；（三）杨、罗、耿所部即在阜平待命，并准备随时向张家口附近出动，协同杨、李、李阻止敌人逃跑。"

十二月十二日，毛泽东为中共中央起草致刘伯承、陈毅、邓小平、粟裕、谭震林电，为不使蒋介石迅速决策海运平津诸敌南下，令在歼灭黄维兵团之后，留下杜聿明指挥之邱清泉、李弥、孙元良诸兵团之余部，两星期内不作最后歼灭之部署。

数日间，多次电示东北野战军尽快入关。东野四纵、十一纵、一个独立师、一个骑兵师克服重重困难，很快向关内进发。

作为华北军区司令员的聂荣臻，坚决执行中共中央、毛泽东的战略部署，把傅作义死死抑留在平津。

二、"华北剿总"难离华北

一九四八年十一月四日清晨。一架涂着青天白日徽章的军用飞机，从枯枝败叶环绕的北平南苑机场嗡嗡起飞，升到三四百米的高空后，忽地转了个弯儿，径直向南飞去。

座舱中央，傅作义双目微闭，面无表情。透进机窗的光影，不时掠过他方正的脸庞、高悬的鼻梁。

身后的六七个随员，也都正襟危坐。

这次傅作义带领副参谋长梁述哉等人，到南京参加军事会议。这次会议的一个重要议题是会商华北国民党军的作战方针。无疑，会议关系到华北国民党六十万大军的生死存亡，关系到华北大片土地落入谁手，甚至关系到整个国民党政权的维系与崩溃。事关重大呀！傅作义冷漠表情下掩盖的是焦躁和不安。

几天前，傅作义就有所闻，蒋介石欲把华北国民党六十万大军撤到江南，以便保其半壁江山。蒋系部队好说，到了南方，蒋自会有好安排。可傅作义自己苦心经营的几十万部队到了南方谁问谁管？更重要的，自己的几支部队，已在归绥、张家口等地，被聂荣臻的部队割裂开来，包围起来，脱不了身。然而，这两条在会上是提不出来的，即使提出来了，也会被蒋介石及其嫡系以"党国利益为重"为由，打了回来……所以，接到开会的通知后，傅作义即苦心琢磨，如何摆脱这可怕的后果。

三个小时后，飞机下降、滑行、停住。

傅作义抻抻军装，步出机舱，走下舷梯。

这时，蒋介石的大公子蒋经国急步匆匆，迎了上来。

"傅总司令，家父忙得脱不开身，令我代为迎候，请谅解！"身着中山服的蒋经国微微躬身。

"不敢，不敢。"傅作义向比自己年轻二十来岁的蒋经国敬了个军礼。

傅作义一行安顿好住处，稍事休息，便赶去参加蒋介石主持的小型秘密会议。

会上，蒋介石和国民党国防部长何应钦提出，任命傅作义为东南军政长官，要傅率部撤至江南。

傅作义听罢，心头压上了一块大石头。

"当然，这只是初步设想，最后如何决策，还待军事会议上定夺。"蒋介石说。

国民党政府国防部会议厅里，聚集了国民党军队的主要高级军官，其中有参谋总长顾祝同、陆军总司令余汉谋、空军总司令周至柔、海军总司令桂永清、联合后勤总司令郭忏，及各"剿总"司令，各绥靖公署主任。

蒋介石在国防部长何应钦引导下，走进会议厅，落座后便开始讲话。蒋介石先讲了一通要"增强信心"、"振奋士气"、"为党国负责"之类的话后，接着讲了全国范围内的军事调整。

在讲到华北问题时，蒋介石放慢语气，提高了声调："……战局的进展，迫使我们不得不作出这样的决策：放弃华北，将华北四个兵团六十万大军撤往江南，固守长江一线。当然，如何南撤要深入探究，待会儿要请各位发表高见。"

会场上寂静无声，傅作义尽力保持着平稳心绪。

停顿了一下，蒋介石接着说："至于宜生，诸位了解，才干出众，忠心不二，战功显赫，拟调任东南行政长官，继续统帅四个兵团并参与全军事宜。"蒋介石话音刚落，会议厅里响起了一阵不冷不热、不紧不慢的掌声。

像跷跷板，蒋介石刚坐下，何应钦起身，一口贵州腔："委座决策十分英明，本人竭诚拥护。我们名为退守江南，实为准备反攻，以守为攻，以退求进，这是上策！"

顾祝同、余汉谋、周至柔等人先后发言，附和、阐释蒋介石的决策。

众人都讲得差不多了，蒋介石神情肃穆地说："宜生，你说一说，你是主将嘛！"

傅作义微微欠了欠身："委座决策十分英明，撤出华北，加强江防，打好徐蚌之战，这是当前的关键，本人完全拥护，全力执行！"

傅作义在最后决策时欣然认同，出乎蒋介石意料。蒋介石不动声色，细听下文。

傅作义提高了嗓门："检讨几年来的战争，委座的决策都是英明正确的；而我们一再失利，主要是对委座的决策把握不当，执行不力。"

蒋介石和众将领凝神静听。

傅作义继续说："撤防江南，有个什么时候撤，还有个怎么撤的问题，必须慎之又慎。"说到这里，傅作义停住了。

"宜生，那你的意思是什么？"蒋介石迅即插话，一针见血，使人无法回避，无法搪塞。

傅作义成竹在胸："撤退时机，无非是马上撤，还是缓一缓再撤两种。我认为缓一缓为好。"

傅作义一向出言谨慎，可今天在这等重大的决策问题上，直抒己见，毫不含糊，尤使蒋介石感到意外。

"马上撤，不可取。何以见得？如果华北我军马上撤到江南，那展开于江北的徐蚌会战，所面临的不仅是刘邓、陈粟两路军，而是再加上聂荣臻、林彪四路军。这样一来，共军几乎集中了其五分之四的兵力，大大优于我军，徐蚌我军难以承受。而一旦徐蚌失利，对于军心、民心，以至国际上均会产生不利影响。"

蒋介石面无表情，心中却如投进一块石头。兵撤江南，将会使已经低落的士气更低落，已经涣散的军心更涣散，弄不好整个局势将无法控制。而且，兵撤江南必定为美国所不容。东北决战开始后，美国军事代表团团长巴大维曾密报华盛顿，说国民党政府一片混乱，可能放弃华北。美国在野党纷纷指责为何支持一个无能政府，把大量美元往无底洞里扔。美国总统杜鲁门特令五角大楼提出方案，然后授权驻华大使司徒雷登向蒋介石转达了美国的意向："固守平津，扰乱华北，巩固中原，确保江南。"在离不了美国的今天，美国的意见往往成为蒋介石的最后决策。基于这方方面面的考虑，举棋不定的蒋介石的抉择天平，倾向于不到万不得已不能贸然南撤。

傅作义接着说："而且，林彪入关，林、聂合流，那至少是三个月以后的事。辽西会战，林彪足足准备了半年，这次打了这么一仗，至少得休整三四个月吧。如果我军马上南撤，等于提前将华北拱手交给共军！"

席上，有人颔首点头，有人窃窃私语。

蒋介石环视会场，会场上安静下来了。

蒋介石微微挪动了一下身子："如果坚守华北，你的基本作战方针是什么？"

"一是收缩战线，二是重点设防。收缩战线，就是把兵力收缩在天津、北平、张家口等几个重点，集中力量与共军决战。这几个点，都在铁路沿线，便于相互支援，也便于必要时迅速南撤。重点设防，就是在林彪入关路上设防，伺机予以杀伤，迟滞林、聂合流，获取战场主动。"

顾祝同以揣摸蒋介石心理、分析傅作义用意来决定自己的态度。见话已说到这份儿上，便起身打圆场："委座南撤决心，这是不容置疑的。但是，委座实无马上即撤的意思。宜生估计，完全得当。东北共军再快也要到明春方能入关。而对于我们来说，只要守住天津、塘沽，水路畅通是有绝对把握的。也就是说，要守要撤，主动权全在我们手中。"

何应钦等人也先后发言，主张审时度势，再定南撤。

"宜生，你们有坚持华北的具体打算吗？"蒋介石问。

"有！"傅作义回答。梁述哉急忙从后排递上一份作战计划。

傅作义没看，就将计划合上："首先，我准备将'华北剿总'从北平移至天津，以确保作战的重点津塘；其次，加紧修筑平津铁路两侧护路工事，增派平绥线护路兵力，保证整个战区交通动脉畅通无阻；第三，在塘沽设前进指挥所，确保水上退路万无一失；第四，扩充兵力，在冀察两省征丁，每县编一至二个保安团，训练完毕升为正规团，第一步即可扩充兵力二十万；第五，将张家口的军政眷属迁至天津安置，必要时可撤至闽浙。总之，这一系列具体措施，都在于保证委座决策得以落实。"

蒋介石听着，右手食指轻轻地点着桌面。

傅作义说完坐下，脸上有些泛红。

"诸位对傅司令长官的见解有啥看法？"蒋介石问。

"傅总司令长官与委座所见略同！"

"傅总司令长官所言极是！"

……　……

"既固守华北，又随时准备南撤，宜生所持态度，对党国高度负责。非常时期，我党我军的高级干部，都应有此种高度负责的态度。有了这种态度，就能克服困难，扭转局势！"蒋介石说。

蒋介石站起身，将领们也刷地站了起来。

蒋介石说："诸位已谈了各自意见，所见略同。我们在华北，应取固定平津，确保塘沽海口，以观时局变化之方针。"

蒋介石接着宣布："华北进入紧急状态；华北党政军财大权由傅作义司令官执掌；傅作义司令官可直接与美军太平洋舰队司令白吉尔联系，接洽有关海军基地与渤海舰队组建的美国军援问题。"

傅作义刚回到下榻处，蒋经国便驱车赶来了，说蒋介石请他共进晚餐。蒋介石请吃饭，这对傅作义来说还是第一次。

傅作义随蒋经国来到总统官邸，何应钦已在门口迎候。进得屋来，但见蒋介石一身浅灰色的长袍马褂，没了威严，一副老态龙钟样。

坐定后，蒋介石一脸的凄苦："宜生，我手下将领不少，说实在的，得力的不多呀！"

"委座，这个……共产党也不好对付哩。"

侍从上菜了，就五六个，都很别致。

"宜生，喝点酒吧！"

傅作义急忙摆手："委座，我知道你是滴酒不沾的。这半年多来，我也戒酒了。"

"那也好。"两人边吃边谈，吃饭时间并不长。

"我吃饭就这么简单，你没吃好吧？"

"吃好了，吃好了。能与委座共进晚餐，是我莫大的荣幸！"

"宜生，华北决战有什么困难，你直接向我报告，我支持你。"

"谢委座。也请委座放心，作义自会竭尽全力，定当获胜！"

日落复日出，江河归大海，这是必然。然而，晴空万里与阴霾漫天，阳光将呈现出不同的色彩；一泻千里和千回百折，江河将展现出不同的气势。

平津决战，作为决定中国命运的重要战役之一，如果不是党中央、毛泽东的英明决策，抑留傅作义及其六十万大军，如果国民党南京军事会议不是迫不得已作出"坚守华北"的决策，那结果会怎么样呢？历史的结论是：国民党的失败依旧无可挽回，但这一重要历史篇章将是另外一种迥然不同的写法。

三、"围而不打"与"隔而不围"

坐在飞机上鸟瞰，北平往西延伸出两条带子——一条黑色的是铁路，一条褐色的是公路，两路并行，越过平原，穿过长城，向远方山谷伸展。这就是平绥路。

平绥路是连接北平与绥远的交通大动脉。

从北平往东，也延伸出两条带子——一条黑色的铁路，一条褐色的公路，两路并行，越过平原越过河汊，向海河入口处延伸。这就是平津路。

平津路是联结北平与天津的生命线。

天津再往东一箭之地，便是塘沽，便是蔚蓝色的渤海湾。

渤海湾上有马纪壮率领的国民党海军第三舰队控制着海面，而解放军尚无海军。

傅作义的六十万大军，便布防在这一千多里的长线上，是名副其实的"长蛇阵"。

张家口，是傅作义"长蛇阵"的尾部。当然，一旦傅部西逃，这"蛇尾"马上会变成"蛇头"。包围住张家口，拖住了傅系主力，"长蛇"就难以动弹了。

聂荣臻按毛泽东的战略部署，对"长蛇"或"围而不打"，或"隔而不围"，先将其分割开来。

按照毛泽东的电报指示，杨成武命令部队撤围归绥，东进隔断和包围张家口之敌。

朔风劲吹。铁流疾进。

唐延杰、旷伏兆率领的一纵踏破薄冰，涉渡切腰深的洋河，占领了张家口与宣化之间的沙岭子。陈正湘、李志民率领的二纵占领了柴沟堡。文年生、向仲华指挥六纵，歼敌两千多，攻占万全、郭磊庄。

张家口，已经被装入布袋。

十一月二十六日晨，毛泽东电令杨得志、罗瑞卿、耿飚："着杨、罗、耿率二兵团于今二十六日由曲阳出动，以五日至六日行程至涿县、涞水以西地区待命。"二十七日午夜，又电令："十二月一日集中于易县西北紫荆关地区隐蔽待命。"二兵团如一把锋利的尖刀，随时准备刺向"长蛇"。

十二月五日早饭后，入关后隐蔽集结在冀东的东野四纵，接到上级电令：在进攻密云的十一纵的掩护下，日夜兼程，向平津西侧的平绥路进军，切断敌人西窜道路，不让南口敌十六军与新保安三十五军靠拢。

"首要的问题是及时到位，上级命令我们四天赶到这里！"四纵司令员吴克华在标符密密麻麻的地图上，划了一支粗重的红箭头，直指平绥路的八达岭。吴克华方脸庞，说话声如洪钟。

"从这里到八达岭四百里，我们每天必须行军百里以上！"政委莫文骅是广西南宁人，口音"广味"很重。

部队出发没多久，天就下起了雨夹雪，淅淅沥沥，山野田畴间的"扬灰路"变成了"水泥路"，人和骡马不时滑倒。

指战员们走啊走，体力消耗越来越大，行进速度也越来越慢了。

第三天傍晚，雪停了，天空却变得昏暗。不远处的山峦、村庄，轮廓模糊、影影绰绰。

吴克华站到路边，看了一下表："现在离明晨六时，还有十三个小时，要加快速度！"

"能不能这样，"莫文骅做了个手势："各单位先头部队轻装前进，行李留给后续部队，每个师保证一个团，每个团保证一个营按时到位！"

吴克华想了想："这是个办法。不管有多少人到达位置，都要马上展开，准备阻击敌人！"

北风呼呼刮个不停，刮走了浓浓的夜色。

枪声，间夹着炮声，时而稀疏，时而密集，不时传到设在干涸了的小河湾边四纵的临时指挥所。

"再要！"吴克华冲着手扶电话机摇把的战士。

"咕支、咕支……"一阵紧摇。

"喂，喂喂……"一阵急促的呼叫。

没有回声。部队到位没有？敌人截住没有？情况报不上来。吴克华额头上沁出了一层细麻麻的汗珠。

细心的警卫员递过来一条毛巾，吴克华一抬手推掉了。

"丁零……"一直沉寂的电话机终于响起来了。

"喂，喂，十一师吗？等一等！"参谋把话筒递给了吴克华。

"喂，十一师，你们到八达岭了，把十六军堵住了？好，好！一定要堵住，要堵住！"吴克华兴奋的喊声，震得话筒嗡嗡作响。

西柏坡。

十二月十八日一早。毛泽东把朱德、周恩来请了来。

"张家口我军三四天内就将向敌人发起进攻，全歼或大部分歼灭该地守敌是有把握的。这样一来，敌人西逃的路就将被截断。西逃不了，敌人就会想到东边。可是，东边的水上大门，林彪他们还未关上。敌人一旦上了船，我们一无军舰，二无飞机，怎么追呀？只能眼睁睁地看着人家走，真是望洋兴叹哟！"毛泽东说完，端起茶杯"咕咚咕咚"喝了半缸浓茶。他一夜难眠，眼睛有点肿。

"敌人要跑掉一半，这仗只能是击溃战。"周恩来说。

"不行，马上封住入海口！"毛泽东说。

"主席，你看，"朱德拿起教棍，指着地图，"东野九纵及十纵一个师已攻占了北塘，离入海口最近。"

毛泽东坐下，提起毛笔起草文电。

东野九纵司令员詹才芳、政委李中权，命令二十五师、二十六师迅速进攻军粮城，二十七师策应作战，并担负对天津方向的警戒。

部队扑进军粮城，未遇抵抗——敌人逃回天津了。几个师立即向西边的新河村发展。二十六师的七十七团配合二十九师作战。从一开始，敌人的机枪就像爆炒豆，没个停歇；各种小炮"咣当咣当"，不停地发射。下午四时，二十九师和七十七团打进村里，发现村头有座半地下式的弹药库——新河火药库，各种弹药堆积如山。这是蒋介石打内战的四大弹药库之一。

军粮城、新河村都在海河北岸，要切断入海口，还必须控制南岸。

这天晚上，天黑得伸手不见五指，白天清澈见底的海河水成了浓黑的墨水。三只小船，借夜幕的掩护，由北向南，奋力划去。快到南岸时，小船上的指战员发现前面浮动着两个庞然大物，不好，是敌人的巡逻艇！

然而，驾艇游弋了一天的敌人，早已酣然入睡。他们没想到解放军会夜渡海河。当他们听到响动时，解放军已封锁了舱门。两艘巡逻艇成了解放军的战利品。

二十五师乘胜发展，攻占了海河南岸的咸水沽，接着包围了新城。新城守敌均为盐警。二十五师一面缩紧包围圈，一面组织阵前喊话。

"把津塘联系割断，还要把口子拉开！"詹才芳、李中权命令道。

九纵部队迅速横扫东西堤头、欢索、范家庄，拿下张贵庄、顾家庄、崔家码头，占领詹家庄和机场。

西柏坡，毛泽东住地。

警卫员把饭端上来了。

毛泽东伏在地图上，沉浸在喜悦中："堵住了！封得好！……"

他一边说一边将小盘子里的油炸辣椒一个一个往嘴里放，有滋有味地嚼着，一点儿也不觉得辣。

为了配合主力歼灭平津可能突围南窜之敌，聂荣臻与薄一波对华北军区地方部队作了周密部署：

（一）阻敌南窜之重点置于津南、沧县以北地区，由冀中军区孙毅司令员统一指挥八分区部队及九分区回民支队，冀南之两个营及公安大队（目前暂位于衡水附近战备整训，根据情况向东西机动）于津南地区构筑纵深防御工事，如敌沿津浦路南逃，坚决在沧县以北地区阻滞敌之前进，争取时间配合主力歼灭敌人。

（二）为防天津之敌经冀中内地南逃，冀中军校（学员三百人）附两个民兵连，控制大清河桥梁、渡口及新镇、苟各庄线，长丰、任邱线各要点，构成两线阵地，准备阻击逃敌。

（三）宛平以南平汉沿线由北岳军区肖文玖副司令员负责，确实掌握敌人动态，随时准备配合主力阻击由北平可能南窜之敌。独九团一个营位宛平（已与我东北五纵队取得联络），一个营位新城上岸村线，肖副司令员率一个营位长辛店，独立团主力于赵辛店，以一个营守备琉璃河。房山、良乡、涿县由各该县武装驻守。目前除担任上述县城之守备外，并清剿疏散之敌，维护交通，如敌由北南窜，则配合主力作战。

（四）保定市警备司令员帅荣统一指挥保定市警备部队（回民支队之汉民大队，九分区独立营）及警察武装位于保定市，发现小股溃散之敌则予以歼灭，如敌沿平汉线或其两侧附近集团南逃时，坚决进行阻击，迟滞敌人前进，配合主力歼敌。

　　（五）石门警备司令员曾涌泉统一指挥石市警备部队（警卫连、防空队、保安大队、护路队、警察大队）及石门市八个区的民兵武装位于石门，如敌集团南逃时，全力依据滹沱河进行阻击、迟滞敌人，配合主力歼敌，如发现小股溃散之敌，则主动予以歼灭。

　　…… ……

平津蒋傅军队，陷入了重重包围，陷入了人民战争的汪洋大海。

四、东野大军浩荡入关

机要室的门"砰"地拉开了。面色白净、看上去像个中学生的译电员，右手攥着一份电报，急步走到毗邻的办公室前，敲开了东北野战军参谋长刘亚楼的办公室。

刘亚楼接过电报，目光在电文上迅速扫过。要在往常，这位精力充沛、精明干练的参谋长会很快在电头签上"刘"字，甚至写上处理意见。可今天，他看了两遍，缓缓起身，走到对面罗荣桓的办公室。

罗荣桓看着刘亚楼递过来的电报，镜片后的睫毛轻轻地抖动了几下，拿起铅笔，在电报上重重地打了一条横杠："走，找司令员去！"

此时，林彪正坐在藤椅上，双手扶椅，双目半睁半闭，像是在琢磨对面墙壁上的地图，又像是在思考着什么。他接过电报，看着看着，浓黑的剑眉猝然一缩。

这是一封毛泽东为中央军委起草的十一月十八日十八时给林彪、罗荣桓、刘亚楼的电报：

…… ……

（二）望你们立即令各纵以一、二天时间完成出发准备，于二十一日或二十二日全军或至少八个纵队取捷径以最快速度行进，突然包围唐山、塘沽、天津三处敌人，不使逃跑并争取使中央军不战投降（此种可能很大）。①

…… ……

林彪有些茫然。

"这是入关命令。"罗荣桓像在自言自语，又像在提醒林彪。

在这之前，军委曾几次给东野电示，开始是同意修整一个月，现在则要全军或至少八个纵队马上南下。

"刘亚楼！"林彪转过身来，提高了声音说，"把入关预案再修改一遍，很快拿出来。入关时间按刚才电报重新审定。"

"是！"虽然只有三个人，又是在办公室里，可刘亚楼依然回答得宏亮、干脆，一丝不苟。

罗荣桓心里装着事，第二天窗户刚透进晨曦，便起床出了门。

纷扬了大半夜的雪花，给院落、屋顶盖上了一层洁白的厚棉被，院中掉光了叶的柳树，经过雪花的精心装饰，一扫老态龙钟的旧样，呈现出一派盎然生机。一阵风吹来，屋顶上、树枝上的雪花，欢快地飞舞起来，千百只玉蝶起舞，院子里现出一片无声的欢腾。

罗荣桓情不自禁地放慢了步子，一步一个脚印，在这宽阔、平展、洁白的纸上，写下了两行诗句。

罗荣桓走进办公室刚坐下，窗外便传来了"咯吱、咯吱"的踏雪声，是东北野战军政治部主任谭政来了。

"我们这个政工会，对辽沈作战要总结，但必须马上转到入关作战的思想动员上，而且应该重点放在这上面。"罗荣桓说。

"我也这样想，预定今天上午你作报告，就好好讲讲这个问题吧！"

---

① 《毛泽东军事文集》第 5 卷，军事科学出版社、中央文献出版社，1983，第 239 页。

谭政说。

"我要讲，各级都要讲。你们政治部留两三个人在家坚持工作，其余都下到各纵队，重点抓革命到底的思想教育。另外，还要抓好伤病员的治疗、安置工作，和地方政府联系，解决好几万烈士家属的抚恤问题。"

上午八时，罗荣桓到了东北野战军政治工作会议会场，在热烈的掌声中走上主席台作报告。

"……东北这一仗，打得很大，也很残酷，牺牲了不少同志。有些干部想休息一下，有些东北籍的同志想帮家里解决点困难，说实在的，产生这样一些想法是很正常的。但是，为了巩固东北的胜利，为了解放全中国，我们要克服想休息休息、享受享受的思想，要解除害怕远离家乡的顾虑！"

人们屏息听着。

"同志们，全国胜利只有一年了。这是夺取全国胜利的关键时刻，也是对自己一个重要斗争的历史阶段做总结的时候，咬咬牙也就过去了。我希望大家能经受住考验。在这样的时候，谁愿当孬种呢？"

会场上爆起了热烈的掌声。

罗荣桓要求各纵队在政治动员、教育时，一定要讲清楚东北战场的胜利与关内各解放区的配合、支持分不开；东北解放军入关作战，和关内解放军一起解放全中国，是义不容辞的任务；而且只有解放了全中国，才能巩固东北的胜利。

罗荣桓的报告，像冬天里的一盆火，把大家的心烤热了。

罗荣桓作完报告，谭政走上台，宣布了东北野战军政治部的规定：干部一律不许结婚；身体不好的也要坚持入关；有病只能在部队作短期休息，不能离开部队；要安心部队工作，不准调离部队下地方。

会刚开完，罗荣桓便驱车赶到东北财经委，找到了陈云。陈云是东北野战军的副政委，随着大批城市、大片土地的解放，陈云逐渐转向地方工作，担任了东北财经委主任，管着数千万平民百姓的吃饭穿衣，为近百万大军筹粮筹款。

"老陈，我是无事不登三宝殿。"罗荣桓与陈云人熟对脾气，说话办事直来直去，一坐下便开了腔，"我一来感谢，二来道别，三来请求。"

"这感谢、道别，你不说我也知道是啥意思了。"陈云望着罗荣桓笑嘻嘻地说："不过我说，你可不该说感谢的话。我们组织各级政府、群众支前，说啥也比不上流血牺牲的指战员们，要谢，得先感谢流血牺牲的广大指战员，没有他们，便没有东北全境的解放。"陈云讲得很动情。

"老罗，你这请求是……"

"这事我反复考虑该不该提。大军要入关，能不能让每个战士得到一件慰问品？"

陈云怔了一下。

罗荣桓接着说："东北刚解放，三千多万人，光吃饭就是个难解决的大问题，我知道你们压力很大。八十万大军，一人一件慰问品，是个不小的数额哟！"

"一件的标准是什么？"陈云问。

"一双鞋，一条毛巾，都算。"

"老罗，这事你想得周到，应该办，应该办！这一双鞋、一条毛巾，既为官兵解决行军打仗中的一点问题，也可以激励官兵们的战斗热情。大家刚把东北解放，又要入关，东北的党政机关、父老乡亲，不能忘记大家！"

陈云的几句话充满了深情，罗荣桓被感动了。

"叶季壮！"陈云朝门外喊了一声。

长着一副圆脸的经委副主任叶季壮走进了屋。

陈云讲了要准备给解放军指战员每人一件东西的事，问："你说这事该不该办？"

"该办该办，我马上落实！"叶季壮刚从部队转做地方经济工作，还是当兵打仗那个作风。

陈云又叮嘱："马上和东野司令部联系，先发先走的部队。总之，要保证每个指战员都能带上一件礼品上路。"

夜幕笼罩下的沈阳。炮火中残留下来的路灯，七零八落，昏暗、沉闷。风嗖嗖地刮着，吹在人们的脸上，湿漉漉的，像要下雪。这是一九四八年十一月三十日的夜晚。

随着"咯吱"一声，东北野战军司令部办公楼的木门被推开了，林彪、罗荣桓、刘亚楼、谭政先后走出来。早在院子里伫立迎候的参谋，分别把他们引到各自的吉普车上。

谁也没说什么。

汽车的马达声响成一片，接着亮起一道道耀眼的白光。大小汽车鱼贯驶出大院，驶进厚重的夜色中。

车队转了一个弯儿，驶出城外，向锦州方向奔去。

夜很深了，车窗缝里透进沁人肌骨的冷气，罗荣桓毫无睡意，他与邻座的谭政在商量入关后怎样加强两大军区团结、协作的问题。

在汽车的摇晃颠簸中，东野司令部入关途中的第一个黎明降临了。

远山近树都用白雪把自己打扮了一番，显得干净、清逸。车队驶到之处，积雪飘舞，如无数只玉蝶萦绕汽车左右。

坐在前车的林彪，也是一夜没睡，他吩咐参谋从文件包中取出地图。

地图上，三支红箭直指向关内，支支遒劲有力。

第一支，靠地图上方，由义县及沈阳以西地区，经沈家合、建昌、喜峰口进关。这是右路军。

第二支，靠地图中部，由义县、锦州及营口地区，经江家屯、干沟、青龙、冷口射入关内。这是中路军。

第三支，靠地图下方，由沈阳地区沿北宁路经山海关射入关内。这是左路军。

······ ······

林彪、罗荣桓率轻便机关，经义县、朝阳、喜峰口入关。十二月五日到达河北遵化，十二月七日进驻蓟县孟家楼。

也就在林彪、罗荣桓等离开沈阳的第二天，沈阳市民从刚刚出版、尚带油墨清香气味的《沈阳日报》的一版上，看到了一则刚由新华社播发的消息：林彪、罗荣桓在沈阳参加庆功祝捷大会。消息旁还登了一幅林、罗在大会现场的照片，林彪神情肃穆，罗荣桓面带微笑，轻松自如。

这是根据毛泽东十一月二十一日三时给林彪、罗荣桓、刘亚楼的电报安排的。

残留在沈阳的国民党特务，立即将这条"新闻"电报南京。蒋介石、傅作义以此判断：东北野战军主力尚在关外。

五、聂荣臻来到孟家楼

一九四八年十二月二十一日清晨，三辆美式军用吉普车驶离北平石景山西面的三家店镇，转了个弯儿，向前驶去。

第一辆车上，坐着聂荣臻和华北军区副政委黄敬、宣传部长张致祥、作战处长唐永健等。后面两辆车上，坐着各类随行人员。他们要赶到平东蓟县孟家楼去。

十天前，也就是十二月十一日，毛泽东以文电的形式，向各有关部队发布了"关于平津战役的作战方针"。聂荣臻很快按照党中央的指示，离开华北军区司令部驻地，赶赴平津前线，与林彪、罗荣桓一起，指挥平津战役。他们第一天晚上到达石家庄，第二天到涿县，第三天到了北平石景山三家店镇。

这天上午，汽车行驶了半个多小时，便到了北平西南的卢沟桥。随着聂荣臻的一个手势，汽车在卢沟桥上停住了，聂荣臻一行走下车来。

朝阳下，永定河水泛着金波，宽展的卢沟桥如玉带，系在永定河的腰上。

聂荣臻手扶着一根石柱，看着石柱上雕刻得栩栩如生的石狮，微笑着问："你们知道吗，桥栏杆上的大小狮子共有多少个？"

随从无人答出。

"四百八十五个。"聂荣臻说。

"这桥身两侧石雕护栏各有多少根望柱？"聂荣臻又问。

见无人答上，聂荣臻又说："各有一百四十根。"

在长期的征战中，聂荣臻难得有如此宽松的心境。随从的人们都希望他能多在桥上待一会儿。

聂荣臻收住步子，右手扶住一根护栏。

对于卢沟桥，对于北平，聂荣臻是熟悉且一往情深的。一九三〇年四月，三十一岁的聂荣臻任顺直省委常委、组织部长时，曾到北平布置"五一"劳动节的有关活动。当时为了便于工作，他找关系住在北京大学简陋的学生宿舍里。其间，他专门抽时间来到卢沟桥。在这座被意大利旅行家马可·波罗称赞为"世界上最好的、独一无二"的桥上，聂荣臻流连忘返。而当一九三七年七月七日，日本帝国主义在此发动侵华战争，宛平城的中国驻军奋起反击，点燃了抗日战争的熊熊烈火时，身为红一军团政委的聂荣臻，心飞向了卢沟桥，热血沸腾，恨不得插上双翅飞到抗日前线。

而今，十几年过去了，形势发生了翻天覆地的变化。自己作为为解放北平而来的数十万解放军的指挥员之一，将从敌人手中把北平解放出来……聂荣臻思绪万千。

聂荣臻从桥东向桥西慢慢地走着，随从人员跟在后面，汽车也随着缓缓地行驶。

聂荣臻走到右边的护栏旁，用手轻轻地抚摩着一尊小狮子。栩栩如生的小狮子，偏着头，仿佛在淘气地看着他："你为什么摸我的头？"

聂荣臻"扑哧"笑了。

"你们看，那是谁写的？"聂荣臻指着桥头碑亭内汉白玉牌上的"卢沟晓月"四个大字问。

"这是乾隆御笔。"曾就读于北京大学的唐永健说。

聂荣臻点点头。

在这瞬间，聂荣臻的脑海里闪现出了故宫的金銮殿、北海的九龙壁、颐和园的石舫……这些，都是举世无双的艺术精品。一旦枪炮响起，便将随时可能遭毁……聂荣臻的心里，陡然压上了沉甸甸的石块。

"聂司令员，留个影吧！"随军记者高梁举着相机走了过来。

聂荣臻点了点头。他的心里，仍在想着刚才的问题。

繁星闪烁在夜空时，聂荣臻他们的三辆吉普车，鱼贯驶进孟家楼。

这是冀东一个普通的村子，住户不少，上百户，但贫穷使这个村子没有几间像样的房子。指挥部设在一个普通的院落里，平房、泥皮墙，压在屋顶上的黑瓦长着毛茸茸的苔藓。

听到聂荣臻来了，林彪、罗荣桓、刘亚楼急步走出院外迎接。

聂荣臻、林彪、罗荣桓，抗战开始同在八路军一一五师工作。一九三七年十月，聂荣臻五台受命，即根据毛泽东的指示，带领一一五师独立团等部队，开始创建晋察冀抗日根据地，他们便分手了。"七大"前后，他们曾在延安见过面。但在一起指挥作战，是十年后第一次。战友临战前相见，格外亲切。

林彪上前问候："聂总，你好。"

"聂总，辛苦了。"罗荣桓握着聂荣臻的手说。

刘亚楼也上前敬礼："聂老总。"

"荣桓同志，你身体怎么样？"聂荣臻问。他知道罗荣桓身体不大好。

"时好时坏，最近还可以。"

"要多保重，该治就治！"

"谢谢你，等打完这一仗吧！"

坐定后，聂荣臻说："你们出关时，不过十一万人，短短三年，现在可是近百万之众了。难怪主席讲，林彪现在肥得厉害。"

"肥得厉害？你看我肥得起来吗？"林彪说。

众人都笑了。

这时，罗荣桓说："我们出关的时候，不都是各解放区抽调来的？再说，晋察冀划归东北的部队就不少。"

"辽沈决战，要不是各解放区，尤其是华北军区大力支持，不可能打得这么干净利索。"刘亚楼说。

"还有这次入关，华北军民为我们创造了多好的条件。要吃的供吃的，要用的供用的。住下来群众腾房让屋，走起来群众修路搭桥。许多指战员说，不打好平津这一仗，对不起华北野战军老大哥，对不起华北父老乡亲！"罗荣桓感激地说。

"各个军区的支持是互相的。东北战场的胜利，就是对我们最大的支持。"聂荣臻接过罗荣桓的话，谦和地说道。

第二天一早，林彪、罗荣桓、聂荣臻即开始研究平津战役的作战部署。

作战室设在一间泥墙屋里，本来屋子还显得比较宽敞，但是当那幅半壁墙面大的地图一挂，屋里顿时显得小了许多。

"这次战役，敌方，我方，点多头绪多，二局的力量，明显不够。"林彪说。

在这次战役中，二局负责无线电的收发报、侦缉敌情工作。

"把华北军区二局调来，并入东北二局。"聂荣臻毫不犹豫地说。

"好，好。"林彪、罗荣桓异口同声应着。

聂荣臻当即拿起电话，通知华北军区，让二局局长彭富九速带全局，到孟家楼报到。

三人谈着谈着，聂荣臻从皮夹子里取出一张地图，在桌上铺展开来。

林彪、罗荣桓凑近一看，是一张国民党天津守军设防图。地图很大，标示很细，其中敌军的分布、炮阵地、重点工事都一清二楚。

"这是天津地下党的同志搞来的。准确性相当高。"聂荣臻说。

看着地图，林彪、罗荣桓都抑制不住脸上的笑容。

"北平地下党的同志，工作做得也很不错，连傅作义的女儿都发动起来了。"

"傅作义的女儿叫什么名字？"罗荣桓问。

"傅冬菊。"聂荣臻接着作了介绍，"傅冬菊是我党地下党员，原是天津

《大公报》记者。地下党组织为了便于开展工作，最近把她调回北平了。"

"哈，聂总，你们把工作做到傅作义的家里啦。"罗荣桓高兴地说。

"我还有个想法，为把工作做得更好，把城工部长刘仁调到这里来。"聂荣臻说到这里，又介绍了城工部的有关情况。

华北城工部的前身，是一九四一年春成立的晋察冀分局城市工作委员会，一九四四年秋扩大组成晋察冀分局城市工作部。一九四八年春，城工部移驻泊头。同年五月，晋察冀和晋冀鲁豫两大区合并成立中共中央华北局，原城工部改称华北局城工部，负责领导华北敌占区城市地下党的工作。城工部的工作极有成效。仅北平地下党组织就有地下党员约三千人，外围组织民青、民盟等成员五千人，成立了学生、工人、平民、铁路、文化等委员会，分别领导各阶层斗争。眼下，他们尤其注重根据党中央的指示精神，把国统区的群众运动和解放区人民的斗争结合起来，和解放军打倒蒋介石的战争结合起来，利用一切可能的条件，尽可能广泛地团结各阶层人民群众，扩大反美蒋统一战线，开展第二条战线的斗争……

"嗯，好主意。"罗荣桓边听边不停地点头。

林彪也颔首说："好"。

一九四九年一月十日，毛泽东为中共中央起草文电通知："为着统一领导夺取平、津，并于尔后一个时期内（大约有三个月）管理平、津、唐及其附近区域一切工作起见，中央决定以林彪、罗荣桓、聂荣臻三同志组织总前委，林彪为书记，所有军事、政治、财政、经济、粮食、货币、外交、文化、党务及其他各项重要工作均归其管辖，以一事权而免分歧。两市委、两军管会关于上述工作均直向总前委请示，由总前委向中央负责。"[1]

两大军区的领导、军民，紧紧地拧在一起了。

---

[1]中国人民解放军历史资料丛书编审委员会编《中国人民解放军历史资料丛书——平津战役》，解放军出版社，1991，第239页。

第五章

"长蛇阵"支离破碎

一、"京畿重镇"密云城破

　　冀东近期少雪。大队人马走过，无风也会尘土飞扬，若遇到一阵风，沙土便呛得人透不过气来。

　　东野先遣兵团司令员程子华骑着一匹黑马，行进在队伍中。前面一个参谋打马赶来："报告司令员，十一纵先头逼近密云！"

　　程子华打马出列，在一棵老榆树旁停下。参谋迅即展开地图。又起风了，地图被吹得"扑腾扑腾"响个不停。参谋从老榆树角抠来块土疙瘩，压住地图四角。

　　程子华蹲着看了一会儿，起身，挥手，行进中的队伍停住了。

　　程子华策马向前。

　　薄雾中的密云城朦朦胧胧。通过望远镜，程子华看到，从城南向东北，一条铁路一条公路，仿佛一黑一褐的巨蟒，向前爬动，这是平承线；向西，山野莽莽，平绥铁路径直穿过。也许毗邻京城，也许建城久远，这座不算大的县城，却充分体现了中国北方古典式重镇的特征。四周以高三丈、宽数尺的城墙圈围，城墙外为深、宽两丈多的外壕。城东南临潮河，西滨白河，北靠宝塔山，依山傍水，山水相映，组成一道风景，也组成一道天然防线。

程子华把望远镜调整了一下，隐约可见城墙四周工事交错，城里明碉暗堡密布。

程子华放下望远镜，盘算起来了：这是北平的一个重要外围据点，不打掉它，下一步主力就不便向北平挺进；这又是颗钉子，不敲掉它，眼下就会障碍先遣军插向平绥线。

"密云敌情如何？"程子华转身问。

"据十一纵三十一师报告，城里有敌人一个保安团和部分警察，总兵力不到两千人。"参谋报告。

程子华把攻打密云的任务，交给了十一纵。

十一纵司令员贺晋年、政委陈仁麒立即作出布置，决心迅速拿下密云城：三十一师奔袭城东的潮河桥，然后由东、北两面包围密云，三十二师攻击城南的潮河桥；三十三师绕到密云以北，监视怀柔、昌平之敌，掩护兄弟部队攻城。

密云攻坚战越打越惨烈。

十一纵几个师的火炮集中射击，把敌军修筑在城墙上的钢筋水泥碉堡一个个炸得飞上了天，砖头、钢条、水泥块飞得老高，又重重地砸了下来。攻城部队乘势往里穿插。然而，刚接近城垣，城墙的半腰间、墙根下，突然射出一阵密集的弹雨，冲在前头的战士应声倒下了一片。

原来，敌人在这些部位修筑了大批暗火力点，伪装极好，平时不射击，就很难发现。步兵只好退下来，等待炮兵射击、开路。但是，这些火力点所处位置，不上不下，炮火难以击中，打了不少炮弹，作用不大。

火炮不行就用炸药包。担负爆破的九班十二名战士，在机枪掩护下，手推炸药包，匍匐前进。城外开阔地宽二百来米，障碍物全被拆除。城墙里的敌人看城外是一清二楚，看准一个目标就集中火力射击，十二个战士先后被击中了。

"我去！"

"让我去！"

二梯队的战士急着要求任务。

连长铁青着脸，重新组织爆破。忽然，有人轻轻地喊了一声："你们看！"循着喊话人指点的方向望去，只见在倒下的战士中，有一个战士吃力地翻动了几下，转过身子，向后爬来。

这是战士王挺发。他怎么啦？

王挺发使出全身的力气，爬回到一棵小树前，霍地立起身，从腰间拔出刺刀，奋力砍树。

"哒哒哒……"敌人的机枪集中向他射击，小树的叶子、枝干被打得飘零四落。王挺发靠在树上，几次摇晃，始终未倒下。

"火力掩护！"连长见势，大声命令。全连的机枪、步枪，一齐射向敌人。

小树终于被砍倒了。王挺发扑下身子，拖着树向前爬去。小树在地上掀起一片尘土，引来一阵弹雨，幸而未打中他。快要靠近城墙了，从上面扔下来几枚手榴弹，王挺发被硝烟湮没了。

连长的心被狠狠地戳了一下。他大声地命令二梯队爆破组："准备上！"

然而，硝烟刚散尽，又见王挺发顽强地站了起来，他右手将炸药包抱在腰间，一步步挪向城墙根。

突然，城墙西角腾起一片烟雾，紧接着是一声震天撼地的巨响，随即城墙出现了一道几尺宽的口子。

"冲啊！冲上去！"随着连长的喊声，全连一阵旋风似地向前刮去。

快到墙跟前了，战士们发现护城壕里布满了尖木桩，王挺发砍下的那棵小树横担在壕上。原来，王挺发是靠小树翻过壕沟的！

在爆破地点，战友们发现王挺发破碎的身躯紧靠在爆破点上！

突破了城墙，犹如敲开了大门。仗，应该好打一些了。然而，事实上却是意想不到的艰难。

首先登上密云城墙的九十六团三营，分三路向纵深发展。七连直插城里，八连沿城墙向西，九连则向东。

八连走了没多远，一股敌人斜插了过来。猝然相遇，伸手可触对方。八连官兵呼喊着，枪打、刀挑，把敌人打下去了。

敌兵退了没多远，稍作调整，又冲上来了。刺刀的碰击声，枪托的拍打声，喊声骂声，混杂在一起。双方杀红了眼，刺刀弯了用枪托砸，枪托断了用嘴咬。有的战士攥住敌人不松手，滚打在一起，最后摔下城墙。

身负重伤、腿部血流不止的八连连长，看到敌人退下去后，便把全连集中在一起，一清点人数，连伤员在内，不到五十人了。他把这些人编成五个班，吃力地拖着身子，走在前面，带领着战士继续向城里进攻。

突然，东边不远处传来了炒豆般的枪声。八连连长看见正在向前推进的九连被一股敌人压制在一座楼房下。城里的敌人也向九连扑来，妄想前后夹击，吃掉九连，夺回突破口。一旦突破口被封堵，突入城里的部队就会被敌人围歼，而城外的部队一时难以突进来。

八连连长见势，立即命令一个班监视西城墙的敌人，其他四个班则迎击城里冲击的敌人。

经过一番激烈的战斗，突破口保住了，九连也摆脱了险境，而八连连长和四十多名战士都牺牲了。全连最后只剩下一个排长和七名战士。这时，脸上、手上沾满血污的战士聚集在一道矮墙旁，推举排长为连长，从敌人的尸体上拣来枪支、子弹，准备继续战斗。

敌人何以有这样大的力量？又何以这等顽强？九十一团在审讯俘虏时得知，不到两千人是数日前的情况。近日，从古北口、石匣镇逃回的敌十三军一部，已投入扼守密云，再加上周围部分据点的敌人紧急收缩，密云城里的守敌实际上已达四个团。

从一个团到四个团，敌人的兵力扩大了三倍。贺晋年、陈仁麒都感到心里沉甸甸的。

"两军相逢勇者胜。已到这个份儿上，不可动摇攻打密云的决心！"贺晋年说。

"对，我们调整兵力，加快进攻速度！"陈仁麒赞同。

"我命令：九十二团迅速突进城里！三十一师重新发起攻击！"贺晋年抓起电话，大声地说。

九十二团跑步赶到突破口，不惜一切代价往城里攻。

三十一师把五门山炮集中一起轰击城东北角。爆破手把炸药包集中使用，连续实施爆破。

担任城北警戒任务的三十三师，也抽出部分兵力投入攻城。

……　……

下午五时，整个密云城被攻占了。这一仗，除守敌师长带着少部分人化装逃跑外，其余六千七百人全部被歼。

李世杰推开傅作义办公室的门："总座，密云失陷！"

傅作义面无表情。

早在十一月份，傅作义就电令李文、石觉等兵团，放弃承德、保定等据点，迅速向北平附近集结。他认为，这样可以缩短战线，聚集兵力，进能攻，退能守，变被动为主动。李文、石觉生怕分散于各点，被解放军各个歼灭，自然积极从命。得知解放军围攻密云后，傅作义曾想，幸亏早下决心，否则石觉兵团被阻隔于承德，就无法救助了。

密云之战打响后，傅作义犹豫不决：密云距北平仅数十里，公路、铁路相连，不救似有悖常理，可一救，难免为共军围点打援……

密云丢失，北平愈益孤立了。

半晌，傅作义才问："打密云的是哪部分的共军？"

"戴狗皮帽子的，东北共军。"

"东北共军？"傅作义像是被狠狠地蜇了一下。

"是东北共军。不过，据各方情报，是过去在承德、隆化一带周旋过的程子华部，也就是聂荣臻的旧部属，后来出关支援东北共军。他们是东北共军的先遣军，不是主力。"

傅作义紧张的神情稍稍松缓了一下："程子华部攻占密云，不会是孤军作战，要严加防范！"

"是！"

李世杰退出去了，傅作义喃喃自语："东北共军入关了？！"

傅作义急步走到门外，喊回李世杰："迅速查清东北共军入关情况、作战企图！"

二、地上空中大门被堵

火车呼哧呼哧来回奔跑着，飞机嗡嗡起降着。丰台、南苑一线一片忙乱。

丰台是北平的南大门，是华北"剿总"联勤总部所在地，是傅作义接受美援铁路运输的要道。南苑机场则是傅军空中主要通道。显然，一旦占领丰台、南苑，就从空中、地面切断了敌人逃路，隔断北平敌人与天津、保定之敌的联系，缴获其大量武器、弹药和军需物资。上级将抢占丰台、南苑机场的任务，分别交给了东野五纵、三纵。

五纵接到命令时，部队经过连续几天的强行军，刚赶到清河一线。纵队司令员万毅、政委刘兴元和其他几位领导，在一户农民家里，研究起行动方案。一张作战地图平摊在老乡家的方桌上，大伙儿或站或坐，围在地图旁。

万毅抬起手用左手食指托了一下茶色眼镜，俯下身子，边看地图边介绍："从清河到丰台，要突破两道防线，第一道是圆明园、红山口、香山一线，第二道是田村、黄寺、新北京、石景山一线，两道防线之间相距二十多公里。第二道防线突破后，向南十多公里方到丰台。"

显然，这将是钻进敌人心脏实施的掏心战术，必将层层受阻，四面受敌。战斗将会连续不断，后勤保证难以跟上，伤员安置没有保证。而且敌人的部署、战斗力均不清楚。

时间已经很紧了，纵队几位领导研究了具体部署：十三师为左翼，从红山口，圆明园突破，经颐和园的西侧，继向田村、新北京发展，直插丰台。十四师担任右翼，由卧佛寺北山、玉皇顶一线突破，经石景山、古城，直插宛平、卢沟桥。十五师为二梯队，跟随十三师前进，独九师为预备队，在十四师后跟进。

纵队副司令员吴瑞林看着地图，思索着：十三师担负主攻任务，大部队实行掏心战术，肯定会遇到各种情况，需要及时处置，便主动提出随十三师行动。

十三师向着红山口、颐和园疾速前进。不到三个小时，便看到三座松柏叠翠的山峰，中为红山口，东为万寿山，西为玉泉山。山上，都有金殿楼阁，金碧辉煌。其中，万寿山的楼阁群，富丽堂皇，蔚为壮观。万寿山是颐和园的一部分。

颐和园是慈禧挪用组建北洋海军的两万万两白银建成的，是圆明园被八国联军焚毁后最大的御花园，是中华民族文化的重要汇集处。

城里国民党守军置民族文物瑰宝于不顾，把颐和园作为一个防守要点，由两个步兵营、一个炮兵营把守。万寿山上挖了战壕，昆明湖畔架起了大炮，知春亭、佛香阁、石舫都成了兵营。

三十九团团长张景耀、政委郭宝恒带领部队攻打红山口。红山口上敌人明碉暗堡密布，轻重机枪编织火网，一个营冲了几次，冲不上去。此时，上级下达了命令让收容部队，从东北旺绕到香山、卧佛寺，再插向丰台。

郭宝恒一看地图，这样办，要多绕一个几十里地的大圈子，浪费时间，消耗体力。万一香山、卧佛寺一带敌人顽强阻击，部队同样完不成直插丰台的任务。

"老张，"郭宝恒凑到张景耀跟前："我们给纵队首长打个报告，等到黄昏再向红山口发起攻击！"

张景耀思忖了一阵子，点了点头。

郭宝恒坐在路旁洼地里，很快写出了报告，请纵队撤消让部队后撤的命令。

吴瑞林同意郭宝恒他们的意见。

下午，一切准备完毕，开始试射炮火。真神，第一炮便击中红山口目标。四十余门山炮、迫击炮按照试射的结果，装订好了诸元。

傍晚，总攻开始了，火炮齐射，红山口上的明碉暗堡被夷平了，红山口上的两座山头的尖顶，顷刻间被削平了。

三十九团猛打猛冲，很快占领了红山口。这一仗，前后只用了二十来分钟，我方仅伤三人，守敌一个营全部被歼。

抢攻丰台的第一道铁门被砸开了。

与红山口相对的望儿山上的敌人，见解放军炮火又准又猛，早已无心恋战。一看红山口被攻克，便急忙朝颐和园退去。

三十九团部分指战员，不顾疲劳，紧紧追去。

敌人从颐和园北门退入，风雨剥蚀的大门"吱嘎"一声关上了。

战士们冲到园墙外，一个个收住步子，举首注目：夕阳下，与松柏交相辉映的楼阁，披金挂银，犹如玉宇琼楼。战士们多想打进去，一是消灭敌人，二是看看中国第一名园。

此时，通信员一骑飞至，边喊边招手："停止进攻，停止进攻！"

原来，上级急电五纵，为了保护颐和园文物古迹，暂不实施攻击，先监视起来，待后续部队解决，五纵主力从颐和园东西两侧绕进。

"红山口失守！""颐和园被包围！"……电报、电话不断传来这些消息，要求增援的呼叫声此起彼伏。

这是离北平市区，尤其是"剿总"司令部最近位置的战斗。几天前，密云失守，"剿总"司令部紧张了一阵子，但傅作义心里明白，这是东北解放军顺手牵羊之举，并非直接把刀锋砍向北平。而红山口、香山之战，解放军是冲着北平而来的。傅作义感到，如果把解放军看成一根绳索，原来无非捆在了脚趾、手指上，如今却捆到胸脯上来了。傅作义感到呼吸困难。

"总座，田村守部要求增援！"参谋长李世杰拿着电报，走进傅作义办公室，"若不增援，田村实难守住，这就要危及……"

李世杰没往下说，傅作义明白他要说，"危及'剿总'司令部。"

"不要增援。命令田村守部马上撤到公主坟一线布防！"

"田村部队后撤，我们司令部不就暴露在共军眼皮底下了！"

"司令部往中南海撤！"傅作义口气十分干脆。

"是！"李世杰转身要走。

"命令丰台部队也往城里撤！"

"丰台……"李世杰的脸上显出迷惑不解地神情。他在心里说，"这是眼下唯一的交通要道，这是战略物资的存放地！"

"世杰，现在对于我们来说，没有比保存实力更重要的了。共军现在兵力、士气都占上风，如果我们分兵把守，势必被人家逐一消灭。

"不过丰台……"

"丰台的战略地位我很清楚。但是现在仓促增兵，也必定坚守不住。不如待共军占领而立足未稳之时，重新攻占。"傅作义说着，右手做了个手势，"至于丰台的物资，共军既不会马上运走，也不会销毁，只要重占丰台，就能重新夺回全部物资。"

突破敌人第一道防线的五纵，士气更高了。依然是十三师、十四师打头，两路并进，连夜向着丰台攻击前进。

十三师攻占田村后，继续向南推进，很快到了五棵松，进入了新北京。

新北京，是抗日战争时期日军侵占北平后，给五棵松、复兴路一带取的新名。日军怕部队开进城里难以控制，更怕群众起来反抗、报复，便将占领北平的日军司令部设在这一带，其高级军官也大多住在这一片。傅作义任华北"剿总"司令，进驻北平后，也把司令部安在这一带。这样做，一方面是为了作战方便，另一方面也为了保持士气。数十年的带兵经验告诉傅作义，部队放在灯红酒绿的环境中，难免被腐蚀、被软化。

直插"剿总"司令部，这是一种巨大的诱惑，是一种强烈的吸引力！先头部队迅速向前扑去。

三十七团三营营长邢嘉盛、七连连长魏同东带着尖刀排，走在最前面。他们的心情既紧张又兴奋。

月色蒙蒙。部队紧靠一幢幢楼房、平房墙脚往前赶，"沙沙"的脚步声与"沙沙"的风声混杂在一起。

"敌人！"走在最前面的战士轻轻地喊了一声，停住步子。

邢嘉盛、魏同东猫腰走过去，前面影影绰绰的拐弯处，有个一闪一闪的亮点，仔细一看，是敌人的哨兵。

邢嘉盛一挥手，两个战士沿着墙角窜上去，三下五除二，很快把敌人哨兵擒拿过来。

"'剿总'司令部在哪里？傅作义在哪里？"邢嘉盛问。

敌人哨兵还没回过神儿来，赶紧吐掉嘴上的香烟："你们是……"

"我们是解放军，快说！"

"司令部已经撤到城里了，傅总司令也走了。"

"走了多长时间？"

"十多分钟前刚走完。"

"前面院子里还有多少人？"

"还有弟兄们，不过有多少，我也说不大清楚。"

邢嘉盛和魏同东一商量，兵分左、中、右三路，向敌人猛扑过去。

院子里的二百多名敌人也准备往城里撤，没想到解放军来得这么快，没做多少抵抗，便一个个缴械投降了。场院里的四十多辆坦克、装甲车也都为我军缴获。然而，各办公室里的东西都已收走，有的片纸不留。这说明傅作义后撤是预先有准备的，而且也表现其司令部是有一定素质的。

十四日凌晨，十三师到达岳各庄。侦察兵向吴瑞林报告："丰台镇以北驻守的是敌二七二师，其余作战部队在丰台以南，还有'华北剿总'联勤的部分单位也驻在丰台，敌人正准备撤回市里，尚未发现我军已抵近丰台。"

"这里到丰台还有多远？"吴瑞林问。

"五六里地。"身旁的参谋回答。

吴瑞林毫不犹豫："三十七团经大井强攻丰台，三十九团从右侧攻击小井、周庄之敌，三十八团作为预备队！"

吴瑞林有自己的想法：准备后撤的敌人对我军的突然出现毫无准备，这时突然发起攻击，往往可以奏效。

师里的十几门山炮调上来了，团里的二十余门迫击炮调上来了。一阵猛轰，大井之敌几无还手，便纷纷溃退。

丰台的敌人有的在出操，有的正准备后撤。我军猛烈的炮火，打得敌人晕头转向，各自逃命，逃不了的纷纷举手投降。

三十九团也是一阵猛打猛冲，一扫小井、周庄、后坬洼、樊家村之敌，攻占了丰台火车站。

红山口、香山、田村、石景山、丰台等大片地区，在一两天内完全丢失了，北平西部已完全暴露在解放军火力之下。

"总座，反攻丰台的准备已经完成，请您下达作战命令！"李世杰向傅作义报告。

安坐在作战地图旁的傅作义，有力地向下挥了挥手。不到十分钟，隆隆的坦克、装甲列车便开动起来了，枪声、炮声便响起来了。

敌人反攻丰台开始了。

这次战斗是由傅作义亲自组织的。集中了七个师、上百门火炮，还有部分坦克、装甲车。担负主攻的是蒋系部队。

"我军兵力兵器占绝对优势，共军立足未稳，胜利应有绝对把握！"傅作义满怀信心。

三路敌人，如三股洪水，向丰台奔拥而去。第一股源自复兴门，第二股自广安门，第三股自西便门。

上百门火炮齐发，方圆十数里的丰台大地震撼了。五纵刚刚修成的工事，一个个夷为平地。两列装甲车为先导，数十辆坦克列阵前进。

坚守在正面阵地的十三师指战员，轻重机枪同时开火，还击敌人。然而，敌人如奔涌的洪水，不断向前浸漫。

一直在一线的吴瑞林，目不转睛地盯着敌人。忽然，吴瑞林下达命令："停止射击！"

"停止射击？"身后几个干部疑惑不解。

"把敌人放进来打！"吴瑞林喊声很响。

我军射击刚停止，敌人装甲列车、步兵都加快了速度，一窝蜂朝前拥来。

五百米，四百米，三百米，敌人越冲越近。

"打！"吴瑞林一声吼。

大炮、轻重机枪、步枪一起向敌人射击。敌人的步兵和坦克、装甲车被截为两段。步兵在密如雨点的子弹下伤亡惨重，纷纷后撤，装甲车和坦克失去步兵的配合、支援，不敢贸然行动，停下来了。

第一次进攻失败后，国民党军改变了战法。他们将步兵和装甲车、坦克混编在一起，而不是截然分为两部分。步兵与装甲车互相掩护，攻击前进。

十三师依旧把敌人放到近距离打，依旧先打步兵。三百米之内，敌人的装甲车、坦克发挥不出火力，步兵又成了近距离打击的目标。

敌人的步兵溃散了，装甲车、坦克也开始后撤。十三师前沿的连队立即派出突击组，用炸药包、爆破筒实施爆破。冰雪覆盖的大地上，丢下一辆辆散发着焦煳味的被炸毁的坦克，丢下一片片尸体。

一天里七次冲击，七次失败。伤亡千余人，损失装甲车一辆、坦克十数辆。参谋拿着这些统计数字，小心翼翼地走进傅作义办公室，递到他面前。

傅作义看完了统计表后，交给参谋。

"世杰！"傅作义轻轻地喊了一声。

李世杰从外面办公室走进来。

"丰台这一仗下步该怎么打？"傅作义问。

"我们的损失可不小。"

"我们损失大，共军损失也不会小。这一仗要打下去，决不能手软！"李世杰点点头。

"队形不能像今天这样密集。火力比今天要更猛。再调一个炮团过来，明天清晨发起总攻！"

十六日凌晨，国民党军又发起了猛攻。先是上百门火炮齐轰丰台，一轰二十分钟。隆隆的炮声震得山摇地动，小小丰台房舍坍塌，火光冲天。紧接着，五个师的兵力分三路发起了进攻。

五纵的指战员从倒塌的土墙后，从炸出大坑的土坎儿后，伸出了轻重机枪、冲锋枪、步枪。几具火箭弹，像一支支神笔，指向敌人的坦克、装甲车。

今天，敌人被放得更近了，大多到二百米之内才开火。敌人的装甲车、坦克一辆辆被击毁。轻重机枪一阵猛扫，敌人的队形打乱了。

冲锋号响了。五纵向敌人发起反冲锋，一追就是十余里。

傅作义先撤后攻的计划，完全落空了。

十二月十二日，在韩先楚司令员、罗舜初政委指挥下，三纵部队攻占南苑机场，缴获各种飞机二十五架。

丰台未能按傅作义的意图失而复得，陆路通途被切断。南苑机场再不夺回，偌大的北平便成了一个孤岛。傅作义严令九十二军军长黄翔夺回机场。

丰台争夺战的结果，黄翔十分清楚。丰台贴进去那么多，一无所获；现在要想夺回机场，又谈何容易。

九十二军部队一露头，便遭到严阵以待的三纵指战员的猛烈打击。在这决定命运的时刻，黄翔不愿把自己的血本丢进去，便想方设法敷衍傅作义。

傅作义明知南苑机场难以夺回，只好在市内天坛公园、东单等地，想法另辟临时代用机场。

三、新保安郭景云自毙

那还是一九四八年十一月二十九日上午。移驻北平丰台的傅作义的三十五军官兵正在出早操，军长郭景云接到傅作义的电话："张家口被共军包围，十一兵团孙兰峰求援，你速带一〇一师、二六七师前去增援，下午出发！"

郭景云放下话筒，不紧不慢地点了支烟，吩咐参谋长田士吉："传达我的命令，一〇一师、二六七师前往张家口增援十一兵团，下午二时出发！"

郭景云把烟头摁在烟缸里，布满麻点的脸部习惯性地搐动了几下。

三十五军均系美式装备，完全是机械化，平时笨重装备不下汽车。郭景云，这个被傅作义称为"猛将"的军长，带兵打仗确有一套。因此，命令下达不到两小时，参与行动的两个师便装备完毕了。

和往常一样，郭景云出发前检阅了部队：四百多辆深绿色的美制"道吉"十轮大卡车，近百门大小火炮，排成一字长蛇阵；官兵们一个个昂首挺胸，煞有精神。郭景云也来了劲头："傅总司令要我们去救孙兰峰，我想不会有什么麻烦。不过你们要注意，北平没有我们三十五军，总司令是不会放心的。所以，他要我们快去，快打，打了快回来！"

次日中午十二时，三十五军两个师开到张家口。郭景云向孙兰峰报告后，即令一〇一师向万全推进，接替骑兵五旅参加战斗。没打多一会儿，解放军即撤出万全，向南开去。郭景云命令一〇一师留下一个营防守万全县城，其余部队撤回张家口。十二月二日，驻宁远堡的一〇五军的部队遭到解放军夜袭，一〇一师前去增援。天亮后，解放军向西撤离。

一〇五军侦察部队反复侦察后，报告："宁远堡以西三十里内无解放军。"

"围攻张家口的共军是华北三兵团杨成武部，战斗力很强，怎么没好好打就撤退了。"一些部属顿生疑窦。

"这有什么，他们知道三十五军增援上来，不敢打了。"郭景云对部属的议论，甚为不满。

十二月四日上午，傅作义乘飞机到张家口，召集孙兰峰、郭景云、一〇五军军长袁庆荣等人，会商张家口的形势。

"林彪主力进关尚需时日，张家口地区仅有聂荣臻少部分的部队。留下一〇五军等原有部队即能应付裕如，北平方面有些情况，三十五军明日即可返平。"傅作义作了布置。

下午，傅作义便飞回了北平。

傅作义不知，郭景云不知，其他国民党将领也都不知，此时，毛泽东正在精心布置，包围、分割，逐一歼灭傅部。聂荣臻正按毛泽东的指示，调兵遣将，为傅军布下一个个口袋。

一九四八年十一月二十四日，毛泽东电令："杨成武率三个纵队于明（二十五）日由现地出发，以六天时间（愈快愈好）到达张家口附近，然后以两个纵队围攻张家口西南周家河、怀安两地之敌（二一〇师及骑十一旅），以一个纵队插入张家口、宣化之间，隔断张（家口）、宣（化）两处敌人的联系（张、宣两处各有敌一个师），使周家河、怀安、张家口三处之敌不能逃掉。"

三兵团从绥远秘密迅速东进。二十五日、二十六日，所属一纵由卓资山，二纵由官村、隆盛庄，六纵由集宁，急行军开进，直扑张、宣地区。十一月三十日夜，一纵涉过洋河，占领沙岭子、怀安，切断张、宣敌军联系；二纵占领柴沟堡；六纵占领万全、郭磊庄，歼敌两千多人，形成了对张家口之敌的包围。这样一来，果然调动了傅军。而当三十五军赶到张家口后，杨成武部在张家口地区与傅军形成对峙。

傅作义令三十五军增援张家口，这是歼灭三十五军，进而抓住傅系，拖住蒋系的极好机会。

十二月四日，也就是傅作义到达张家口的当天，毛泽东的第二步棋落实了。他在十九个小时内连续三次向杨得志、罗瑞卿发了电报。凌晨二时，命令他们"应以最快手段攻占下花园地区一线"；下午四时，又一次命令"务以迅速行动，以主力包围宣化、下花园两处之敌"；夜间九时，毛泽东更加明确指出二兵团"最主要的任务"，是"务于明（五）日全力控制宣化（不含）、怀来（不含）一段"，"务使张家口之敌不能东退"。

敌三十五军通过宣怀路段时，二兵团未赶上，越过下花园后，二兵团大部队全力追赶，仍未赶上。毛泽东对此作了十分严厉的批评。幸亏其所属十二旅在旅长曾宝堂、政委王昭率领下，一昼夜构筑了三道防线，节节抗击，迟滞了三十五军行动。

毛泽东完全掌握了傅作义对三十五军的心态。三十五军是他赖以起家的"根本"，是他维系华北的"左臂右膀"，打掉三十五军，傅作义便将陷入欲战无力、欲守无能、欲退无路的绝境。好不容易把三十五军调出来了，怎么能让它跑掉呢？

二兵团领导人杨得志、罗瑞卿、耿飚领会了毛泽东的战略意图，深知一旦让三十五军逃脱，便将造成历史性的大错。

他们带领部队昼夜兼程，爬高山，趟冰河。

十二月八日，二兵团四纵十旅、十一旅和三纵、八纵，经过六昼夜的急行军和强行军，终于赶到了新保安镇外，将三十五军堵在了新保安，并完成了对新保安的包围。

……　……

新保安是一座有着两千多户人家的镇子，多数居民经商。该镇的城墙高十二米、宽六米，可并行两辆大车。镇中有座钟阁楼，楼上有一口六耳钟。钟阁楼四面凿有"耀武"、"兴文"、"纲纪上游"、"锁钥重地"等字样。无疑，"锁钥"表明了新保安地理位置之重要——这里是北平与张家口的要道。

刚进新保安时，郭景云并不着急，他双手插在腰间："平时找共军，老找不见人，这下叫他们来吧，多少羊还怕赶不到厩里，我看这些共军是让咱们在路上再捡点洋捞。"他还洋洋自得地说，"别说是三十五军，就光这四百多辆'道吉'车，也是傅总司令的命根子，他不能不要。"过分相信自己，过分相信傅作义，使郭景云失去了对形势的正常判断。

郭景云令一〇一师进击东八里的解放军，以打通道路。一〇一师连攻三天，都遭到反击，只得退回城内。解放军二兵团控制了有利的地形，在城北山坡上俯瞰新保安，城内的一人一马、一举一动，都看得清清楚楚。三十五军完全成了釜中之鱼、瓮中之鳖。

郭景云急了，一个劲儿地打电话，发电报让傅作义派飞机来投粮、投弹，派部队来救援。

傅作义也急了。命令飞机投粮、投弹。命令张家口的一〇五军袁庆荣部、南口十六军袁朴部、北平附近一〇四军（即原暂三军）安春山部，急驰新保安。然而，十六军袁朴部很快被东野部队击退。十日下午四时，一〇五军袁庆荣部来电称："到达沙岭子，与共军激战，攻不过来，已退回张家口。"

十日晚，一份电报送到郭景云眼前，是安春山发来的，说一〇四军已至怀来，明日早向沙城以西推进，希预作突围准备。郭景云阴云密布的脸上展现出笑容，几天来显得呆滞的双眼放出了光亮。他当即操起电话，命令部队作好突围准备，令二六七师为第一线突围部队，一〇一师两个团为二线突围部队。

第二天上午八时，安春山部推进到新保安东南十多里处的马圈，再也前进不了了。而三十五军连续进攻，也毫无建树。

郭景云、安春山在电话里，都让对方迅速向自己靠拢。

"傅总司令命令你来解新保安的围，你应该打通道路，打到新保安城下！"郭景云吼叫着。

"我的部队来接三十五军，就只能到这里——马圈！"安春山毫不示弱。

两人对骂开了。

不久，第十六军和第一〇四军大部被东野先遣兵团歼灭。

三十五军固守待援，陷入困境。

三十五军被围多日了，总攻仍未开始。

这时，毛泽东嘉奖二兵团包围了三十五军，但电令："加紧完成对三十五军的攻击准备"，"实行攻击时间需待东北主力入关，确实完成平津两地的包围之后"。

摩拳擦掌的指战员们，沉不住气了。

杨得志、罗瑞卿召集旅以上干部，为大家解开了这个谜。

"为什么还不打呢？"杨得志开门见山，"这是毛主席的英明决策，为了稳住平津守敌，拖住它，不让敌人从海上逃跑，然后再来个就地歼灭"。

罗瑞卿补充说："三十五军是傅作义的主力、嫡系，围起来不打，就等于给他留个'想头'，他就不会南逃了。"

"你要把这个'想头'打掉，人家可能就会南逃。"杨得志的话刚说完，大家哄地笑了。

"但是，准备工作要抓紧，一点也不能松懈，准备越充分，仗就打得越好！"杨得志补充说。

一首快板诗，很快在全兵团传开了：

三十五军好比山药蛋，已经放在锅里边；
解放军四面来烧火，越烧越煮越软绵。
同志们，别着急，山药不熟不能吃；
战前工作准备好，时间一到就攻击。

十二月二十二日，时间到了。根据毛泽东的电令，二兵团向新保安守敌发起总攻。

上百门大炮一齐怒吼，小小的新保安急剧摇晃起来了。不到五分钟的时间，这个不足一平方公里的小镇，便落下了五千多发炮弹，几近夷为平地。

郭景云蹲在掩蔽部里，说话的声音被炮弹声湮没了。待炮火稍有停息，他急令向傅作义急电求援。然而，傅作义一次次回电都是"坚守待援"。

郭景云怒火千丈，急令给傅作义发电报："你见死不救，眼看追随你多年的老部下苦战待毙，于心何忍！"

郭景云有所不知，此时的傅作义正在北平"剿总"的办公室里，急得踱来踱去，额头上沁出了汗珠，仍无计可施。

大势已去，郭景云准备"以身殉职"。他急令参谋处长贾承祖："快，快推两大桶汽油来！我们不能被俘，要死大家一起死！限十分钟推来。"

贾承祖走出掩蔽部后，没有照"军座"的命令办。

郭景云掏出手枪，向副军长王雷震开了一枪，未中，只在王的帽子上留了个弹孔。

郭景云朝自己的太阳穴开了一枪。和前任军长鲁英麟极其相似。

二兵团攻占了新保安，歼灭郭景云部队一万九千人。

解放军战士在打扫战场时，发现了郭景云的尸体，他们把他擦洗干净，掩埋在新保安城边，旁边立了一根枕木桩子，上书十五个字："国民党第三十五军中将军长郭景云"。

胜利了！

红军二万五千里长征时曾指挥抢渡大渡河的杨得志，激动地对罗瑞卿说："打掉三十五军，我有点十三年前渡过大渡河的感觉。"

消息传到平津战役前线指挥部，聂荣臻高兴地连声说："打得好，打得好，真痛快！"

四、横岭关安春山兵败

那是十二月十日上午，即三十五军被困于新保安两天后，十六军大部在康庄被歼的消息传到怀来，身材矮小的一〇四军军长安春山倒抽了一口凉气，好半天才回过神来：事到如今，要解救三十五军纯属幻想；如不当机立断、马上撤退，一〇四军也有遭歼灭的危险。他立即电话通知为救援三十五军而前出到马圈的二五〇、二六九师迅速后撤。当天下午四时，这两个师全部撤回怀来。

安春山立即召开了团以及独立营营长以上人员会议。

"眼下怀来不备粮弹，无法坚守；要撤回北平，八达岭是天险，共军已重兵抢占，我们要由此通过已不可能；当前唯一的生路，只有这样一条"，安春山指着地图，"经十八家子、横岭关，沿日伪时期所筑的沙丰线，尚可回北平。"

"沙丰线一带过去就是共产党游击队的根据地，现在能通过吗？"有人问。

"据侦察，这一线目前尚无解放军的大部队，可以通过。"安春山显得很有信心。

安春山说到这里，疲惫不堪、紧皱眉头、闭目养神的部属们，一个个振作起精神，坐直了身子。

"要走这条路，生死分界线就在横岭关，只要突过横岭关，便活了一半。"安春山指着地图上与八达岭几近平行的横岭关处。部属们的目光，一下子都汇集到这里。

安春山规定了行军序列，并指派军直骑兵大队，以最快速度抢占横岭关附近的高地，掩护全军通过。

一切都安排停当，安春山把后撤的打算报到华北"剿总"总部。

事到如此，傅作义只好同意他们的方案，并决定派出飞机接应。

一〇四军比不上三十五军，但也是傅作义的嫡系部队，手心手背都是肉呀！三十五军已经无法救援，可不能让一〇四军再被解放军吃了。傅作义的心思，集注到了一〇四军身上。

枪炮声是战争交响乐中的最强声，训练有素的指挥员往往能凭借它了解战场态势，发现变化端倪。

东野四纵司令员吴克华、政委莫文骅带领部队向傅作义"长蛇阵"的腹部——康庄至八达岭之间，狠狠地戳下了一刀，占领了这一重要线段。

这天下午，忽然从怀来方向传来了隐隐约约的炮声。

吴克华抓起电话，急忙询问情况，话筒里传来了十一师师长的声音："怀来敌人炮轰南新堡华北军区热河骑兵旅阵地！"

吴克华把话筒换到左手，右手食指在地图上划动，很快停在了"南新堡"小圈旁。从怀来到北平之间的一条细红线——简易公路，就通过南新堡。

"一〇四军想从这里往回逃！"吴克华的脑子里闪出一道亮光。

电话铃又响了。十一师报告，怀来车站燃起了大火，敌人正在烧毁带不走的辎重。

吴克华和莫文骅商量，留一个师坚守阵地，带两个师主动追歼敌人。边行动，边报告上级。

四纵十一师接到追歼敌人的命令后，指战员们从堑壕里跳出来，来不及动员，来不及整队，盯着敌人，往前追去。

一〇四军也是美式装备。卡车、吉普车、摩托车飞跑，车后腾起了泥浆。

"嗡嗡嗡……"傅作义派来的飞机，在低空盘旋，掩护着一〇四军。

要是在一般情况下，双脚必定追不上车轮子。可此时，一〇四军溃逃的队伍，你指挥不了我，我指挥不了你，车头对车尾，车尾顶车身，道路多处被阻断。

十一师的指战员纷纷摔下背包，提着枪，背着手榴弹，步子更快了。

天逐渐黑下来了，看不清远处敌人的影子，可是，敌人丢下一路的罐头盒、纸烟盒、汽油桶，成了指路标。

三十二团三连追在最前面。

突然，一排曳光弹腾空而起，在深沉的夜空中划出了长长的一道亮光。

"是敌人！"战士们没有犹豫、畏缩，有人反倒兴奋地喊道："追上啦，追上啦！"

三连一阵猛打。一〇四军后卫营不知来了多少追兵，无心恋战，一下子溃散了。

三连抢占了两旁的小山包，步枪、轻重机枪一起开火。这下，敌人更乱了，车相撞，人相挤，把道路堵得死死的。

三连指战员知道，前面还有大批逃敌。他们放下这批敌人，又往前追去。

三连跑得更快了。

突然，逃敌前面响起了阵阵急促的枪声。敌人一下子乱了。有的晕头转向，趔身往回跑。

怎么回事？

原来，从左侧斜插过来的十师三十团，堵在了逃敌的前头。

十一师后续的追击部队也赶上来了。

前后夹击，把敌人逼进了一道山谷里。见无路可走，敌军官兵只好纷纷举起双手。仅这一下子，四纵就俘虏了三千多敌人。

曙色初露。吴克华、莫文骅带指挥所上来了。

一队队战士押着一群群俘虏走了过来。吴克华、莫文骅向战士们亲切问候。

路旁，有一个班在休息。

莫文骅问："你们是哪个部分的？"

一个士兵站起来："报告长官，我们是军部的！"

敌人！

莫文骅没事一样，示意"坐下休息"。

他们往前走了一段。

莫文骅使了个眼色。身边的参谋会意，带领十几个战士，回去缴了敌人的枪。

前面的部队报告，已到横岭关，很平静。安春山一直提到嗓子眼儿的心才落了下来。他长长地舒了一口气，命令二六九师一个团，占领横岭关制高点，担负警戒、掩护。然而，二六九师部分部队通过后，担负掩护的那个团竟擅自逃跑了。安春山气急败坏，破口大骂："妈的，这个鸟团长，我饶不了你！"

骂有何用？兵败如山倒。安春山忽然想起二五〇师。

"二五〇师哪里去了？"安春山命令电台联系，折腾了老半天也杳无音讯。

"几万人的一个军，现在就这么一点人，回北平怎么向傅总司令交待？"安春山急得捶胸顿足。

进不是，退不是，安春山干脆带着警卫，找了间房子躲起来休息。

十一日清晨，在部属的催促下，安春山才决定往前走。但只走了二十多里，他又命令部队停下来做饭吃，让电台与二五〇师联系。可仍然联系不上。看看离山口处不远，不会出什么事了，安春山决心留下等二五〇师。

副军长王宪章说："军长，部队待在这里，万一出了事不好办。一路上没有听到激烈的枪声，估计二五〇师没遭遇什么大仗，也许是从什么地方撤回北平了！"

"二五〇师如果过了横岭关，不会不跟我联系。你要是觉得不安全，先走好了！"安春山一句话，把王宪章给噎住了。

安春山刚把军部人员安顿好，解放军就冲过来了。特务营、工兵营、骑兵队顿时溃不成军。安春山一看，糟了，急忙掏出手枪，准备自杀。

王宪章见状，一把推开手枪："军长，千万别这样。要死，我们打完再死，要不愿死，就赶快逃。"

安春山犹豫了一下，逃！

安春山逃到妙峰山附近，还是被解放军俘虏了。不过他穿的不是将军服，而是油腻腻的士兵服，再加上他胡子拉碴的，整个一个伙伕！

一位解放军战士看他年纪大了，一副可怜兮兮的样子，以为他不愿当"解放军战士"，就安慰他："别着急，革命自觉，决不勉强，愿干的留下，不愿干的可以回家。"

安春山连连点头称是。

安春山耷拉着脑袋，领了解放军发的还乡证和几块钱的路费，抄小路溜了。

倒是副军长王宪章，大病初愈，走不动路，又不会装伙伕，便成了实实在在的俘虏。

几天后，安春山赶到华北"剿总"司令部门口时，哨兵怎么说都不让他进去。

安春山耐着性子左说右说，哨兵根本不理睬他。

这时，恰逢一名参谋路过门口，定睛看了好一阵子，才认出是安春山。

安春山狼狈地跟在参谋身后，进了大门。

刚一跨进傅作义的办公室，安春山"扑通"一声跪了下来："总座……"

傅作义愣了好一阵子，竟没认出安春山来。后来，当他确认是安春山时，看着安的这身打扮，想笑，笑不出来，想哭，也哭不出来。

"总座，我有罪，你枪毙我吧！"安春山痛哭流涕。

"快起来，快起来！"

安春山坐定后，讲起了救助三十五军未果过程，其中不乏对郭景云的攻讦。

"不要说了，我都清楚了……景云已以身殉职，也死得壮烈！"傅作义说着，哽咽了。

"总座，我是败军之将，无颜面见将士们，见你一面，也就心满意足了。我该告老回乡了！"安春山说。

"春山，你跟我多年，应该了解我。……现在正是需要人的时候，你怎么走了呢……下一步干什么，我会安排。"傅作义说着，向门外喊了一声。

一位副官应声进来，带着安春山去理发、换衣服。

五、张家口回到人民手中

张家口的冬天，天黑得早，加上天阴要下雪，下午四点多钟，就影影绰绰、朦朦胧胧了。

国民党十一兵团指挥所里，兵团司令孙兰峰一动不动地坐在皮椅上。窗子很高，透过玻璃的微弱亮光照在他的头上，使他的秃顶显得更秃，呆板的神情更呆板了。

昨天三十五军在新保安被歼的消息，他已知晓。下一步怎么办？是必须当机立断的事。

过去，孙兰峰对张家口力主死守，他曾说过："张家口的工事构筑，不亚于万里长城，张家口已经披上了铁甲，在三十里内无法接近。"而今，他深感解放军的攻击力量比他所想像的要强得多。将士均无斗志，凭借工事能起多大作用？更主要的，新保安被攻占，张家口与北平的联系被割断，死命坚守张家口又有何用？

参谋进来，递上一份电报。孙兰峰半闭着眼，瞟了一下，忽地立起身子。这是傅作义给他和一〇五军军长袁庆荣的："郭军在新保安被歼，希即研究可否及时突围，经察北、绥东与董其武军靠拢。"

袁庆荣来了，十一兵团副司令杨维垣、参谋长贾璜来了，一〇五军参谋长成于念来了，紧急商量突围事宜。

"此事重大，成败在此一举，应召集各师、旅长、民政厅长一起商讨。"成于念建议。

"不，不，"袁庆荣急忙摆手，"至关重要的时刻，至关重要的举措，人多嘴杂，难以统一意见，还容易泄漏机密，引起骚动，反倒坏事。"

几人商定：由袁庆荣负责指挥，明日清晨行动，步兵从大境门，骑兵从七里茶坊，分两路突围，然后向商都转进；师长、旅长、由袁庆荣分别面授机宜。

众人退出后，孙兰峰戴上老花镜，在地图前琢磨起来了，越琢磨，越觉得心中无底：靠这样一下子，就能冲出解放军的重重包围？可是，不这样，又该如何？

天上的乌云在夜风的吹拂下，飘飘忽忽，一会儿把月亮整个遮住，一会儿又飘离开月亮。

杨成武带着三兵团司令部的部分人员，沿着七拐八折的小路，向太平山上走去。凭借时明时暗的月光，走在积雪残存的山路上，难免会磕磕碰碰。好几次，他差点摔倒，幸亏警卫员眼疾手快，将他扶住。

本来，三兵团司令部设在大洋河南岸的左卫。作为围困敌人，左卫已经很靠前了，而聚歼敌人，杨成武尚觉太远，便将左卫的工作移交兵团副政委李天焕，自己带着部分人员前移至西太平山。

半夜时分，杨成武一行爬上西太平山，骤然感到风比山下大得多，天要冷得多。

乌云散开了，月光投射到残雪上，反射出晶莹的白光，远山近树，清晰可辨了。月光下的张家口，像一块巨大的白银，镶嵌在东西太平山之间。大洋河穿过市区，河面已结冰，洁白耀眼。城北，便是有名的大境门，它像一把铁锁，锁在陡然下落数十丈的两山之间，城楼高耸，大有一夫当关、万夫莫开之势。

几天来，杨成武经过反复思索，作出判断：张家口守敌很可能在夜间或拂晓以前悄悄运动，拂晓时集中猛扑；方向则可能向西或向北。他据此作了相应的部署：二纵部署在张家口以西，六纵和一纵三旅部署在张家口西北；一纵主力和前来支援的东野四纵部署在张家口以东和东北地区。

天刚破晓，从望远镜里观察，从各纵队的电话报告得知，敌步兵出大境门向西北；敌骑兵向西南突围，被二纵一阵猛打后，又折回来，也想从大境门出逃西北。

抓住敌人了！杨成武立即拿起电话，下达了围歼敌人的命令。

按原来商定，袁庆荣先出大境门指挥部队，孙兰峰留在兵团司令部等候北平总部的指示。可是等到十一时，仍无指示，孙兰峰也只好驱车出了大境门，到朝天洼一〇五军指挥所去。

此时，解放军早已占领了朝天洼两侧的高地，强力阻击。袁庆荣组织部队猛攻了几次，均无进展。从七里茶坊向孔家庄突围的骑兵，听说从大境门外突围的步兵打通了出路，于是改变路线，折返这里。

顿时，步兵、骑兵、炮兵，五万余人挤在一条一里宽、二十来里长的狭窄山沟里，再加上军心已乱，指挥无力，早已混乱一片。

先头部队正与据守在陶赖庙南北高地上的解放军激战，一次次冲锋，一次次被打下来。军官在后面吼叫着，士兵你看着我，我看着你，都不敢再往前冲了。

"还有多少部队？"孙兰峰着急地问。

"还有两个师。"袁庆荣边回答孙兰峰，边转身吩咐二五九师师长郭跻堂，"你亲自带全师猛攻，我组织炮兵支援你们。"

一阵猛烈的炮火，向朝天洼两边的山头轰击，几分钟后，炮火分两路向前延伸，一直延伸到大境门外二十多里地的崇礼县城边。

看看山头上没了动静，郭跻堂指挥全师，分几路向上扑去，快到解放军的前沿阵地时，山上突然枪声大作，子弹如雨点般地泼洒下来。二五九师的官兵或成片倒下，或滚退下来。郭跻堂不甘心，又连着组织了两次进攻，都是一样的下场。郭跻堂像泄了气的皮球，瘫坐在路边。

中午时分，一个参谋跑到孙兰峰、袁庆荣面前报告："共军已攻进城里，后退的路已被截断！"

两人听罢，面面相觑。他们感到，一把巨型铁钳已将张家口五万多守军紧紧钳住了。

"白毛风"刮起来了，纷纷扬扬的雪花吹打过来，叫人睁不开眼，站不稳身。

"袁军长，现在要恢复原来的守城态势已不可能，只有破釜沉舟，努力突围出去！"孙兰峰说。

"我去组织步兵。二五九师、二五八师、骑五旅、骑十一旅，骑兵步兵一齐上！"袁庆荣说。

"我去组织炮兵！"孙兰峰抖了抖身上的雪花。

孙兰峰亲自到炮兵阵地指挥，袁庆荣到步兵队伍后面督战，这给突围的国民党军注射了一支兴奋剂。步兵、骑兵在炮火的支援下，分几路突击。然而，解放军的枪声似乎比刚才更密集了，大炮小炮也开了火。炮弹先在突围的步兵群中爆炸，接着延伸到了突围部队的炮阵地，延伸到了一〇五军的指挥所。在枪弹、炮弹的追击下，骑兵慌乱地从西南方的山坡上飞奔回来。二五九师攻击的正面的解放军，恰在这时，来了一个反冲锋。激越的军号声中，解放军战士犹如猛虎下山，全面冲击。二五九师山上、山下的部队，瞬间全面溃退。二五八师的部队也相继溃败。马踏人挤，无人能下命令，也无人能命令别人。真是兵败如山倒。

一切都无法控制了。孙兰峰、袁庆荣只好任部下四处逃命。借着夜色，他们也混进了逃命的队伍之中。

这一仗，歼灭敌十一兵团司令部、一〇五军军部及所属二一〇师、二五一师、二五九师、一〇三师，一〇四军的二五八师及骑五旅、骑十一旅全部，同时还有察哈尔省保安司令部及所属保安四团、五团全部。共歼敌五万四千多名，内毙伤三千六百一十名，生俘五万零三百名，其中包括袁庆荣等一批将军。只有孙兰峰带少数随从人员乘乱逃往绥远武川。

三兵团报捷的电报传来，聂荣臻捧在手上，连看两遍，他起身走到地图前，找到图上的"张家口"，定睛看了好一阵子。

他想起在撤出张家口时，自己对指战员们的讲话："为了换取主动，用不了多长时间，我们要回来的。"

如今，仅两年的时间就回来了，张家口又回到了人民的怀抱。

聂荣臻此时又想起了傅作义在抢占大同后，搞的那个《致毛泽东的公开电》。两年多来，聂荣臻不时把这封公开信作为反面教材，教育部队。如今，谁真正代表人民的意志，已经有了明确的结果。

聂荣臻情不自禁地笑了。

傅作义是在"华北剿总"作战室里得知一〇五军被歼、张家口被攻占的消息的。

当与张家口的通话戛然而止时，他心里一个惊呼："完了！"

傅作义无力地瘫坐在沙发上。

天在旋转，地在旋转，越转越厉害，把他转进了一个巨大的旋涡。

…… ……

过了不知多久，傅作义吃力地睁开双眼。

冬日的斜阳，懒洋洋地透进玻璃窗，把他的身影拉得老长老长。

"怎么会是这么个下场？"傅作义对着影子自问。

郭景云自杀，苦心经营了多年的三十五军完了；袁庆荣被俘，刚组建起来的一〇五军垮了；安春山落荒而逃，一〇四军散了。如今，手中已经没有自己的部队了。

傅作义忽然觉得自己像大海中的一只小船，任凭风吹浪打，东漂西游，全无自主之力。

一种从未有过的孤独感，袭上他的心头。

第六章

和平的曙色

一、聂荣臻："能不能和平解放北平？"

聂荣臻踏着铺洒在院落中的晨光，走进作战室。他吩咐作战参谋找出歼灭三十五军的战报、解放张家口的战报，坐到窗前的办公桌边，从头至尾地重新看起来。

三十五军，傅作义赖以起家的部队，傅系军队中的"王牌"。多年来，聂荣臻指挥部队与之激战过，一九四八年一月在涞水歼灭其中新编三十二师，击毙该师师长李铭鼎，使其军长鲁英麟自戕。后来，在蒋介石的支持下，傅作义又将其恢复。如今，三十五军在新保安遭到了彻底的歼灭，傅作义几十万人马已被团团围困，蒋、傅东拼西凑，想再恢复。然而，能恢复的仅仅是编制，而不是士气，丧失士气的部队，在强大的对手面前，必败无疑。

张家口，是傅作义做梦也想抢占的"红色首都"。一九四六年十月傅作义如愿以偿后，欣喜若狂，使已经大走下坡路的国民党因此受到"激励"。可是，两年刚过，张家口又回到人民的怀抱。

"傅作义当年抢占张家口后，自诩是'人民意志的胜利'，今天，张家口回到人民的怀抱，这才是人民意志的胜利！"聂荣臻想着，脸上情不自禁地露出了笑容。

然而，聂荣臻重看胜利的战报，不在于重新体味胜利的喜悦。

他站起身来，走到东墙的地图前。地图上，几支新绘的红色箭头格外醒目、有力，指向"天津"。指挥部已集中五个纵队二十二个师的兵力，由刘亚楼指挥，准备从速歼灭天津之敌。

"天津一解放，北平成为一座孤城，傅作义的所有退路都将被堵死。"聂荣臻用食指在"北平"附近重重地画了一个圈儿。

此时，几天来不时出现在脑海里的那个想法，又浮现出来了："能不能和平解放北平？"

聂荣臻站在窗前，思考起来了。

他想起毛泽东主席十一月十九日以他的名义致彭泽湘的复电："……弟个人认为某先生既有志于和平事业，希派可靠代表至石家庄先作第一步之接洽，敬希转达某先生。"电报中所说的某先生即指傅作义，说明毛泽东主席已有争取和平解决北平问题的打算。

他想到，歼灭三十五军，对傅的打击、震撼都是很大的，再把天津攻下来，打掉他的幻想，他不能不面对现实？

他想起上次到西柏坡，毛泽东、朱德、周恩来一起议过，以后将定都北平。想到这里，卢沟桥、天坛、故宫、颐和园……北平大街小巷里行走的居民……像一幅幅电影镜头，在脑海中闪过。

聂荣臻又想起了傅作义。解放战争开始，傅作义被拴在了蒋介石的战车上，积极执行蒋的"戡乱"方针，充当反共的急先锋，但他不是蒋的嫡系，和蒋矛盾重重。他是个比较清廉、正直宽厚、重义轻财、艰苦朴素的人。尤其是他有爱国之心，抗日战争中作战积极，与共产党、八路军配合作战。在保护文明古都、保护人民生命财产的民族大义下，他能不能站到正义一边？

"聂总，你在想什么？"罗荣桓进屋了。

聂荣臻的思绪被打断了。他从窗前走过来，说："我在考虑一个问题。我们应该在不放弃以战争解决问题的同时，努力争取和平解放北平，使北平这个文化古都免遭战火的破坏，使人民的生命财产免遭损失。"

接着，聂荣臻阐述了和平解放北平的必要性和可能性。

罗荣桓听着，不时点头。

第二天上午，林彪、罗荣桓、聂荣臻在作战室研究攻打天津的问题。研究完后，聂荣臻谈了争取和平解放北平的想法。

林彪默默地听着，面无表情。

"我军打下天津是没问题的，一旦打下了，傅作义的逃路就完全被切断了，这就迫使他不得不考虑用和平的方式来解决，"聂荣臻接着说，"据北平地下党的同志提供的情况，傅作义也有这种考虑，而且我们还可以通过地下党，继续在这方面做工作。"

林彪轻轻地挪动了一下身子。

"'不战而屈人之兵'乃上策。如果北平能够和平解放，对全国的影响就大了。"聂荣臻说。

"想法很好，"林彪说话了，"但恐怕是幻想，不可能实现。"

"平津地区，我军已占绝对优势，打天津容易，打北平也不难，如果在做了大量工作后傅作义仍拒绝和平，那我们当然要打。"聂荣臻不紧不慢地解释，"不过，从党和人民的利益考虑，应该把这个文化古都完整地保存下来。枪炮一响，肯定把北平打个稀巴烂。如果把名胜古迹都打坏了，你我都不好向历史做交待。更何况胜利后定都，党中央已初步选定北平。"

"我同意聂总的意见。"罗荣桓说。

党中央和毛泽东主席很支持争取和平解放北平的想法，并且电示：只要傅作义愿意和平解决平津问题，允许他编两个军，可以赦免他的战犯罪，保全其私有财产，其部属的安全和财产也有保障。

毛泽东的电报，给了聂荣臻极大的鼓舞。

第三天，刘仁从城工部的住地泊镇，赶到了孟家楼，带来了电台、报务员。

聂荣臻对城工部的工作一直很重视。一九四一年中共中央北方分局刚设立城市工作委员会时，聂荣臻还兼任书记。从抗日战争起，城工部发挥了巨大的作用，宣传群众、组织斗争、分化策反敌人、收集情报、搞弹药武器、购买解放区需要的各种物品……

"你先把你们前一段工作情况，下一步的打算谈一谈。"聂荣臻说。

刘仁思路很清晰，一项一项谈得清清楚楚。

聂荣臻认真地听着，不时点点头。

"聂总，对下一步工作有何指示？"长着一张圆脸的刘仁，干起工作来既风风火火，又沉着老练。

"战争历来是综合性的较量，而不是简单的攻守进退。解放北平，更其如此。你们一是要做好宣传、团结群众的工作，这项工作做好了，力量就可以大大增强；二是做好分化、瓦解敌人的工作，这项工作做好了，就可以达到'不战而屈人之兵'的目的；三是要做好情报工作、物资保证工作以及迎接解放军进城的工作。"

刘仁听着，记着。

"你们要特别注意，越临近解放，反动派的反扑会越猖狂，军统、中统更其如此。因此，要告诉同志们，既要积极、主动地工作，又要注意隐蔽。"

"是，我们一定按聂总讲的办。"

"傅冬菊最近情况怎么样。"聂荣臻关切地问。

"我正想把她的情况向你汇报。"刘仁说，"傅冬菊抗战胜利后由西南联大转入北京大学，一九四七年毕业后，到天津《大公报》工作。为了开展工作，配合解放北平，党组织决定以照顾父亲为由，把她调回北平，搬到傅作义的住所，随时了解傅作义的动态。"

"这太好了，"聂荣臻有些激动，"傅冬菊的工作，是个很关键的工作，做好了，可要起大作用哟！"

二、傅的部属："这仗不能打了！"

傅作义这些日子情绪糟透了，吃不好，睡不稳，往往一到办公室就把门一关，自己在屋里走来走去。

这天上午，"剿总"参谋长李世杰拿着一份电报走进来了。

傅作义接过电报，没看，却问："世杰，你说咱们这仗怎么个打法？"

李世杰跟随傅作义多年，是傅的心腹。他身体孱弱，一副书生的模样，但办事果断，是个明白人。听了傅作义的问话，他没直接回答，而是拐了个弯儿："总座，十一月初你到南京参加军事会议，可能已经了解到，现在江南只有五六十万军队，分布在各省，而且大部分是新成立的部队……"

"你的意思……"

"这仗没法打！"

傅作义吃惊地看着李世杰，参谋长怎会有这等想法，实在令他感到意外。

"总座，现在国民党的问题，不光是军事上的问题，还有政治腐败、经济崩溃……"

"你不要说了……"傅作义涨红的脸膛呼的一下变得铁青。

李世杰意欲退去。

傅作义喊住了他，口气变得缓和了："世杰，你是参谋长，不应有这样的想法呀！"

"总座，这话对外人，我绝不会说。你问我，我才说的。"李世杰悄悄看了傅作义一眼，接着说，"我跟随你多年了，在这样的时候我闭口不言，实在对不起总座……如果只是军事上的失败，我们离开北平退到绥远再打，绥远失败退到宁夏再打，宁夏失败再退再打，总会打出个转机来。可现在是政治、经济总崩溃。我们没有挽救的办法，甚至连立身之地也快失去了。"

"世杰……你是参谋长，还是要好好准备打仗。"听了李世杰的一番话，傅作义的口气软了许多。是呀，要人家谈看法，人家谈了，干吗又发火呢？

李世杰"嗯嗯"了两声，退出去了。

傅作义知道部属们有厌战情绪，但没想到如此强烈。

傅作义又分别找来安春山、朱大纯、刘春方。三人都力主和谈。

一〇四军大部在横岭关一线被歼后，傅作义挖东墙，补西墙，又将这个军拼凑起来了，仍让安春山任军长。安春山感激涕零，一再表示报答知遇之恩，肝脑涂地在所不辞。

可是，这次安春山一见傅作义，便直言不讳："总座，我要说，你会以为我被解放军打怕了。其实，我不是被打怕了。我是看到我军士气空前低落。而军无斗志，再战必败！"

刘春方历来为傅作义格外信任，他说："我们不能消极等待，坐失良机，而要积极行动，自己决定自己的命运。"

傅作义又找来副参谋长梁述哉。

梁述哉说："打是没有什么好前途了，但单独讲和也不容易，得不到好处。最好是与李宗仁、白崇禧联络，取得一致主张，一致行动。"

"跟随自己多年的部属，大多不愿再打了！"梁述哉退出后傅作义双手捧着头，捂住脸。

其实，身居华北、暂归傅作义指挥的蒋介石的一些嫡系将领，也认清了时局，不愿再战。而地下党根据聂荣臻的指示，正在积极做这一部分人的工作。

十二月底的一天，九十二军二十一师师长张伯权接到一个电话，请他到圆恩寺侯镜如家一谈。张伯权连声应允。

放下电话筒，张伯权驱车向圆恩寺赶去。

张伯权是侯镜如的连襟，与侯私交甚深。一九四八年十月初，蒋介石为挽救东北败局，乘飞机往来于北平、沈阳、葫芦岛之间，部署所谓"东北决战"。这期间，侯镜如被任命为十七兵团司令，侯便将九十二军交给其挚友黄翔。战役进行中，蒋介石命令侯镜如驰援锦州。侯部在塔山被解放军阻击，锦州失守后，侯率军撤至塘沽一带设防。后来，九十二军三个师奉命调到北平驻防，划归傅作义指挥。侯为了左右九十二军，将十七兵团参谋长张伯权调任九十二军二十一师师长。

张伯权一进侯镜如的家，便见侯镜如的外甥李介人与另一青年人坐在客厅里。

"这是北平地下党的薛成业先生。"李介人介绍说。

张伯权一听，怔了一下，但很快恢复了平静。

三人寒暄了一阵子，薛成业单刀直入："我们奉地下党的指示，来给张先生做工作，动员张先生起义，站到人民方面来。"

接着，薛成业、李介人介绍了共产党的起义政策。

张伯权点燃一支烟，深深地吸了一口："国民党不仁不义，人心丧尽，我们再为其作战，实为不义。我一定起义，站到人民方面。"

张伯权思忖片刻，接着说："北平城里，李文、石觉的部队占了多数，他们会不会赞成起义很难说。具体行动方案，可以这样初步定下来，解放军一攻城，我即让开路，让解放军进入二十一师防区。"张伯权表现得诚挚、主动。

"侯司令长官会不会同意？"薛成业问。

张伯权不假思索地回答："这样，介人用我的无线电话，与塘沽联系一下。"

电话很快要通了。

李介人说："舅舅，北平家里的事，是不是请黄军长、张师长和我商量着办？"

对方没有马上回答，像是在思考。

李介人等人静候着。

终于，传来了侯镜如的声音："好，好，就这样，让黄军长、张师长和你商量着办！"

薛成业、李介人没想到事情会这样顺利。这是因为他们不了解侯镜如。

侯镜如是黄埔军校一期的学生，一九二五年底秘密加入中国共产党，是周恩来、郭俊为他举行的入党仪式。"中山舰事件"后，蒋介石开展了清党运动，侯镜如因入党时间不长，没有暴露，党组织决定他继续留在国民革命军第一军中做秘密工作。在上海工人纠察队反对蒋介石"四一二"反革命大屠杀的战斗中，侯镜如英勇作战负了伤，是周恩来安排他住进医院的……早在一九四八年八月，中共北平地下党组织即与侯镜如联系过。张与侯，过去也曾密谈过这事。

第二天，按照商定的方案，张伯权和李介人去找黄翔。卧车向着黄翔的住处王府井梯子胡同驶去。

"你看，黄军长会同意吗？"李介人问坐在左侧的张伯权。

"我看，我们有做工作的余地。"

见李介人还有疑虑，张伯权解释说，第一、黄翔是个很聪明很识时务的人，他对目前的时局，尤其对北平的形势非常清楚，傅作义的基本队伍三十五军、一〇五军被歼，另一支基本队伍一〇四军和蒋介石的十六军，被打得七零八落，北平与南京的联系，仅靠城内一个小机场，黄翔面对这种局面很悲观；再则，黄翔这个九十二军军长的职务，是侯镜如越过傅作义直接写报告给蒋介石让他当的，傅作义打算撤掉黄翔，由刘春岭来当九十二军军长，只因刘春岭被隔在塘沽来不了北平，黄翔才暂时当军长的。对这些，黄翔早有所闻。黄翔已经意识到，唯一的出路是起义。

到了黄翔的住地，张伯权介绍说："这是侯司令官的外甥，共产党的地下党员李介人先生。"张伯权把"共产党的地下党员"几个字说得格外的重。

黄翔听罢，并不惊诧："欢迎欢迎，欢迎李先生光临。"

坐定后，李介人说："北平已经被围得水泄不通，形势如此紧迫，黄军长有何打算？"

"当俘虏，战死，除此之外还能有什么打算？"黄翔好似不假思索地说。

张伯权、李介人都愣了一下。

李介人觉得已是时候可以挑明了，便说："不瞒黄军长，我是受地下党的委派，来动员你起义的。"

"这里面恐怕还有侯司令官的意思吧？"黄翔说完，哈哈哈笑了起来。

张伯权、李介人一愣："怎么，黄军长知道啦。"两人一时竟不知说什么好。

黄翔敛起笑容："你们说的起义，是一条生路，我完全同意。"

张伯权、李介人一听，喜不自禁。

"下一步怎么办？"黄翔问。

"我看关键是要直接与城外的解放军取得联系，这样一来，才算把事拿稳，万一有了情况也好应付。"李介人说。

张伯权、黄翔都很赞同这一意见。

他们商定，由二十一师参谋长宋铨夏代表黄翔，由地下党派人陪同，出城谈判。

十二月十六日，在地下党员季洪的陪同下，宋铨夏到了东野十二兵团的司令部。

身材高大的肖劲光司令员满面笑容地说："黄军长、张师长愿意站到人民方面，为实现和平作出贡献，我们表示敬意！"

宋铨夏介绍了九十二军布防的情况后说："九十二军如何行动，完全请肖司令员酌定。"

肖劲光早已成竹在胸："战斗打响后，贵军可往西南房山方向撤出，我军则直插永定门。我方代表会及时与贵军联系。"

宋铨夏听了这话，感到心里有了底。

临别时，肖劲光再三交待："请转告黄军长、张师长，不要离开指挥所去参加任何会议。万一九十二军起义的事暴露了，黄军长、张师长可以立即将部队带到解放军控制的地区。"

第二天，刘仁来到十二兵团驻地，让季洪、李介人随他上了车。

车行了一个晚上，到了一个村子里。三人匆匆吃了几口饭，刘仁便把他们带进了一个普通农户的小院。

他们怎么也没有料到，在院子里迎候的，竟是聂荣臻和罗荣桓。

季洪汇报了九十二军的情况。

听完汇报，聂荣臻说："肖劲光同志部署很周到，就这么办。"

聂荣臻对刘仁说："北平地下党要派人住到九十二军，以便与我军保持密切联系。"

罗荣桓叮嘱道："你们联系事情，千万不能用九十二军的电台，以免被特务破译！"

聂荣臻知道李介人是侯镜如的外甥后，仔细询问了侯镜如的近况。

"我和侯司令官早在黄埔军校时就已熟识，后来又在香港一起住过，是老朋友啰！"聂荣臻深情地说。

罗荣桓又特别嘱咐李介人说："你到塘沽去一趟，让侯镜如指挥天津和他本人的部队就地起义。你跟他讲，我们保证他的安全，并给予优厚待遇。"

临行前，聂荣臻又对李介人说："你去了，一定不要忘了转达我对侯司令官的问候。"

几天以后，李介人几经周折，到了十七兵团司令部，见到了侯镜如。他向侯一五一十地介绍了黄翔、张伯权派出代表与解放军联系的情况，及聂荣臻、罗荣桓对起义的具体意见。

当转达聂荣臻的问候时，侯镜如情绪十分激动。他深情地说："我和聂荣臻先生已有多年未见面了，他当年是黄埔军校政治部的秘书，还是我们的政治教官哩。"侯镜如望着李介人加重了语气，"回去见到他，也转达我的问候！"

之后，侯镜如讲到，天津的陈长捷名义归侯指挥，实际上是听从傅作义指挥。塘沽守军的主力是段沄的八十七军三个师，还有独立九十五师。段沄跟蒋介石跟得很紧，曾几次给蒋介石打电话，要求撤走。海军马纪壮的第三舰队配属侯指挥，但马这个人极顽固，不听指挥。

侯镜如说："不管怎样，我会尽力而为。"

侯镜如把李介人让到自己的办公桌前，从抽屉里取出一张津塘军事部署图。

侯镜如指着图说："解放军如果进攻塘沽，我就撤走；若攻天津，可以从西北方向的河堤上进攻，这样最为有利。"

这些情况很快报到毛泽东处。毛泽东十二月二十三日致电平津前线司令部："同意允许九十二军起义，可答应他们编为一个军，答应保护侯镜如，并仍为该军军长。""该军最大作用是便利我军攻城，最好该军能于适当时机在取得傅作义信任的条件下，控制一两座城门，或于我军攻城时夺取一两座城门，或给我军伪装部队以进城的便利。""关于保护侯镜如，请告塘沽前线注意。"

三、傅的同僚："谁人会骂你叛逆？"

一天上午，聂荣臻把刘仁叫到办公室。

"刘仁同志，我考虑对傅作义的工作，还有一个方面要加强，就是要通过同僚去做他的工作。"聂荣臻说。

刘仁掏出个小笔记本，很快地记录着。

"傅作义在旧军队里干了三十多年，交了一批各类型的朋友，相互间形成了一种信任。同样的道理，别人对他讲效果不好，这些人讲了，效果可能就好。"

"聂总，你的想法很好"，刘仁说，"这方面，我们准备加大工作。"

刘仁具体汇报了开展工作的情况和下一步的打算，其中特别讲了要做好曾延毅、刘厚同、马占山等人的工作。

聂荣臻对这三个人与傅作义的关系早有所闻，他强调："这三人与傅作义都是老关系了，可能会起到作用。在工作中要注意，谁对傅的影响大，就多做谁的工作。"

刘仁颔首称是。

"这些人的态度怎么样，现在还不甚了解，你们要先把这些人的工作做通，再通过他们去做傅作义的工作，这样就会获得很好的效果。"

刘仁派人将地下党员、天津南开大学学生、曾延毅的女儿曾常宁接到城工部。

曾常宁加入中国共产党是瞒着家里的。这次到城工部接受任务，她对家里人说是到北京大学去学习舞蹈。

刘仁向她介绍了当前的形势后说："像你父亲这样的人，我们都要争取他，团结他；另外，还要通过他，去做傅作义的工作。"

曾常宁的父亲曾延毅，是傅作义在保定军校时的同学，傅任三十五军军长时，他任中将副军长。一九三八年因伤病退职，一直在家休养。

当曾常宁和其他地下党员做通了曾延毅的工作后，曾延毅主动到北平做傅作义的工作。傅作义表面上对曾延毅很热情，实际却防他一手。曾延毅主动"请战"，傅作义表示可以给他一个"华北剿总副总司令"的头衔，不给他实权。由于傅作义不信任曾，工作不好再做下去了，曾延毅只好回天津。

曾延毅介绍了一个人：刘厚同。

曾延毅说："刘厚同曾是西北军的高级军官、陆军中将，是我的老师，也是傅作义的老师，当年傅作义带晋军守涿州，就是刘制订的作战方案。后来，傅单枪匹马能在奉军撤退时出任天津警备司令，蒋阎大战阎锡山逃到大连后，傅能出任绥远主席，傅脱离阎锡山转向蒋介石，都是刘厚同出谋划策。刘与傅私交甚深，傅很敬重他。"

曾延毅还主动要求去做刘厚同的工作。

曾常宁则去做刘厚同女儿、"民青"成员刘杭生的工作，让她一起来做刘厚同的工作。

刘仁还把刘杭生找到城工部，直接与她谈了话。

地下党城工部学委秘书长崔月犁，也直接参与做刘厚同的工作。崔月犁与刘厚同接触多了，赢得了刘的信任，工作自然就更好做了。

当得知蒋介石也在不断拉傅作义时，崔月犁就与刘厚同谈蒋介石历来消灭异己；得知美国想支持傅作义在华北搞"独立"时，崔就谈傅作义应珍惜自己爱国抗日的光荣历史；崔还针对傅作义想退守察绥，谈察绥已无退路……

这些工作，对刘厚同触动很大，使他痛下决心，促成和平解放北平。

对此，聂荣臻在一九四九年一月十日给中央的电报中说："近日平津战役影响刘之态度，较前积极，已完全承认里应外合解决中央军思想，并谈一些具体方法，不似过去之和平论调。"

一天晚上，刘厚同来到了傅作义的住处，两人交谈起来了。

傅作义说："从目前时局看，和平起义是最好的出路，可我担心后人骂我叛逆。"

"为什么要骂你叛逆？"

"我叛变了蒋先生、国民党嘛。"

刘厚同沉吟片刻，问："宜生，你熟悉商汤放桀、武王伐纣的典故吗？"

"这个……那是上学时听先生讲过的，已经多年未听人提及了。"傅作义回答。

其实，傅作义戎马倥偬，手不释卷，对这一历史是很熟悉的。他这么回答，完全是在师长面前的自谦之词。

刘厚同讲起了这两个典故。这位年近七十的老先生读过旧诗书，谙熟中国历史。他声音洪亮，思路清晰，讲起典故声情并茂。

傅作义对面前的这位长者很尊敬，他默默地听着。

"汤与武王是桀、纣的臣，后人没有说他们是叛逆，反而赞美他们行人道。"

傅作义不作声。

"宜生呀，忠要忠于人民，而非忠于一人。蒋先生把国家弄成这个样子，人民无衣无食，流离失所，处在水深火热之中，你还忠于他，那就是助纣为虐了。"

"先生讲得有道理，不过，世人的观念……"

"你要接受和平，保全文化古都，使人民少受战争之苦，人民都会拥戴你，会提壶送酒欢迎你，谁还会说你是叛逆？"刘厚同越说越激动，禁不住猛烈地咳嗽起来。

傅作义急忙递上一杯茶水。

刘厚同抬起手推开茶杯："你要不起义，你属下会有不少人起义，你看到这一点了吗？"

"看到了。和平已是大势所趋。"

"宜生哟，北平是和是战，系于你一身，你要当机立断，万万不可再犹豫不决了。"

"是，是。"看刘厚同这样激动，傅作义不停地点头。

刘厚同终于看到傅作义有了明确的态度，十分高兴："你能否用辛亥革命的方式，通电全国，主张和平，同时先在华北实行和平，然后促成全国和平，重新召开全国政治协商会议，组织联合政府。"

傅作义研究过毛泽东的《论联合政府》，但未能得到毛泽东著作中的精髓，而仅记住了"联合"二字。他曾想以华北五省二市实力派的资格，参加联合政府。刘厚同的建议一提出，便一拍即合："好，好，这个办法好！"

然而，他们的想法，实在不切合实际。包括一些亲信在内，都反对这样做。

第二天，王克俊得知了这一情况，找到傅作义说："这种做法，在其他的时间其他的地点也许可行，但此时在北平绝对不能用。北平'中央军'的力量比我们大十倍，这样搞，授之以柄，蒋介石调动中央军，会使我们不但达不到目的，恐怕连傅总司令你的安全也难保哟！"

毛泽东了解到这一情况后，于一九四九年一月一日致电平津前线司令部，让北平地下党派人直接告诉傅作义："目前不要发通电。此电一发，他既没有合法地位了，连他本人和他的部属都可能受到蒋系的迫害，甚至被解决。"

刘厚同年事已高，日夜操劳，加上焦急思虑过度，左眼突然失明，被送进了医院。后人尊称他为"和平老人"。

一天，一位留着两撇八字胡、穿着对襟衣服的老人，颤颤巍巍地叩开了傅作义住处的大门。

谁也没想到傅作义对这位身材瘦小的老人，敬之如宾："马总司令官，请进，请进！"

傅作义边说边上前搀扶。

来人名叫马占山，原东北挺进军的总司令。一九四六年底被蒋介石任命为"东北剿总"副总司令长官，但他不愿助纣为虐，于一九四八年十月下旬以治病为名，逃回北平。此时，傅作义的守城部队中，还有约一个军的兵力为马的旧部或与马关系甚密切的部队。"傅总司令官，我是无事不登三宝殿呀！"马占山人未坐下便开了口。

"大哥，本来该我去看你，你抱病前来，我实在不敢当。有话请讲。"

在西北期间，邓宝珊、马占山、傅作义交往甚密，拜过把子，马的年龄最大，故傅称马大哥。

"宜生，东北完了，你打算怎么办？"

"打吧，还能把我怎么样？"傅作义显得若无其事。

"打，怎么打？一个聂荣臻，就搞得你焦头烂额，再加上一个林彪，你还怎么打？"

"听大哥说，我没办法了？"

马占山不吭声，端着茶水慢慢呷着。

"大哥，你是旁观者清，你说该怎么办？"傅作义追问。

马占山在"九·一八"事变后，不顾蒋介石的不抵抗政策，奋起抗日，血战江桥，打响了武装抗日的第一枪，成为蜚声中外的抗日名将。傅作义对他自敬三分。

"有办法也好，没办法也好，我俩都是六十多岁的人了，还能活几个六十岁？我看——去他的吧！"

"大哥的意思是……"

"我是个老粗，你是个有文化的人，脑子比我清楚。蒋介石一贯消灭异己，壮大嫡系。事到如今，还能跟着这样的人走下去？"马占山顿了顿接着说，"北平二百万人的生命财产，文化古都，不能因为你傅宜生一个人给毁了呀！"

"那你叫我怎么办？"

"自己的刀削不了自己的把。我给你出个主意，你把宝珊请来，他的主意多，让他帮你出出主意，分担一点担子。"

傅作义颔首认同。

四、社会名流："战则败，和则安"

"夫为将者，有勇不如有智，有智不如有学。"傅作义很欣赏这段话。他把这抄写成条幅挂在办公室的墙上，抄成卡片压在卧室的玻璃板下。他总认为自己学识浅薄，因而礼贤下士，虚心求教。到北平担任"剿总"司令后，与学者名流交往的机会增多了，傅作义便利用各种机会，虚心向学者名流讨教。

傅作义到北平不久，北平高等院校的负责人和知名学者、教授欢宴傅作义。出席的学者有梅贻琦、徐悲鸿等人。傅作义对学者教授彬彬有礼、谦逊礼貌，没有国民党高层人物的那种官架子，深受好评。

此后，傅作义总是每隔几天便邀请三五位学者教授到他的"总部"便宴，以"炉边闲话"的方式，毫无拘束地进行交谈。那时，应邀参加"炉边闲话"的人士，有老年，有中年，也有青年；有激进的，有中间的，也有保守的。所谈的内容有时集中在某一两个具体问题上，有时则纵论古今中外，无拘无束，畅所欲言。无论怎样忙碌，无论手中还有多少事情要办，傅作义总是按时到场，兴致勃勃，虚心讨教。到了时局紧张阶段，"炉边闲话"仍未改变。这是因为傅作义既不愿丢掉"礼贤下士"的美誉，也想从中了解社会对各类重大问题的反应。有人形容说："座上客常满，杯中酒不空，谈笑左中右，往来老中青。"傅作义博采众议，集思广益，受益匪浅。

济南解放后的一天，"剿总"总部办公室副主任阎又文向傅作义报告："华北学院政治系主任杜任之要求见你。"

杜任之是傅作义的同乡，中共地下党员，一九三三年从欧洲留学回山西后，与傅作义交往甚多。一九四八年七月，杜任之在太原有被捕的危险，就来到北平。杜任之对傅说："我是因共产党嫌疑有被捕危险才来的，你这里能不能让我安全住下去。"

傅作义说："这是我的势力范围，阎锡山不能加害于你。再则，像你这样的大学教授，就是国府要抓，也得先同我打招呼。这么点事儿我还办不了？你住敬之家就很安全。"杜敬之是杜任之的弟弟，当时任傅作义的参事兼惠民医院院长……

想到这儿，傅作义说："请他明天来。"

第二天一见面，杜任之就和盘托出："傅总司令，蒋介石的美苏战争幻想该破灭了，宋美龄到美国求援受到冷遇。国内，解放军攻占济南后开始了夺取城市阶段。济南的解放，与吴化文和解放军的合作分不开。你对战争前途有何看法？"

傅作义也显得很坦率："要说打仗，解放军确实厉害。他们用大踏步进退的方法，在山东取得了很大胜利。而且，情况也像你说的一样，吴化文投降共产党在济南战役中起了一定作用。但济南一城一地的得失，不能决定战局。目前的华北，大城市都在我们手里，我现在完全控制着整个战局。"

话不投机。杜任之告退了。

事后，杜任之通过其弟杜敬之，与暂住台基厂傅部联络处的刘厚同联系上，前去拜见刘。

见面后，刘厚同说："你了解宜生，你看他能向解放军投降吗？"

杜任之说："与解放军谈判，和平解放北平，不是投降，是起义。"

"起义，这……宜生大概能接受。"刘厚同说。

后来，杜任之几次要求再见傅，都未能见到。

一个多月后的一天，杜任之正在和刘厚同交谈，突然门帘一撩，傅作义进来了。

"早该听听你的意见了，这一拖又是一个多月了。"傅作义对杜任之说。

"现在尚不为晚，傅将军。"杜任之态度坚定而明朗。

"和谈一定要认真进行，但不知共产党是否守信用？谈判后能否认真执行和平规定？"

杜任之笑了笑，说："共产党光明磊落，说话算话，你完全可以放心。他们绝不像蒋介石，破坏国共'双十协定'，破坏重庆政协会议决议。"

傅作义注视着杜任之。

杜任之接着说："傅将军，机不可失，时不我待。要当机立断，开始和谈。"

傅作义站起身来："请二位放心，我会安排。当然，也要请二位严加保密。"

一九四九年一月十六日下午，傅作义请学者名流到中南海勤政殿吃西餐。

受请的人有：徐悲鸿、周炳琳、郑天挺、朱光潜、许德珩等二十余人。

座谈先由总部副秘书长焦实斋主持。

傅作义在开完一个紧急会议后，即赶到了勤政殿。

"谢谢诸位在这样的时候到这里来。"傅作义说着，与客人一一握手致意。

落座后，傅作义诚恳地说："目前的局势大家都很清楚了，该如何处置，请大家畅所欲言。"

也许是傅作义一贯礼贤下士，也许是局势已经明朗，到会人员争先恐后地发言。

画家徐悲鸿说话不紧不慢："一旦打起来，北平的文物和人民生命财产，不知会遭受多大的损失。要避免战火，关键在傅将军。战则败，和则安，望将军三思。"

历史教授杨人楩则情绪激动，边说边挥动着右拳："内战已把人民推入水深火热之中，再打仗，百姓将无法活了。仗，不能再打了！如果傅先生能顺从民意，采取和平行动。我作为一个历史学家，对此史学，一定要大书特书，列入历史篇章！"

…… ……

这些话，一句句叩在傅作义的心上。

对傅作义影响颇深的社会名流，还有一位是何思源。

何思源过去与傅作义即有过交往，一九四六年被任命为北平市市长，一九四八年六月被蒋介石解除市长职务。何思源被解职那天，傅曾特意向何表示："此事与我无关。"

当时，何思源嘴上没说什么，可心里有数："凭傅作义的为人，他决不会与蒋介石沆瀣一气，阴谋害人。"

一九四八年七月五日，"剿总"副总司令、蒋介石的嫡系将领陈继承，背着傅作义，调动青年军二〇八师装甲车队，在崇文门一带打死示威游行的东北学生八人，伤四十八人，造成了震惊全国的大惨案，引起北平以至全国民众的愤怒。

惨案发生后，傅作义感到很恼火，把何思源请了来，征询意见。

何思源直言相谏："陈继承竟敢越权调兵，开枪屠杀无辜青年，蒋家王朝实属腐败透顶！"

过去曾居市长高位的何思源，如今这般直率慷慨，大出傅作义预料。傅作义沉住气，没吭声。

"蒋家王朝在政治上、经济上、军事上同样腐败。"何思源又说。

"遗憾，你早离职了几天，要不可以帮帮我的忙。"傅作义说。

"傅先生是奋发有为、励精图治的，可是只能领导自己的团体和部下。你是枝和叶，你依附的根干已经腐朽了，你再努力也于事无补。"何思源说得很坦诚。

这些道理，傅作义也曾想过。现在，何思源更深刻、形象地说出来，不能不触动傅作义的心。

傅作义接着问："何先生，你说该怎么办？"

"乘此机会，脱离腐根！"何思源斩钉截铁地说。

傅作义陷入了沉思。他不由得站起身，在屋里踱起步来。

"傅先生，我如今成了平民百姓，一无团体，二无部下，而你是司令，有一大批部下，不像我这样轻松，说话办事自然要瞻前顾后，周全考虑，哪能像我这样。"何思源不紧不慢地呷了口茶，又将茶杯轻轻地放回原处，"不过我们也有相同之处哇！都是一大把年纪的人啦，有家有室的。我这一辈子走错了路，可不能再带着子女走下去了。他们必须有条生路。"

何思源这一番又讲国事又讲家事的话，既入情又入理，句句打动了傅作义。

"不瞒傅先生说，我就在等着解放军，我们全家就解放在北平！"

傅作义抬起头来，嘴唇翕动了几下，未说出话来。

"傅先生，我说这样的话，做这样的事，是一步步走向蒋介石的枪口的。今年三四月间，我在景山东街，就有人向我开过一枪，未打中。不过，我还不知道什么时候他们向我开第二枪呢？"

傅作义抬起头来，嗫嚅着："嗯，我也有遇到危险的可能。"

何思源看到傅作义说这话时，眸子里掠过一丝抑郁。

"傅先生，我说的这些话，你当然不能说，也不必作答，但心中不可不想。"

时候不早，何思源起身告辞了。

傅作义心里波浪翻滚。

五、傅的女儿："不要听命于蒋介石"

送走了来访的部属，门厅的座钟"咚、咚、咚"地敲了十一下。

傅作义有几分倦意，起身走到卫生间，用凉水擦了一把脸，再回到藤条沙发上，拿起书架上的《资治通鉴》，细读起来。这是多年的习惯了，不管多忙多累，甚至在前线，每天入睡前，他都要看一阵子书。数十年如一日，丰富了知识，陶冶了性情，养成了儒将风度。他能文善战，矜持稳重，含而不露，讲忠重孝。

读了大半页，忽听有人轻轻地敲门，还没等他应声，闪进了一个轻盈的身影。

"爸爸！"清脆、甜润的喊声。

是女儿傅冬菊。傅作义放下书，脸上绽开了笑。

"你怎么回来了？"

"我们报社在北平有些事，让我回来办一办。另外，妈妈回重庆了，我也想回来照顾你一段时间。"傅冬菊说着，放下提包，解下围巾。

傅作义递过一个橘子，看着几个月没见面的女儿，心里涌起一股热流。

冬菊眉清目秀，办事稳成，知书达礼，不紧不慢，深得父亲宠爱。

"爸，听说前不久你到南京开什么会去了，叫人挺担心的，"傅冬菊吃着橘子，"蒋介石那种人，什么事干不出来？"

"唉，你还年轻，别听社会上那些传言。再说，眼下蒋先生要用我，不会对我怎么样。菊子，你刚才讲的这些话，可不能到外面讲啊！"

"知道，我又不是小孩子。"傅冬菊起身，给父亲杯里添了水，"快吃药吧。妈妈他们什么时候回北平？"

"说是在老地方待惯了，不愿回来。"傅作义咽下药，"咦，菊子，近来社会上有些什么说法吗？"

"都说国民党长不了，都希望解放军快些解放北平，解放全中国。"傅冬菊说得很干脆，她掏出手绢擦了擦嘴，突然盯着傅作义，颇有些神秘地说，"另外嘛，不少人都在议论你。"

"议论我？议论我什么？"

"议论你怎么听信蒋介石的，要和解放军打仗。"

傅作义将背靠在沙发上，"嗯"了一声，闭上了双眼。

"爸爸，你对时局有什么看法？"

"唉，国民党江河日下，共产党蒸蒸日上，……不过就华北而言，还没到那一步。"

"华北的局势也在变，爸爸，你到底有些什么打算呢？"

傅作义端起杯子，抵到嘴边，没喝又放下了。

"济南的吴化文将军起义了，受到共产党和人民群众的欢迎……"傅冬菊说。

傅作义"啪"地拍了一下桌子。

傅冬菊吃了一惊，没想到爸爸竟会有这么大的脾气。

傅作义换了口气，严肃地说："菊子，这些话你可不能再讲啦。现在是什么形势？"

"爸爸，这些话我对别人不讲，对你可不能不讲。"

傅作义被噎了一下，他重新闭上眼，陷入沉思。

过了一会儿，傅作义睁开了眼睛："菊子，爸爸最近心情不好，脾气也变坏了。这样吧，今天你早点休息，明天我们再好好谈。"

第二天傍晚，傅作义刚从部队检查回来，傅冬菊便把他迎进门，接过公文包，端来洗脸水，待傅作义洗完后，又陪他进了小餐厅。

傅作义走进餐厅一看，餐桌上摆放着一盆白菜炖豆腐、半盘山药、半盘鸡蛋，还有两碗小米稀饭。

"真好吃，晋南老家风味，你做的？"傅作义边吃边问女儿。

"我和大师傅一起做的。"傅冬菊说着，又往父亲碗里加了一勺稀饭。

吃了一会儿，傅作义忽然放下筷子，问：："菊子，你是不是共产党？"

"我……这个……爸爸，我现在还不是，但以后有可能是。"

"哦。"傅作义沉吟一下，不再说话，拿起筷子继续吃饭。

"爸爸，我是共产党。"傅冬菊突然说。

只见傅作义一愣，手中的筷子停住了。

"爸爸，我还要如实告诉你，这次就是共产党派我回来给你做工作的。"

"做工作？做什么工作呀？"

"与共产党合作，和平解放北平。"傅冬菊一字一句地说。

"和平解放北平，嗯……"傅作义匆匆吃完饭，起身走到会客室。

这时，傅冬菊也跟了过来。她给父亲端过一杯茶水。

"聂荣臻小我四岁，林彪则是我的晚辈，我怎么能向他们投降？"

"爸爸，我们的领导说了，这是起义，不是投降。"

傅作义不吱声了。

"菊子，到底是谁派你来的？"过了好一阵子傅作义抬起头来极其认真地问。"是共产党，还是军统？"

傅冬菊挨着父亲坐下，慢声细语地说：："是我的同学，是共产党，不是军统。"

"现在军统无孔不入，要是他们通过你来套我，那就麻烦了。"傅作义神情肃穆地说。

"这个你放心，我就是共产党员，军统还能骗得了我！"

傅作义思忖了片刻,试探性地问:"真是共产党?那么,是毛泽东派来的,还是聂荣臻派来的。"

"这个嘛……党组织的同志没具体讲这任务是毛主席下达的,还是聂司令员下达的。"

"哦,你不清楚……快回去休息吧,时候不早了。"傅作义走进了卧室。

第二天,傅冬菊找到地下党学委的负责人余涤清,讲了此事。

"这样,你告诉他,是毛泽东主席派来的。"

傅冬菊很快回到家,告诉傅作义:"爸,我已经问清楚了,这次的任务是毛主席下达的,也就是说,我是毛主席派来的。"

"毛泽东派来的……"

"是的,爸爸,你……"

"毛泽东派来的,那他们可以设法与毛泽东联系上了。"傅作义自言自语着。

傅冬菊注视着父亲的神情。

"菊子,这里有份电报,你通过地下党,发给毛泽东。"傅作义从上衣兜里,取出一张折叠着的字条。

傅冬菊一阵惊喜,展开一看,上面是傅作义的亲笔:为了国家和平统一,不愿再打内战。过去幻想以国民党、蒋介石为中心挽救国家危亡,现在认识到是错误了,今后决心以共产党、毛泽东主席为中心来达到救国救民的目的。

傅冬菊看完,激动地说:"爸爸,你放心,不会出什么问题的。"

傅作义向女儿点点头,他忽然感到自己疼爱的女儿长大了,成熟了。

下午,傅冬菊将电报交给了在《平明日报》工作的地下党学委的负责人,请他通过地下电台发出去。

然而,电报发出去后,一直没有接到回音。

傅作义没有收到回电,北平地下党发出的电报更多了。

一份份电报，传到聂荣臻手中。

——傅作义召集李世杰、梁述哉、安春山等嫡系将领密谈，将领们对防守北平均无信心，认为只有和谈才是唯一出路。

——傅作义准备派出一个市民代表团，出城与解放军谈判，既表明他愿意和谈，又想对解放军态度作试探。

——特务头子郑介民与傅密谈，声音很小，谈完出来后两人面红耳赤，看来谈得并不投机。

——傅作义情绪不好，烦躁，不停地踱来踱去，有时又呆呆地望着窗外。

…… ……

一九四九年一月十日，聂荣臻给中央军委的电报中说："冬菊谈：傅与郑谈三小时后，出屋碰到他，面色很难看，以严肃态度说：'十一日勿来我处，速回天津'。郑、傅所谈，外屋听不清，声音忽大忽小，忽断忽续，据估计谈话不甚愉快。"

这些电报，都是傅冬菊将情况及时告诉地下党的崔月犁，崔月犁通过地下电台发给刘仁，由刘仁亲自转送到前线司令部的。

这天下午，刘仁又拿着一封电报，送到聂荣臻的办公室。

"傅作义上午到九十二军防地视察，对九十二军与解放军接洽似有所察，但回来后没有什么反应。"

"刘仁同志，你们对傅作义的动态了解得这样及时、准确，对敌军高级指挥官的行动乃至情绪变化，掌握到这种程度，这在战争史上是罕见的。你们的工作做得很好。"聂荣臻说。

"这都是靠毛主席制定的平津战役的正确方针，靠平津前线司令部的正确指导。"刘仁有些不好意思地谦虚道。

"傅冬菊同志这么年轻，就做了这样特殊的工作，真是个优秀的地下党员啊！"聂荣臻感慨地说，"当然，实际上她也是傅作义的好女儿。傅作义现在还未下定决心和平起义，她这样做，是把傅作义往正确方面拉嘛！以后傅作义起义了，会感激女儿的！"

六、傅作义深夜言苦衷

夜很深了，偌大的"剿总"司令部，除了傅作义的办公室依旧亮着灯光，其他都已灯灭室空。

傅作义在办公室外踱步，似乎不觉冬夜的严寒。

办公室玻璃窗里透出的光亮，映照着他的身影，一会儿投在水泥路上，一会儿投在草枯花谢的花坛上。

贴身侍卫官、勤务兵站在不远处的屋檐下，静候着。

来回走了几圈，傅作义收住了步子，一招手，勤务兵小跑着过来了。

"你去倒杯茶，把王克俊处长找来，就没事了。你不必在屋里等候。"

勤务兵照吩咐沏好茶，急忙跑去通知王克俊。

"这么晚了，找我干什么？"王克俊大步流星地走着，思忖着，"会不会像上次那样，谈对国共两党的看法，谈前途问题。"

那是一九四六年十月，傅作义指挥所属部队攻占张家口后，令人在晋察冀党政机关原址、晋察冀日报社、书店等地，收集了一些书籍、报刊，认真研究，以便"知己知彼"。他自己，则一人走进一间密室，开灯研读。他读了解放军留下的大量文件，其中有毛泽东、朱德、刘少奇、周恩来等人在中共七大上作的报告《论联合政府》《论解放区战场》《关于修改党章的报告》《论统一战线》，还有中共中央一九四五年八月二十五日发表的《对目前时局的宣言》《一九四六年解放区工作的方针》《关于清算减租及土地问题的指示》等，越看，他的想法就越多。

也是一天深夜，傅作义找来王克俊，与他交谈。傅作义觉得王克俊忠实可靠，又有头脑，很愿意和他多谈。

"克俊，抗战胜利一年多，我们打了不少仗，我们到底为什么打这些仗？"王克俊一进屋，傅作义便放下手中的中共中央《一九四六年解放区工作的方针》的文件。

"为谁打仗……"王克俊一时不知该如何作答。

"国民党处处讲执行孙中山先生'天下为公'的思想，共产党却说国民党为了蒋、宋、孔、陈四大家族的利益打内战。你说我们这仗是为公还是为私而打？"

王克俊愣了一下，依旧不好作正面回答："总座，你说呢？我向来以总座的意见为意见。"

"毛泽东、朱德、周恩来等人，不管政治信仰如何，确实没有私家财产，不是为保护私有财产打仗的。"

"是这么回事。"王克俊回答。

"另外，南汉宸、续范亭、潘纪文、王一然、景昌之等共产党人，我们都接触不少。他们的政治观点和我们不一样，但才学、人品是一流的。我们想发挥他们的作用，对他们可谓不薄，可仗一打起来，他们都到共产党地区去了，没有愿留在国统区的，这又是为什么……"

王克俊想过这些问题，但想得不深，不好贸然回答。

"还有王若飞，真是个了不起的人才……"

王克俊知道，一九三一年十月，中国共产党驻共产国际代表团代表王若飞奉调回国，化名黄敬斋在陕甘宁绥和内蒙古一带开展工作，不幸被捕。王若飞坚贞不屈、大义凛然，利用开庭审判等机会阐述马列主义的真理，宣传中国共产党的抗日救国方针，使傅作义深受感动和教育。傅作义对王若飞采取了保护措施。抗日战争开始后，王若飞在太原获得释放，回到延安。

"打仗，谁能顺乎天理人情，谁就能取得最后胜利。"傅作义自信地说。

在张家口时，傅作义就提出了"三分军事，七分政治"的口号。当然，并未收到预期的效果。

…… ……

王克俊跨进了傅作义的办公室："总座，这么晚了还找我谈，谈什么呢？"

"你说要谈什么呢？"傅作义反问道。

"是不是要谈当前必须作出决断的那件大事？"

"是。"傅作义直言不讳，"现在没有别人，你有什么都可以谈。当然，我也谈我的看法。"

两人一坐下，傅作义就先讲开了。他说，目前接触到的人中，大部分主张和平谈判，有些人虽未说谈判，但对这场战争，已经在竭力逃避了。比如最近九十四军军长郑挺锋以母亲生病需要照顾为由，请了假，继而辞职不干，就是为了要避开这场战争。

"总座的意思是……"

"我们已经被推到第一线了，回避，当然回避不了。"

"蒋先生一九四五年要缩编我们这支部队，后来与共产党打起来了，又允许扩编。最近，又要将我部家属安置到福建。这些都是为了让我们为他打仗。"王克俊说。

傅作义点了点头。

"总座你看怎么办？"王克俊又问。

傅作义走到窗前，看看屋外没有动静，踅身回来："如果我们对时局的处理不符合蒋先生的意愿，就会招来大祸。张学良、卫立煌不就是这样？蒋先生和张、卫交往不算浅，对两人有所了解，他俩在国军将领中算是出类拔萃之辈，可是却落得这等下场，不能不令人心寒。"

"总座是说……"

"为了我们几十万官兵的前途，当然也是为了保护北平的文化古迹，减少平民百姓生命财产的损失，现在只有一条路：和谈。"

王克俊心里一热。

"要和谈，但要把握好，时机要掌握好，更不可泄密。"傅作义说。

"待解放军完全把城围死，蒋的嫡系部队无路可逃了，也就不敢出来武力抗拒时再起义。"王克俊说。

傅作义点头表示赞同。

墙上的挂钟"咚"地敲了一下，已经是下一点了。

傅作义站起身来，情绪激动："和谈不是件容易的事。我是准备冒三个死来做这件事的：第一，几年来，我不断对部属讲'戡乱'、'剿共'，现在来个一百八十度的转弯，他们想不通，会打死我；第二，这件事要泄露出去，蒋先生会以叛变罪处死我；第三，我和共产党打了几年仗了，共产党也会以战犯罪处死我。"

傅作义说到这里，下意识地去端茶杯。可是他的手簌簌地抖动着，几次也没有端起来。

"这第一、二条要十分注意。第三条我看不会，共产党胸怀宽广、说话算数。"王克俊说。

"这个还要走着瞧。"傅作义说，"不管怎么样，这条路非走不可了。"

"几十万部属的前途，二百万群众的生命财产，文化古都的毁存，都要求这样做……"傅作义重复着这句话，脸膛涨红了。

王克俊深受感染："总座，你这条路选得对！"

"谢谢你，克俊。我希望部属们都能这样理解我。"

"总座，我今天的一切都是你给的。我是个军中文人，也深知'士为知己者死'。我王克俊有一颗头，定不畏艰险，不辱使命，完成好总座交给我的任务。"

"克俊，好，好！"

"总座，我觉得不管军统还是中统，即使反对和谈，也未必会舍命为蒋效力。而且，随着形势的发展，这些人也会分化的。"

"是这样。不过眼下蒋介石对他们控制很紧，他们听命于蒋介石，什么事都能干出来，不可不防。"

两人说着，又商议了下一步的行动。

"为了寻求联系，可以释放一些被俘的解放军人员，当然要秘密进行。"傅作义说。

"好。这样，共产党也能看出我们的姿态来。"

"另外，你还要考虑一下，采取一些什么措施把部队牢牢掌握住？"

王克俊回答："这个我有考虑，马上向我们能控制的师旅以上部队派驻政工专员，要求他们了解官长对当前时局的认识，对总部有什么意见，以及部队的官兵关系。而关键在于了解一旦和平起义会遇到什么障碍，该如何处置，保证和谈得以实现。"

"好，很好。你马上抓紧办。"傅作义坚定地说。

第七章

和谈的道路坎坷曲折

一、傅作义派人探虚实

半夜里就起雾了，天大亮后，雾还笼罩着一切。居仁堂院子里的空气没有了往日的清新、明净，像马踏过的小河水，浑浊晦暗。

傅作义在院子里踱来踱去，脸上布满了倦意。解放军北平合围之势行将完成，他昨夜又彻夜难寐了。

门轻轻地被推开了，随着一声"报告"，联络处长李腾九进来了。

"腾九，有事吗？"傅作义平静地问。在部属面前，他尽力掩饰着内心的焦灼和不安。

"总座，有一事不知该不该问？"李腾九说罢，笔立恭候。

"腾九，你——"傅作义收住步子，"你我之间还有什么不能问的？"

李腾九与傅作义系保定军校先后期同学。李毕业后，追随傅左右，也是深得傅赏识的幕僚之一。二人虽说地位悬殊，却也无话不谈。李腾九今日欲言又止，自有用意。

"总座，今后方针大计，你有什么考虑？"李腾九问。

傅作义顺手摘过一根枯枝，握在手上，反问道："你说应该如何考虑？"

"那我就说了，事到如今，只有和、战二字，而眼下的时局，我们不能战，只有谈和。"

"不能战，只能和？谈和，如何谈？"傅作义走进屋里，李腾九也跟着进了屋。

"可通过适当人物沟通关系。"李腾九稍作停顿，瞅了一眼傅作义的表情，"我要向总座报告的，就是此事。"

傅作义把手中的枯枝放到桌上，双目注视着李腾九。

"我的堂弟李炳泉，衔命来谈和平问题。他想通过我，与总座秘密会见。他跟我谈了不少。"

"哦——"傅作义沉吟了一下，"他是干什么的，奉了谁之命？"

"堂弟是平明日报采访部主任，奉了中共北平地下党之命。"

"你们谈了些什么？"

"谈得最多的是形势。他说总座是名扬天下善于守城的名将。但你今天守北平，和当年守涿州、太原、绥西迥然不同，断然守不住。战无希望，以和为佳。"

听了这些话，傅作义显得漫不经意。

深谙傅作义特点的李腾九，知道他心中正在琢磨此事。

"我觉得不管情况如何，都可以谈一谈。谈了，至少可以摸摸对方的意图。"

傅作义在屋里来回走了几步，对李腾九的建议未置可否："这样，你可以和他继续联系，一要注意保密，二要注意他的安全，必要时可让他住到你处。"

李腾九告退后，按傅作义的吩咐，安顿了李炳泉。

几天后，傅作义通知李腾九，把李炳泉找到办公室。

二十岁出头的李炳泉初生牛犊，毫不怯场，一见面，就向这位赫赫有名的国民党上将侃侃而谈："……我受北平地下党的派遣，前来面见傅将军。希望傅将军当机立断，举行和平起义……"

"具体如何实施？"傅作义有意显得谦恭。

"派人出城与解放军面谈。"李炳泉说得很干脆,"如果总司令信得过,我可以作为代表之一,另外由你再指定一二名代表一起去。"

傅作义不假思索地说:"好,派崔载之与你一起出城,与解放军商谈行吗? 载之和你都在平明日报社工作,想来你们很熟悉了。"

"可以。"

傅作义当即找来王克俊,让他安排崔载之、李炳泉出城事宜,并嘱咐让他们带上一部电台,配上可靠的通信人员。

李腾九、李炳泉正要起身告辞,傅作义又吩咐李腾九:"你称病带上一部电台,住进医院去,不管其他事,专门与载之他们联络。

李炳泉一下从地下党的代表,变成了傅作义的代表。

"到西柏坡去,找中共中央,找毛泽东主席。"崔载之、李炳泉见面后,商定了此行的目的地。

他们坐着崔、李及报务员、译电员的吉普车,从广安门傅作义部孙英年师的防地出城,径直向东驶去。一路上,他们商量着谈什么、怎么谈,兴致甚高。

车到河北涿县的一个村口,遇到了解放军的一个哨卡。哨兵看车上的人穿着老百姓的服装,很有礼貌地示意停车。

李炳泉说明身份和来意后,哨兵把他们带到一间四合院里。一位解放军干部迎了出来,自我介绍:"我是十一纵司令员贺晋年。"

贺晋年一边安排来人坐下烤火、喝茶,一边很快给平津前线司令部打电话。

"我们首长有指示,欢迎你们代表傅作义将军出城谈判,由我们派人护送二位到平津前线司令部去。"贺晋年放下电话说。

"我们能直接找中共中央的领导谈吗?"崔载之问。

"中共中央住地离这里太远,路上难免出危险。更主要的是,平津前线司令部完全可以代表中共中央,而且许多问题的解决,还要靠前线司令部。"

崔载之、李炳泉点头认同。

"这样吧，今天时候不早了，你们在这里住一夜，明天一早再走。"

在一个班的解放军的护送下，第二天下午，崔载之他们的吉普车来到了蓟县八里庄附近，一队解放军迎了上去。

打头一位身材高大的干部说："我叫王朝纲，是平津前线司令部的队列科长，奉命前来迎接你们的。"说着，把崔、李二人接进了一所宽敞的院子里。

一位面相和善、文静的干部早已等候在门口，把崔载之、李炳泉迎进屋里。屋子里炉火烧得很旺，炉上坐的茶壶"咕咕"直响，从一路寒风中走来的两人，顿时感到温暖如春。

"我叫苏静，是东北野战军的作战处长。奉首长的命令来接待二位，并与二位会谈。"那位干部自我介绍。

崔载之、李炳泉也作了自我介绍，李炳泉还特别说了他是中共地下党员。

"我们是代表傅先生来谈判的，傅先生决心已定，走和平的道路。现在城里形势很复杂，中统、军统活动很厉害，和谈的事务必请你们注意保密。"崔载之说。

"这个我们会十分注意，请放心，"苏静说，"傅将军的主要打算是什么呢？"

"傅先生准备通电全国，宣布实现和平解决。他建议成立华北联合政府，他参加政府工作，其军队由华北联合政府指挥。"

苏静立即将情况向平津前线司令部作了汇报。

第二天上午，一辆吉普车驶进八里庄，刘亚楼从车上走了下来。

苏静作了介绍后，双方坐下会谈。

刘亚楼分析了全国的形势，强调了共产党、解放军的作战目的就是解放全中国。

"平津战局的前景如何？解放军准备采取什么方式解决？"崔载之关

切地问。

"平津地区一定要解放，而且用不了多长时间了。我们在做好攻城准备的同时，力争和平解放。这是因为和平解决，对平津地区人民的生命财产，对文物古迹，对工厂学校有好处。当然，对傅将军及其部属也大有好处。"刘亚楼说。

"贵方解决问题的基本原则是什么？"崔载之又问。

"最基本的就是以对方放下武器、解除武装为前提条件。不允许保存其反动武装，更不允许成立什么华北联合政府。"

崔载之、李炳泉听着，感到刘亚楼谈的，与傅作义的想法相去甚远，一时语塞。

刘亚楼又说："如果这些能做到了，傅将军及其部属的生命财产完全可以得到保证。"

中午，刘亚楼回前线司令部后，崔载之、李炳泉即通过电台，把情况向傅作义作了汇报。晚上收到了傅的回电：双方距离很大，城内蒋系兵力大于我能控制兵力的十倍，想法难以实施……

谈判出现了僵局。

聂荣臻得到了会谈情况的报告后，立即与刘仁商量。他认为，会谈要成功，必须促使战局发展到傅作义觉得无路可走；同时，也要积极工作，促使傅作义真正认清时局，丢掉幻想。

聂荣臻还询问了李炳泉的有关情况。

刘仁证实，李炳泉的确是地下党员。

两天后，崔载之、李炳泉收到了傅作义致毛泽东主席的电报：为使人民迅速得救，拟通电全国，停止战斗，促成全面和平。请求贵方稍向后撤，避免战斗，恢复交通秩序，今后我不再保留军队，军队如何处理，由毛主席决定。但当前千万不能搞阵前缴械。

崔载之把这个电报交给苏静，苏静即让王朝纲送到平津前线司令部。司令部又将电报转呈中共中央和毛泽东主席。

崔载之从城里频繁的来电中得知，形势剧变。傅作义会不会贸然发通电呢？要发通电，即等于拒绝了解放军方面所提的条件，和谈必定破裂。

崔载之急了，立即发回电报：要考虑解放军方面的条件，放下武器，勿发通电，否则谈判不可能成功。

一份署名李腾九的电报发来了，要崔载之立即回城汇报，留下李炳泉和电台。

聂荣臻反复分析了第一次会谈的情况，认为傅作义派出的两个代表，不是军政要员，也没带来任何会谈方案，因此，这完全是傅作义的试探性的动作；然而，这毕竟是傅作义在和谈的道路上迈出的第一步，尽管这一步迈得不是那么扎实、有力。

二、聂荣臻初会和谈代表

一月八日下午，聂荣臻接到电话报告，说傅作义派出的第二批和谈代表已到八里庄，便立即按照事先与林彪商定的方案，驱车赶去。

这次傅作义派出的代表有两个，一人是"华北剿总"地政处处长周北峰，另一人是民盟常委、燕京大学教授张东荪。

傅作义早就产生过一个想法，请第三方面的党派和知名人士来斡旋。恰巧，中国民主同盟这时派他们的副主席、燕京大学教授张东荪前来接洽，建议与共产党和平谈判，傅作义便请张东荪作为自己的代表之一，出城谈判。

张东荪同意傅的意见后，傅作义当夜又召见了周北峰。

"北峰，你对目前形势怎么看？"一见面，傅作义就问。

周北峰近期很少到"剿总"总部，偶尔见到傅作义，也未谈过这类问题，一时不知怎么说，便反问了一句："总司令怎么看？"

"蒋介石政治腐败，人心涣散，军事无能，经济崩溃，谁也救不了他了。毛泽东领导中国，是可以把中国搞好的。前几天我派崔载之与解放军接上头了，但没谈出个结果来。我已去电说派你去谈判，解放军方面已同意。明天，你就跟张东荪到蓟县去。"

"去谈判，谈什么，怎么谈？"周北峰问。

"你去了相机行事吧！"

见周北峰还有些犹豫，傅作义又说："抗战时，你曾代表我到延安，拜见过毛泽东。你这次去，会谈好的。"

出发前，北平地下党派崔月犁赶到张东荪家，向他和周北峰两人介绍了行车路线和路上需要注意的事项。

…… ……

当张、周二人赶到蓟县城东南的八里庄时，李炳泉在那里迎候他们。

李炳泉正安排两人吃饭，聂荣臻赶来了。

聂荣臻向他们问候后，很客气地打了个手势，让他们继续用餐。

张东荪、周北峰见到聂荣臻，显得很激动，两人匆匆吃完了饭。

周北峰先开了口："傅将军上次派出的崔载之、李炳泉二位代表到这里一个多星期了，谈判没有多少进展，很着急，就派我们来了。"

"目前形势发展很快，傅将军是该着急一些了。"聂荣臻说。

"傅先生这次派我们来，就是希望能尽快达成和平协议，以免文明古都毁于战火，二百万人民遭受涂炭。"张东荪说。

"那好。"聂荣臻微笑着向两人点了点头。

聂荣臻介绍了全国的战局和平津的形势，接着说："傅将军无论西退，还是南撤都不可能了。"

"是这样。傅将军已经看清这一形势了，"周北峰说，"贵军对解决北平问题有些什么基本设想？"

"我们的方针政策是很明确的，已经多次公开讲过。前几天，刘亚楼参谋长还与崔载之、李炳泉先生谈过。"聂荣臻把解决平津问题的基本态度重述了一遍。

张东荪、周北峰相互对视了一下。

"前几天，毛泽东主席又就解决平津问题，电示前线司令部。毛主席说，只要傅作义将军能让我们和平接收平、津，允许傅部编为两个军，他本人可赦免战犯罪，保存私人财产，住北平或出外边由他自定，他的部属的生命家财不予侵犯。我们将坚决按照毛主席的指示来办。"

谈了半个来小时，聂荣臻见年岁较大的张东荪已有倦意，便说："你们今天够辛苦的，休息吧，明天再谈。"

张东荪到后面屋里休息去了，李炳泉小声地对周北峰说："聂司令员就住在东边的小院儿里，你不妨去谈一谈。"

周北峰返身进了东边小院儿。

聂荣臻正要拿起书看，见周北峰进来了，就热情地给他让座、沏茶。

"周先生，你的情况我是了解的。抗战时，你代表傅将军到延安，见过毛主席，为团结抗战做了许多工作。一九四六年，你又代表傅将军到张家口，那次傅和我们谈是个骗局，所以我没和你见面。"

周北峰点点头，有点尴尬。

"这次你来，我们欢迎。不过，傅将军有诚意吗？"

"有，有诚意。"周北峰连忙起来欠了欠身。

"傅将军会不会用当年守涿州那样的办法，在北平负隅顽抗？"聂荣臻问。

"不会，不会。"

"那就好。现在无论作战对手、战争形势、群众意愿，乃至部属的情况，都和当年守涿州不一样了，用那一套办法管不了用。"聂荣臻说完，又接着问，"你这次来是单谈北平问题呢，还是包括傅统辖的全部地区和部队？"

周北峰回答："我们是奉命来谈全面问题的，包括平、津、塘、绥的一揽子和谈。"

聂荣臻详细询问了北平市内和傅作义的情况，周北峰一一作了回答。

"聂将军，傅先生最关心的是条件问题。"周北峰又说。

"这条件，就是毛泽东主席电示里提出的，我也向二位解释过，即傅将军停止抵抗，让我们接收平、津。"

"傅先生有疑虑，我们和谈谈得具体一些，是他的希望。"

"可以这样。"聂荣臻停顿了片刻后问，"你出城前，和谁见过面了？"

"和崔月犁先生见过面。"

"好吧，明天我们正式会谈。今晚你早点休息。"

这天，林彪、聂荣臻向中央军委发了电报，汇报了与张东荪、周北峰谈话的情况：

八日十五时我与傅作义的代表张东荪、周北峰进行了谈话。据张东荪谈，傅要我代表他出来谈判，张当即表示称："你是蒋介石的官，我是民主同盟的分子，我不能当你的代表，我只能把你的意见转达给对方，并要你派一代表同我去。"

傅对张表示以下几点：

（一）平、津、塘、绥一起解决。

（二）要平津以后能有其他报纸。

（三）政府中要有进步人士。

张谈：这些都是冠冕堂皇的陪衬语。

（四）军队不要投降或在城里缴枪的方式，采取有步骤的办法，即是调出城外，分驻各地用整编等方式解决。如同意此方针，当由双方派代表协同拟定具体办法等语。聂问张，傅能否下令蒋系部队出城。张答：傅称，中下军官多为傅人，能控制能保证，如有不遵令者，傅可解决他。张并谈，基本是军队问题，我是外行，请你们详细考虑。聂问张：傅究竟是什么打算，能否永远站到解放军方面来，还是跟蒋介石殉葬，或者还幻想第三条路。张答：我的观察，傅是决不能打下去了，其原因是其主力被歼，美援无望。不久一批美援经上海时全被国防部换了一批旧货，傅很不满而失望。城内粮食不能持久。傅一脑子旧东西，不愿在中共下做事。第三条路线曾经有人活动过，我曾竭力阻止和破坏，现在傅亦没有这一打算。我看傅还是想要点面子下台，他称之为光荣的交代。其次是与周见面，其军事方针如张所谈不赘。

以上是我与张、周谈话的要点。我们判断是真假两面，如果傅真的这样，其用意是平津不战以讨好人民；不投降缴械讨好蒋介石；让出平津讨好中共。将来我军对他实行缴械时，其责任在我。傅这种打算，是真是假都很难实现，因我们判断，蒋系部队不会听其命的。我们拟回答两条如下，如傅能保证部队听命开出城，则我们准备答复他，规定时间地点将部队调出，分驻各地缴械；如不能保证，则要傅开口子，扣军官，实行里应外合。如果这两条都做不到，则我公开宣布军事行动。请中央立即回电，因张要走，同时天津攻击在即。

毛泽东一月九日凌晨二时为中央军委起草复林彪、聂荣臻电：

八日十五时电悉。你们应回答如下几点："平、津、塘、绥均应解决，但塘、绥人民困难尚小，平、津人民困难甚大，两军对峙，军民粮食均有极大困难，故应迅速解决平、津问题。为避免平、津遭受破坏起见，人民解放军方面可照傅方代表提议，傅方军队调出平、津两城，遵照人民解放军命令开赴指定地点，用整编方式，根据人民解放军的制度改编为人民解放军，并由双方代表于3日内规定具体办法，于1月12日下午1时开始实施。平、津两处办理完毕后，即可照此办法解决塘、绥问题。联合政府中有进步人士，平、津报纸不只中共一家，是中共民主纲领中原来就有的，故不成为问题。"①

①军事科学院军事历史研究部编著《中国人民解放军全国解放战争史》第4卷，军事科学出版社，1997，第476—477页。

三、聂荣臻提议给和谈代表送礼

一月九日上午，按照中央军委的指示，林彪、聂荣臻来到周北峰、张东荪住地，双方开始会谈了。

聂荣臻指着同来的华北军区作战处长唐永健："你注意把谈的内容都记录好。"

"张先生、周先生，昨天你们与聂司令员谈的内容，我都知道了。"林彪开了腔。

"昨晚我们也将到这里见到聂司令员的情况，向傅先生作了汇报。不过，他的回电很简单：'谈后即报'。"周北峰说。

林彪说："按你们的意见，谈判的范围应包括以平、津、塘、绥为中心的所有傅先生的辖区。我们同意一起谈。请你们转告傅先生，我们的意见集中起来就是'两个化'，所有军队一律解放军化，所有地方一律解放区化。"林彪的口气很硬。

"解放军化、解放区化是什么意思呢？"林彪解释道，"就是由傅作义将军下命令，所有傅将军统帅的军队按照谈定的协议开赴指定地点，采用整编的形式，改编为人民解放军。解放军开进北平、天津，和平接管这两市。"

"这个，我们马上报告傅总司令，"周北峰说，"傅先生的意思，新保安、张家口作战中被俘的人员，不作战俘看待，一律释放，宽大处理；对军队的行政文职人员和工勤人员妥善安排工作，给予生活出路；对所属军政人员过去的罪行，不予追究，由傅负责。"

聂荣臻说："一旦实行了解放军化、解放区化，傅将军的这些要求，都可以实现。也就是说，新保安、张家口的被俘人员，一律释放；参加起义的人员，一律不咎既往，凡愿参加工作的都可留下来安排适当的工作，愿还乡的发足路费，填发证明，资遣返乡，并通知地方政府不予歧视。至于傅作义将军，不作战犯对待，保全其私有财产，并在政治上给予一定的地位。"

张东荪、周北峰连连称好，并认为傅作义一定能接受。

"我们党的这些政策，是很宽大的，是仁至义尽了，现在要解决问题，关键在傅将军。傅将军要认清形势，以国家和民族的利益为重。"聂荣臻说着，站起了身，"全国的解放已经用不了多长的时间了，作为傅将军，唯一可走的，就是和平起义的道路，流芳百世的道路！"

聂荣臻讲得有些激动了。

张东荪、周北峰也深受感动："我们一定劝导傅先生，以民族的利益为重，走聂将军指示的路！"

谈到中午，林彪、聂荣臻与张东荪、周北峰一起吃了饭。

林彪、聂荣臻嘱咐他们，多住几天，谈好了再走。

一天晚上，林彪、聂荣臻又到了张东荪、周北峰的住处。他们谈了傅所属军队如何改编，所属地区如何解放区化，军政人员如何安排等问题。

林彪问："周先生，你对这些有什么想法，傅将军有什么要求？"

周北峰说："关于军队的改编，我们出城时草拟了意见，以团为单位出城整编；关于新保安、张家口、怀来作战被俘人员，不作战俘处理，一律释放；文职人员一律吸收到新的工作单位继续工作。"

林彪、聂荣臻都说，傅将军部属的出路问题，上次谈判时已经谈到了。我们再重申一遍，各地作战被俘人员都可释放，不追究他们以往的责任，就是不咎既往；凡愿继续工作的都可留下安排适当的工作，不愿工作而要还乡人员，都可资遣，并发资遣费和资遣证明书，嘱咐地方政府不予歧视。

聂荣臻还强调："我们说话是算数的，这些规定是不会改变的。"

张东荪、周北峰觉得该谈的都谈了，这些规定是入情入理的。

第二天上午十时，聂荣臻和林彪、罗荣桓、刘亚楼都来了。他们招呼张东荪、周北峰，走进隔壁一间房子。

这是一间经过布置的房子，两张方桌拼在一起，桌子两边是长凳。双方分坐两边。

落座后，双方就前两次交谈的问题，又重复了一遍，这就算正式的会谈了。

谈完后，聂荣臻问道："张先生还有什么意见？"

张东荪摇摇头。

聂荣臻又转向周北峰。

周北峰说："傅先生要求谈的，都谈了，没有什么意见了。"

聂荣臻吩咐唐永健中午加班，将谈判的情况整理成谈判纪要，一式两份。

下午，参加上午会议的人员又都到了会场。周北峰、张东荪先看了唐永健整理出来的谈判纪要，感到很满意。

林彪、聂荣臻、罗荣桓分别在谈判纪要上签了字。

周北峰签完字后，递给了张东荪。

张东荪连连摆手，说："我不用签字了。我是民盟成员，只能在中间当个调解人和见证人，代表不了傅作义将军。再说，我这次不回城里了，准备先返回燕京大学，然后启程去石家庄拜见毛主席。"

聂荣臻合上《谈判纪要》时，特别叮嘱周北峰："周先生，傅将军答复的最后期限是一月十四日。"

周北峰连忙点头说："是，是，记住了。"

这时，刘亚楼走进屋来："张先生、周先生，回去经过我方的一切事宜，都已安排好了，我们派人送你们到前沿阵地。过火线后怎么走，你们用无线电详细联络吧。"

聂荣臻是个重感情的人，觉得双方好不容易达成协议、签了字，是件好事，应该给对方代表送点东西作纪念。他一提出，其他人也都觉得应该送，但一下子又想不出送什么东西好。

"有什么战利品也行呀！"聂荣臻笑着说。

站在一旁的苏静，忽然想起最近每人发了一双高筒皮靴，是攻克锦州时从敌人仓库里清理出来的。

"皮靴？皮靴也很好嘛！"聂荣臻等人都表示赞同。

但是，要回孟家楼去取，已经来不及了。苏静和王朝纲一商量，干脆就把自己舍不得穿的高筒皮靴，送给了张东荪、周北峰。

傅作义的两位代表接过皮靴，连声说："礼轻情义重，礼轻情义重啊！"

四、傅作义唉声叹气

近来，部属们发现，一向含而不露的傅作义，像变成了另外一个人：心神不定，烦躁不安，动辄训人。

一九四八年十二月二十五日，他从广播里收听到新华社发表的陕北权威人士谈战争罪犯的新闻稿中，被列为头等战争罪犯的有蒋介石、李宗仁等四十三人。当他听到"傅作义"三个字时，脸一下子涨得通红，全身的血直往头上涌。

好一阵子，傅作义才缓过劲儿来："把我列为头等战犯，把我逼到绝路上去，这和谈还谈不谈！"

中共中央早已预料到傅作义的反应，立即通过傅冬菊，向他作了说明：傅将军与中国共产党和谈，尽管十分保密，却早已被无孔不入的特务觉察，密报蒋介石；蒋介石是因为没有掌握有力的证据，再加上怕"为渊驱鱼，为林驱鸟"而未动手。如果不把他列入战犯名单，仅此一条，蒋介石就可以把他搞掉，把他的军队吞并掉。

傅作义听罢，一下子醒悟过来："共产党人考虑问题比我高明。"

一九四九年一月一日，毛泽东在致林彪、罗荣桓、聂荣臻的电报中，又特别讲了这个问题："……傅氏反共甚久，我方不能不将他和刘峙、白崇禧、阎锡山、胡宗南等一同列为战犯，我们这样一宣布，傅在蒋介石及蒋系军队面前的地位立即加强了，傅可借此做文章，表示只有坚决打下去，除此以外再无出路；但在实际上，则和我们谈好，里应外合，和平地解放北平，或经过不很激烈的战斗解放北平。傅氏立此一大功劳，我们就有理由赦免其战犯罪，并保存其部属。"[1]

毛泽东还指示，要派一个可靠的人，通过傅作义亲近的人引见，当面向傅陈述这些意见。

经商量，聂荣臻等人认为李炳泉最为合适，便安排李炳泉回城，通过李腾九引见，与傅作义面陈了上述意见。

傅作义听后，心里踏实了，情绪大为好转，但他仍未打消全部疑虑。他没有完全接受平津前线司令部提出的和谈条件，只是说："为了保存北平的文化古迹，保护人民的生命财产，要和平谈判。"

张东荪、周北峰出城谈判时，每次来电请示，他回电都要求"谈得具体些"。他怕谈不具体，到时生变。

告别林彪、聂荣臻、罗荣桓后，张东荪、周北峰坐上刘亚楼为他们准备好的汽车，在一名参谋和四名战士的护送下，当晚赶到了清河镇。张东荪被送回了燕京大学。

周北峰住清河。第二天清晨，参谋和战士们又护送周北峰到了火线处。

"前面是两军交界处，我们不能往前走了。"参谋客气地说。

"谢谢你们，请回吧！"

周北峰往前走了一段，突然响起了枪声，子弹"嗖"地从他头上飞过，周北峰急忙卧倒。

几分钟后，平静下来了，周北峰匍匐到路边一间茅草房前，找到坐在

---

[1] 晋察冀边区革命史编纂委员会编《晋察冀边区革命史编年》，河北人民出版社，2007，第990页。

门口的两位老人："我是燕京大学的教师，想进城回家，麻烦你们跟前面说一说，不要开枪。"

两位老人犹犹豫豫，后来还是应允，上前说通了士兵。

士兵把周北峰带进一间小屋，一名排长模样的军官开口盘问。周北峰一听，是南方口音，而非傅的嫡系部队的察、绥一带口音，一下子紧张了起来。万一身上的谈判纪要被中央军发现，可要惹麻烦了。那个军官接着搜了身，幸好《谈判纪要》缝在内衣里，未被发现。

中午，周北峰回到家里，如释重负，他立即给王克俊打电话："我平安回来了，饭后立即到总部去！"

周北峰刚放下电话，电话铃又响了，是王克俊来的："总司令请你立即来，这里给你准备饭，就到这里来吃！"

对方感觉到周北峰有点犹豫，又催促："衣服也别换了，马上来！"

周北峰乘车赶到居仁堂，这里正在召开军事会议，傅作义正在布置城防。

周北峰找到傅作义的随从副官，叫他通过王克俊告诉傅作义，说自己正在办公室等候。

不一会儿，傅作义走进来了，问了一下一路上的情况后，说："你来电说签了个协定，有文件吗？"

周北峰小心地从内衣里取出文件："不是协定，是个谈判纪要。"

傅作义坐下仔细地阅看起这份纪要。

周北峰观察着傅作义的表情，心里略有些紧张。

傅作义神情肃穆。

出乎周北峰的预料，傅作义看完纪要，放到桌上，没有说好，而是连连唉声叹气。

"总座，你觉得怎么样？"周北峰沉住气，轻声问。

傅作义不语。

"这是双方谈完后归纳整理的，附记上已写明，务于十四日午夜前答复。"

傅作义起身，在办公室里走了几圈。

"如有什么不妥之处，还可以与解放军方面电报联系。"周北峰说。

傅作义停下步子："你电告解放军，就说已经回到北平了。至于这个文件嘛，过两天再说。"

周北峰回家后，在沙发上坐下，思考起来了。

傅作义为什么对这样一个纪要，既不说好，也不说不同意呢？要有什么意见，可以提出来与解放军协商，取得一致：过了头的，可以纠正过来；不具体的，可以具体化……是不是傅作义想拖延？纪要上白纸黑字，"务于十四日午夜前答复"，再拖，又能拖到什么时候？

傅作义会不会背水一战？企图重演当年守涿州的一幕？可是，时局和当年已全然不同。对手是攻无不克、战无不胜的解放军，市里的平民百姓，以至大多数的官兵，都盼望和平，谁人给你去守城？而如果真的打起来，二百万市民，数千年的文化古迹，后果不堪设想。

周北峰想着想着，手心里沁出了汗。

第二天上午，周北峰找到了崔月犁，向他谈了傅的态度："情况就是这样了，崔先生你说怎么办好？"

"平津前线司令部和城工部，都明确指示我们，力促傅将军走和平起义的道路。这是唯一的道路，于国于民于己都好。"

"可傅先生目前的态度……"

"这对傅先生来说，是个根本性的转变，不会那么容易，我们这里工作不要放松。这工作你们要做，我们也要想法子做。"崔月犁耐心地说。

从崔月犁处回来后，周北峰来到了傅作义的家。家里只有傅冬菊一人在。

"冬菊，你爸爸这两天情况怎么样？"周北峰问。

"情绪很差。昨天早上，我见他坐的椅子下扔了许多断了的火柴棍，都是他咬的。"傅冬菊想了一下又说，"昨天晚上他回来后，时而坐下，时而站起，心神不定，还不时唉声叹气……有次我进屋给他送小吃，见他用拳头不停地击自己的后脑……"傅冬菊说到这里，声音哽咽了。

"冬菊，我是你爸爸的部下，跟随他多年了，可以说对他是深知的。他是个爱国家爱人民的人。要说问题，就是跟着蒋介石跑，打了几年内战……现在这个时候，你要格外细心，多关心他。"

"我最近不干其他的，就做好这事。"傅冬菊说。

第二天一大早，周北峰借送文电的机会，进了傅作义的办公室。正在看地图的傅作义抬起头来，眼睛罩着一圈儿黑晕。

待傅作义看完电报，周北峰急忙说："总座，《谈判纪要》的事……"

没等周北峰说完，傅作义递过电报："你把这电报办一下。"说完走出了办公室。

"这是有意岔开！"周北峰心里一惊。

下午，周北峰又来到傅作义的办公室，开口便说："总座，《谈判纪要》的答复日期是十四日午夜前，不能再拖了。"

傅作义低着头，又是一声长长的叹息。

"必须很快回人家一个电报。"周北峰说。

傅作义左手五指顶在额头上，闭目沉思。

墙上的挂钟"滴答滴答"不停地走着，那响声仿佛比平时显得急促、沉重。

"这样吧，"傅作义终于抬起头来，"你给林、罗、聂回一个电报，就说纪要的内容我们已经认真研究过，只是限于十四日午夜前答复，时间太仓促。"

过了一会儿，傅作义又补充说："你告诉他们，不日你将同邓宝珊再去。"

周北峰无奈，只好退出，按照傅的意思拟写电报发往平津前线司令部。

傍晚，收到了平津前线司令部的复电："电悉，可请来。"

第八章

阴霾厚重

一、蒋介石三施计谋

　　战争初起犹如一池被搅浑的水，慢慢地，泥沙沉淀，结局也就逐渐明朗了。

　　蒋介石越来越清楚地看到，傅作义坚守华北，实际已陷入孤立无援境地。西北胡宗南部处处被动挨打、防不胜防，江南兵力空虚、捉襟见肘，根本无力也无法千里迢迢前去支援。在解放军优势兵力的重重包围之下，傅作义部的结局只有两种，或者被消灭，或者投降共产党。而无论何种结局，一旦损失这六十万人马，划长江而治，保住半壁江山的图谋将化为泡沫。而且如果是第二种结局，人心涣散的国民党军队，会更加涣散，甚至无法驾驭了。

　　怎么办？

　　蒋介石首先想到的是强令南撤。可再一琢磨，六十万人马要冲破重重封锁，穿过大片的解放区，风险太大。"将在外君命有所不受"，更何况傅作义这等精明的人，不会看不到这种危机。这强令未必能令得动傅作义。

　　蒋介石又想到以开会等方式，把傅作义召到南京软禁，调换将领，进而实行南撤。可是，几次电令，傅作义均以大战在即，实难脱身为由，未到南京。用其他更过激、更严厉的办法，傅作义防范甚严，极难得手。而这样做，必定激起傅作义十几万嫡系部队变故，将在全军将领中引起波动，扰乱军心。

蒋介石思来想去，只有一条路：劝导。

蒋介石召来了军令部长徐永昌。

"次宸，你很快到北平去，敦促宜生迅速撤到江南。"蒋介石说。

"上次的军事会议，不是刚定下坚守华北的方针吗？"

"此一时，彼一时。林彪所部入关，宜生处于劣势，再加将无斗志，兵无士气，何能取胜。"

见徐永昌面有难色，蒋介石又说："你们当年都效命晋军，交往甚深，他不会不听你的。"

徐永昌也算晋军宿将，较傅作义资历要深，二人相处多年，虽谈不上知心，但也未发生过什么不快之事。蒋介石既然说到这地步，徐永昌只好从命。

十二月十五日，徐永昌飞抵北平。

"宜生，委座要我传达他的命令，迅速南撤。"

"怎么撤？"

徐永昌未领会傅作义的怨怒，解释说："一路是海路，由塘沽撤到青岛；一路是陆路，由天津、河北，经山东半岛到青岛。"

"自己并非蒋介石嫡系，部队带到南方后，为了排除异己，不卸磨杀驴，也可能晾我在一边。再说，到处都是解放军，难免被围追堵截，万一南撤失败，他老蒋阴阳脸一翻，怪罪于我，受得了吗？"傅作义脑子里翻腾着。当然，他知道这些想法不能说出来。

"次宸兄，我比谁都希望南撤。现在北边，靠我带几十万人马支撑着，我也想撤到南方，靠着委座这棵大树好乘凉。可是，几十万人马，再加上眷属，怎么冲得出解放军的重重包围？"傅作义说。

徐永昌一时没有答话。

"次宸兄，委座对保证六十万人马顺利南撤有什么明示？你又有何高见？"傅作义紧紧地追问，以攻为守。

"宜生，怎么撤，委座没有明示，而我，更谈不上有什么高见了。"徐永昌也还坦诚。

"次宸兄，既然这样，就只好请你禀告委座，我傅宜生定像当年苦守涿州那样，带领属下固守平、津、察、绥，以守待变，报效委座。"

徐永昌无可奈何地苦笑了一下："那我只能这样复命了。"

徐永昌回到南京，向蒋介石禀报了北平之行的情况。

蒋介石嘴上虽没说什么，心里却怨徐永昌办事不力。但他转念一想，自己考虑也欠周到，在鞭长莫及的地方，靠"令"不如靠"拉"。

蒋介石把次子蒋纬国招来，如此这般地作了一番安排。

十二月二十三日，蒋纬国飞抵北平。

身着军装的蒋纬国一见面，先给傅作义敬了个礼，全无以势压人的样子，也无纨绔子弟的轻浮劲儿。

傅作义把这位不速之客请进办公室，也尽量显得热情周到。

蒋纬国打开了公文包："这是家父给傅将军的信。"

傅作义双手接过信，展开来。

"……西安双十二事变我们上了共产党的当，第二次国共合作是我平生一大教训。现在你因处境不佳又主张跟共产党合作，我要借此一劝，特派次子前来面陈，请你亲自检察面陈之事项……"

"委座不相信我，认为我与共产党合作……"傅作义自语道。

"不，家父尚无此意。"蒋纬国赶紧解释说。

"我看这信上……"

"家父并不断言，只是认为你有这种念头，意在提醒将军注意就是了。"

"那好，那好。"傅作义也不愿顶得太僵。

"家父要我面陈将军，只要将军带领部属由海陆两路撤至青岛，美军肯定会援助南撤。"

"这点和徐永昌上次来讲的差不多。"傅作义心里想着，嘴上却说，"是啊，南撤，于我于党国都好，我也不愿在此固守恶战。撤到青岛上美国人的军舰，路途是大大缩短了，可依旧上千里。这几十万军队一旦离开北平，就将如羊落虎口，我不能不为此负责呀！"

临行前，蒋纬国曾想到这个问题，并讨教蒋介石，一旦傅作义提出来该如何回答。蒋介石答得很干脆，不冒风险，怎么能突出重围？！可现在面对傅作义，蒋纬国总觉得无法这样讲出口。

蒋纬国见机行事，急忙亮出了第二招："家父说，千军易得，一将难求。傅将军要是到了南方，家父一定委任你为东南军政长官。"

"委座对我一直很器重，十二战区司令长官，'华北剿总'司令官，都是他钦定的，我终身难忘。只是我不才，难以胜任，谢谢你，也请转答我对委座的谢意。"

蒋纬国也感到不好再相劝，悻悻地告辞了。

一九四九年一月六日，天坛机场又降落了一架飞机，国民党国防部次长、军统头子郑介民走下了飞机。

他了解了徐永昌、蒋纬国北平之行的情况后，心里设计好了一套方案。

"你们与中共和谈。"见面后，郑介民说出的七个字，简单得让人分不清是提问还是责备。

本想先软后硬的傅作义愣了一下，马上硬气起来："绝无此事。"

"到处都在这样传。"

"现在传的东西多了。"

"哼，无风不会起浪。"

"你要是不信我说的，可以调查，到哪里都行，我奉陪。"

郑介民望着身材魁梧的傅作义，心里犯起了嘀咕："调查，到哪里调查，找谁调查？要是把他惹急了，把我扣下，连南京也回不了了。"

傅作义慢慢地喝着茶，表面上显得若无其事，实际上则是严阵以待。

"没有更好，没有更好。"郑介民嘴上软下来了，可心里却在发狠，"走着瞧，等我拿到真凭实据再说。"

"傅总司令，南京毕竟是首都，比北平消息要灵通一些，"郑介民转了话题，"第三次世界大战即将爆发，战争的结果，必定是美国取胜，苏联失败，美国的胜利就是我们的胜利。"

"但愿如此。"傅作义敷衍着。

郑介民接着说："我很快通知我所属的军统人员，绝对服从你的指挥。"

"噢，谢谢你。"

中午，傅作义为郑介民举行了师以上干部参加的宴会。郑介民举着酒杯，慷慨激昂地对军官们说："蒋总统命令我转告你们，北平的事宜，他全托付傅总司令了。不管时局如何变化，你们要始终服从傅总司令的指挥。"

郑介民讲完话，当场给每人分发了一封签有"蒋中正"三个字的信，信中说："傅总司令善于守城，要在他的指挥下固守待变，不成功便成仁……"

下午，郑介民召集了蒋的嫡系军官，作了"决不能参与和谈"的布置。晚上，他又召集军统特务的大小头目，布置暗杀奔走和谈的人士。

一月八日，郑介民飞回南京。

二、美国人插了一杠子

美国总统杜鲁门始终关注着中国、关注着华北，因为中国，因为华北不仅关系到所谓整个"自由世界"的利益，关系到防止共产主义势力在中国取胜的问题，也关系到他所代表的民主党，关系到他本人。在野的共和党指责政府援助蒋介石集团，是"把大量美元往无底洞里扔"。连他的一些属下，也提出蒋介石无可救药，应另选支援对象。

随着华北形势日益紧张，这种关注也愈益密切。

杜鲁门给美国太平洋舰队司令白吉尔中将发了一封密电：找傅商谈直接给傅军援问题。

白吉尔对傅作义素有好感，与傅作义接触过的军事代表团成员、武官，也都对傅作义颇有好感：傅治军有方，办事严谨，衣着朴素，说话诚恳……

杜鲁门的电报未讲其他内容，白吉尔却心领神会：这一接洽，决不仅是一个直接军援的问题。

白吉尔急匆匆地飞到北平，直奔居仁堂傅作义办公室。

要在往常，白吉尔对国民党军队的一个"剿总"司令、"绥靖"主任，是不放在眼里的，可今天一见面，他就显得很客气，甚至殷勤。

"傅将军，杜鲁门总统让我转告您，今后我国政府将抛开蒋介石先生，直接地完全地支持您。我们的海军已在渤海、黄海、东海做好准备，准备协助您的部队南撤。"白吉尔开门见山。

"哦，我很感谢贵国政府对我的理解、支持。不过，为什么要直接支持我呢？"傅作义问。

白吉尔右手中指习惯性地在桌面上弹了几下："蒋介石先生已经不中用了，中国需要傅将军这样的人。"

傅作义对美国当局对蒋介石不感兴趣，甚至要走马换人，也有所闻，但是，直接听美国的高层人士讲这事儿，还是第一次。而且，在白吉尔的话中，傅感到自己被卷进了漩涡，也成了当事人。一向谨慎从事的傅作义，顿感事关重大。

傅作义思忖了片刻，明白了白吉尔的来意以及美国政府的用意。他微笑着说："谢谢白吉尔将军的好心，谢谢美国政府的好意。我只是中国的一个地方官，不能直接接受贵国的援助！"

白吉尔对傅作义的回答，感到意外。

十一月初，天津市长杜建时到北平见傅作义，谈到白吉尔在上海表示意欲支援上海时，傅作义立即让杜建时与白吉尔联系，让美军以来津保侨为名，支援形势已经紧张的天津。杜建时返天津后，即给白吉尔写信，转述傅作义的要求。白吉尔复信说："去津保侨事，可以考虑。"杜建时将白吉尔的信及时转送傅作义，还电告了蒋介石。

十二月中旬，傅作义又让"剿总"副秘书长焦实斋打电话给杜建时，让杜专程到青岛找白吉尔，再次要求以保护美国侨民和财产为名，出兵天津。

杜建时深知美国当局的处事原则是唯利是图，在无望的情况下，绝不会出兵天津。但碍于傅作义面子，他还是给白吉尔写了信，并专门派外事处长全绍武乘专机将信送往青岛。

白吉尔收到信后给傅作义回了信，信中说："已电报美国政府，奉政府之命转告阁下：在现在的情况下，采取任何行动都是无益的。"白吉尔在给杜建时的信中则说："傅作义迟疑不决，不早日把兵力集中于海口地区，以至于处处失利。美国不能投入兵力于必败之地，因为为时太晚了。"

不到一个月的时间，事情却翻了个个儿：不是傅作义求白吉尔，而是白吉尔亲自找上门来求傅作义了，而且求的是要傅作义接受他们的军援。

白吉尔未料到傅作义态度巨变，听傅作义这么一说，以为是说客气话，又重复了一遍："今后我们将绕开蒋介石，直接支援傅将军。这是杜鲁门总统的意向。"

"我很感谢你们的一片好心，不过这事只有请你们直接去南京政府商谈。"傅作义脸上仍带着谦恭的微笑。

白吉尔端起考究的瓷杯，抿了抿。借这机会，他瞟了一眼正襟危坐的傅作义，忽然觉得眼前的傅作义已经变了，变得陌生了。不过究竟变成了什么样子，为什么变的，他一时说不准。

白吉尔不肯善罢甘休："傅将军，这中国的局势……华北的局势……"

"这中国的局势，华北的局势，诚如阁下上次给我的信中所言，采取任何行动都是无益的。"傅作义接过白吉尔的话说，"不过，这中国的事，就由中国人办吧，白吉尔将军何必为此劳神费心呢？"

白吉尔咧咧嘴笑了，笑得有些不自然："傅将军还记着那封不合时宜的信，并为之而动气呀？"

"我记着那封信，不是对信有气，反而是觉得信中对中国现状分析很精辟：在现在的情况下，采取任何行动都是无益的。"傅作义一语双关。

白吉尔没有听出话中有话，弦外有音。

白吉尔深深地叹了一口气，为美国在华北的利益不保而叹气，为美国不能驾驶国民党军队中的这样一位佼佼者而叹气。

白吉尔只好告辞了。

傅作义很客气地把美国将军送到门口。

三、毛人凤杀一儆百

这是新春即将降临北平前的一个寒夜，冷得出奇。

朔风抽打着大街小巷，垃圾、尘土被抽得上蹿下跳，东躲西藏。

灰黄的路灯，在朔风中可怜兮兮地战栗着。

一辆深黑色的卧车驶过王府井，驶上长安街，拐了个弯儿，驶进中南海。透过侧面车窗映进的灯光，照在何思源瘦削但神情刚毅的脸上。

何思源，山东菏泽人，一九一五年考入北京大学预科班，后转入哲学系。在北平上学期间，深受"五四"民主思想影响，参加了声讨曹、陆、章和火烧赵家楼的爱国行动，还多次在《新青年》和另一本进步刊物《新潮》上发表进步文章。一九一九年七月考取公费留学，先后到美国芝加哥、德国柏林、法国巴黎攻读政治经济。留学七载，靠半工半读维持学业而始终勤学不辍，终成为学识渊博的学者。一九二八年至一九四六年，何思源先后任山东省教育厅厅长、省政府主席等职，一九四六年调任北平市市长。他目睹了国民党的腐败，开始思索中国的另一种前途和命运。这期间，他多次暗中保护进步人士和学生，再加上支持同蒋介石政见不同的李宗仁竞选副总统，一九四七年七月被免去市长职务。

真是"无官一身轻"。尤其是日益看清了时局，何思源毅然作出了为北平和平解放而奔走呼号的决策。

这天，何思源赶到居仁堂，面见傅作义。

"现在北平已经完全孤立，人心又思和，如果再下令抵抗，那就很危险了，千年的古迹被毁坏，平民百姓血流成河。傅将军，我觉得现在是你决断的时候了，大家都盼望解放军开进城来呀！"何思源将心里想的，一股脑儿地说了出来，毫无顾忌。

"何先生所言极是。不过，真正实行起来困难太大。"傅作义不紧不慢地说。

"现在是什么时候了？傅将军，当断不断，反受其乱呀！"见傅作义那么沉稳，何思源倒有些沉不住气了。

"我与何先生没有什么不同的见解。问题是事情很多，要一件一件去办。你看，我现在正有事想请何先生帮忙呢！"

"帮忙？我已经无职无权了，能帮什么忙？"

"何先生，我决定明天中午以聚餐会商的形式，召集华北7省市参议会讨论北平问题，请你参加。另外，明天上午，由北平参议会议长许惠东先生陪同你，征询一下各将领、各部队对解决北平问题的意见。"

"我去征询意见？"何思源为难地说："我已经削职为民，名不正，言不顺哪。"

"就以人民的名义。"

"以人民的名义？你说的是上次北平议会授予我终身名誉市民？"

"主要不是那个。主要是这样做符合人民的意志。诚如何先生所言，人心思和。"

"嗯，那好吧，我去！"何思源回答得很干脆。

天亮了。何思源立即与许惠东逐一访问了各军军长、各兵团司令。这些人都在家等候着，何思源明白，是傅作义作了安排的。

何思源对各位司令、军长们讲，一旦战火蔓延进北平城，将会给二百万市民、给千年文明带来毁灭性的灾难。说他们重兵在握，应该挺身而出，避免战争。

司令、军长们都说没有意见，但谈及更具体问题时，他们则回答不知道。

何思源好生纳闷："傅作义葫芦里卖的什么药？"

思来想去，他认为傅作义老成持重，既要走和谈之路，又要部属出言谨慎，以免误事。

中午，聚餐会商在市参议会举行。

会议厅里摆了五张餐桌。"剿总"总部的将级军官、七省市议会议长，以及北平工商、教育界代表共五十余人，分坐各桌。

议长们先后讲了话，一致要求和平解决北平问题。

何思源走上讲台，会厅里立即安静了下来，大家的目光一齐投向他。

"我认为，现在不光要谈和不和，更要谈怎样和的问题了。火烧到眉毛了，还老生常谈、慢条斯理不行了。"

何思源提了三条建议：一是将北平改为北京；二是在北京设中央政府；三是中央政府要有统一全权。

何思源的话音一落，与会人员轻轻鼓掌，表示赞同。

会上决定以大会名义通电南京国民党政府和中国共产党，并当即拟写了电文。

会上还推举何思源、吕复、康同璧等十一人为和平代表，第二天出城与解放军商谈和平解决北平问题。

然而，在场的军人，仍不发言，既不表示反对，也不表示赞同。

通电已经发出，各界人士的意见已经统一，何思源喜不自禁。

下午，何思源兴致勃勃地回到锡拉胡同十二号的住地。

刚进门，两位学生打扮的青年人迎了上来。

何思源定睛一看，其中一人是地下党派来与他联系过多次的张实。

"请里边坐，里边坐！"

两人跟着走进客厅。

"何先生，地下党负责同志让我们赶来提醒您，您有危险，今晚要防备！"

何思源不以为然。

"你们今天起草了和平通电，明天还要代表各界，出城与解放军联系。国民党反动派不会甘心失败的。如果他们有什么行动，很可能在今天晚上。"张实认真地说。

"谢谢，谢谢贵党对我的关心！"何思源感动地说。

中共北平地下党对何思源的提醒并非危言耸听。一个罪恶的阴谋正向他逼来。

南京。总统府。

"何思源，身为北平前市长，竟投降共产党，叛徒！"蒋介石咬牙切齿。

"委座的意思……"站在蒋介石面前的军统头子毛人凤凑过头来。

蒋介石一挥手："要快！"

毛人凤从蒋介石处领受任务后，立即飞往北平，将军统二处处长叶翔之、特种技术研究室主任刘绍复和站长沈醉找来，密谋此事。

毛人凤提出："派人埋伏在何思源门口，待其出门时用手枪暗杀。"

叶翔之极力反对："锡拉胡同人来人往，行事后脱不了身。"

"不能怕丢一个人，误了此事。"毛人凤说。

"不是丢一个人的问题。万一这人被抓住，可能要捅出大娄子。"叶翔之情绪激动地大声解释着，"如果把事闹大了，军统在北平就难待下去了！"

叶翔之的心里还有一句话未说出来："闹大了，老蒋为平息民愤，找个替死鬼，这杀身之祸就降临到我的头上了。"

"那你说怎么办？"毛人凤问。

"在房顶上安定时炸弹。"

"在房上安定时炸弹，容易吗？能成事吗？"

"先生有所不知，北平站下头有个人称'飞贼'的段云鹏，飞檐走壁，身轻如燕。在何思源的房顶上安个炸弹，对他来说易如反掌。"

"嗯，安定时炸弹……"毛人凤反复唠叨了几遍，一挥手，"就按你说的办。不过我还要说一遍，这件事可是委座亲自布置的，不能有丝毫差错！"

晚上睡觉前，何思源特意对妻子和孩子们说："北平要和平解放了，我很高兴。"

何思源没有忘记地下党的提醒，他吩咐佣人悄悄地把后门打开。然后，又告诉妻子和孩子们，一旦夜里发生什么情况，就从后门撤走。

就这样，一家人安然入睡了。

第二天凌晨三点钟，里屋的屋顶"轰"的一声巨响，砖瓦、木块随着响声雨点般地砸了下来。里屋住着何思源的夫人何宜文和两个女儿。

睡在外屋的何思源和两个孩子一下子被响声惊醒了，急忙起床去救人。谁知刚走了几步，外屋的屋顶上也传来了一声强烈的爆炸声，四壁、地面都被震动起来。紧接着，飞落下来的碎石砖块，将何思源砸倒。

特务安放的两枚定时炸弹爆炸了！

何思源一家六口一死五伤。次女何鲁美身亡。夫人何宜文伤势最重，头部被四块弹片击中。

何思源炸伤了一只胳膊，被送到北京医院。为了避免特务再下毒手，医生护士将他转到地下室治疗。

何思源伤口流了不少血。医生、护士为他做了及时的清创、缝合和包扎。

"要是两枚炸弹同时响，或者外间的先响，那至少要炸死四人！"何思源回想着，既恨透了国民党特务，又暗自庆幸。

各界的代表得知此事，都来到何思源病床前慰问。大家对暗杀和平使者的卑劣行为，表示出极大的愤慨。

面对大家的关怀和问候，何思源忍痛撑着床，直起身来："我们北平各界响应共产党、毛泽东主席的号召，走和平解决北平问题的道路，我们要赶快出城联系！"

十九日清晨，何思源带着伤痛，乘车来到了西直门有轨电车场，与在这里等候的其他代表，一起出了城。

当人们看到包扎着绷带的何思源时，都走上前来亲切慰问。连一些蒋、傅军士兵，也向他鼓掌、招手致意。

何思源的眼眶湿润了。

蒋介石得知没有炸死何思源，又气又急，把毛人凤狠狠地训骂了一顿。

四、聂荣臻："这次谈判就不包括天津了"

一九四九年一月十四日下午一时左右，邓宝珊、周北峰以及傅作义的参谋刁可成、邓宝珊的副官王焕文，在平津前线司令部队列科长王朝纲的陪同下，乘坐两辆吉普车，来到通县以西一个名叫五里桥的村子。这里距刚移驻通县宋庄的平津前线司令部有二十多里地。

车在一个大院前戛然停住。邓宝珊一抬头，发现聂荣臻、罗荣桓、林彪已在院门口迎候了。

"辛苦了，辛苦了！"三位解放军的高级指挥员走上前同来人握手。

周北峰一下车就开了口："我们可着急了，能马上谈吗？"

林、聂、罗三人都笑了。

主人、客人谦让着进了院子。

这是一个宽大的宅院，由四个小院组成，比八里庄那里条件要好多了。

坐下后，聂荣臻先发言：我们上次已经讲清楚，还写进了纪要，一月十四日是答复的限期，你们没有主动答复。我们通过地下党的同志多次催问，贵方仍迟迟不作答复。这样一来，我们就只好下达进攻天津的命令了。因此，这次谈判就不包括天津了。你们有何意见？

周北峰的心里"咯噔"了一下。他转身问邓宝珊："副总司令，你看怎么办？"

邓宝珊显得比较平静："用你的名义发个电报，如实禀告，请总司令电示。"

周北峰出去后，邓宝珊问："你们用多长时间可以打下天津？"

林彪回答："三天。"

"三天？"邓宝珊不以为然，"恐怕三十天也打不下来！"

"三天打不下来，就打三十天，打半年，打一年，迟早总能打下来！"聂荣臻说。

邓宝珊没想到温文尔雅的聂荣臻讲起话来这么有力，这么自信。

周北峰的电报发出不久，便收到傅作义指示王克俊拍来的电报："请和邓先生商量，酌情办理。"

在这之前，平津前线总前委对攻打天津的问题专门开了一次会。

会上，聂荣臻说："傅作义迟迟不作答复，是在观望等待。如果迅速打下天津，给敌人一个威慑，北平的和平解决，也就容易得多了。"

刘亚楼详细介绍了天津的情况后，说："天津的十几万国民党守军，由傅作义的好友陈长捷指挥，解放了天津，傅作义断了从海上逃跑的路，也就只能接受和谈条件。"

林彪、罗荣桓都同意打天津。总前委的决定很快形成了。

一月十二日，毛泽东代表中央军委致电林彪、聂荣臻，指示："天津之敌如能接受你们所提限时缴械之条件，你们即可不经攻击而占领天津，如该敌不能接受你们所提条件，则你们应于适当时间内攻占天津。"

一月十四日，聂荣臻就北平有和平解决的可能致电中央军委：

傅派邓宝珊、周北峰及上校秘书刁某昨抵此，今与之见面时，除本中央所示之态度与内容，指出傅一再拖延时间玩弄花头应负全责外（详细内容另告），并由于傅拖延太久，天津方面今已开始攻击，故津市因战争所遭受的损害，应由傅作义完全负责。现傅对津只有下令迅速停止抵抗放下武器，对北平应照原改编方案，迅速提出具体实施步骤。在谈话中，邓取圆滑态度，主要两点：

（一）过渡期间，军队改编用人民和平军名义。

（二）傅拟将华北全部担子交邓负责，均为我一一拒绝。

现邓仍留此，如能够攻下天津，有迫使傅就范争取北平不战解决可能。在整个看来……有政治扒手，共同之点均为想乘此机会抓一把，所谓第三条路线，我们已有所警惕。

一月十五日晚，天津市一个时代的最后一个夜晚。

在下达攻击命令前，林彪、罗荣桓曾派人给天津警备司令陈长捷、六十二军军长林伟俦、八十六军军长刘云瀚等人联系，敦促他们尽快放下武器。陈长捷等人商议后，复信拒绝。

十四日上午十时，笼罩在海河上空的冬雾刚刚散去，随着刘亚楼一声"开始"的命令，数百门火炮齐鸣，天摇地动，天津攻击战开始了。

经过一个白天的激战，大部分地区被解放军攻占。

此时，天津警备司令陈长捷、天津市长杜建时、六十二军军长林伟俦、八十六军军长刘云瀚汇集在警备司令部的地下室里。炮弹的猛烈爆炸，把地下室震得直颤动，桌上的蜡烛不时"吧嗒"倒地。

一发炮弹落在地下室的顶部，地下室剧烈地抖动起来。墙上一面装有蒋介石大幅照片的镜框，"咣当"一声落在地上，摔了个粉碎。玻璃镜框下的蒋介石人头像一下子变得龇牙咧嘴。

有人冷笑了一声，有人无动于衷。

这里的人都知道，仗从上午十时打起，外围阵地无一不被突破，战火正向市中心、向指挥部翻卷过来。

好一阵子大家都呆呆地坐着，像在等待着什么，连近处巨大的爆炸声都未引起多大反应，谁的心里都很清楚：抵抗已经不能起到什么作用了，无非是多毁坏一些建筑物，多流一些血，多死一些人罢了。

衣着依旧整齐的杜建时站起身，声音比平时低了许多："陈司令，你是否再给傅总司令打个电话，请示一下该怎么办？"

"请示傅总司令？连老头子都严令坚守，请示他有何用。再说，请示了，也还是那两句话：坚定守住，就有办法。"陈长捷没戴军帽，上衣敞开着，说话时唇边的胡须在微微抖动。

林伟俦、刘云瀚面面相觑。

不过，陈长捷说完还是站起身，拿起无线电话筒，要通了北平"剿总"司令部。

接话的是李世杰。

"李参谋长，天津的战况我们不断向你们呈报，你们清楚吗？再过几个小时，就要全军覆没了！"陈长捷尽力压抑着自己的愤懑，口气也显得比白天要平静一些。

对方没吭声。

"李参谋长，现在没死的弟兄们怎么办？难道眼睁睁地等死吗？"陈长捷追问着。

"请等一下。"对方放下话筒。

这时，杜建时、林伟俦、刘云瀚都围了过来，屏住呼吸。

不到两分钟，话筒里便传来了李世杰的声音："傅总司令还是那个意思，再坚持两天，就有办法。"

"啪！"陈长捷摔下话筒。

"再坚持两天，再坚持两天，拿弟兄们的性命，当他们和谈时讨价还价的资本哪！"陈长捷怒不可遏。

陈长捷一屁股坐下，下唇咬出了血。冲着傅作义的命令发火，这在他来说还是第一次，也是最后一次。

陈长捷与傅作义，交往已近二十载。他们同是保定军校毕业生。坚守涿州时，傅作义是晋军师长，陈长捷是主力团团长。抗战时期，陈长捷被安置到兰州当了第八补给区司令，释了兵权。傅作义出掌华北后，给陈委以天津警备司令之重任。

多年同生共死，危难时节相助，再加上仰敬傅作义的人品，陈长捷对傅作义的指令执行最坚决。"为大哥负责"，是陈长捷行动的准则。其所谓大哥，即傅作义。一九四八年十二月十八日，蒋介石派国民党国防部参谋次长李及兰、总统府参军罗泽闿、联勤总部参谋长吴光朝飞抵天津，想策动守军撤至塘沽，然后从海上逃走。陈长捷认为一旦防守天津的部队撤走，便将置北平守军于死地。他向李及兰等人表示："一切应为傅负责，如果你们把部队带走，我只有自杀。"这样一来，天津守军未能南撤……

杜建时看着直喘粗气的陈长捷，劝导说："事到如今，不管北平怎么说，我们得自己救自己！"

林伟俦、刘云瀚都附和着。

"怎么救自己？"陈长捷问。

杜、林、刘三人商议，发表一个"和平宣言"。

杜建时立即请天津工业界知名人士李烛尘、参议会议长杨亦周商量，写了一篇愿意放下武器的"和平宣言"。

第二天凌晨，杨亦周在电台播出了这篇宣言，然而为时已经太晚了。

上午，解放军的一个团，向敌八十六军军部所在地小白楼疾速推进。首先冲入楼内的三排发现有一地下室，便立即封锁住了室口，并向里面喊话，要敌人投降。过了一阵子，一名敌军官从室口爬了上来，表示愿意商量谈判条件。

到这时候了，还商量谈判条件，明明是在拖延。三排的战士不再和这名军官多谈什么，一下子冲进了地下室。地下室的敌军官一个个慌忙站起身，举起手。靠里面的沙发边，站起了两个军官，一个圆脸秃顶，一个长脸分头。他们就是八十六军军长刘云瀚和六十二军军长林伟俦。昨夜他俩从陈长捷处开会回来，金汤桥已被解放军占领，林伟俦回不了本军，只好跟刘云瀚到了小白楼，没想到在小白楼两人竟一起当了俘虏。

杜建时昨晚回到市府办公室后，浑身像散了架，一屁股坐到沙发上。他想给警察局打电话，但打不通，又要警备司令部，也要不通。上午，一阵急促的枪声后，响起一阵杂乱的脚步声，解放军冲上了市府办公楼，杜建时被俘。

那天晚上众人走后，陈长捷呆坐在电话机旁，心已成灰。

上午，解放军打进了警备司令部指挥室。这里空无一人，城防作战图表、战况一览表完整地挂在墙上。

副排长邢春福带领战士王义凤、傅泽国冲到院内地下室门口。他们边往下投手榴弹，边大声喊："快放下武器！"

二十多名敌军官胆战心惊地举起了手。

"谁是司令？"王义凤、傅泽国大声问。

一个军官走到他俩身旁时，使了个眼色："司令在里头！"

王义凤、傅泽国冲进了地下室，只见六七个敌军官正忙着销毁文件，忽明忽暗的火光，映照着一张张灰暗的面孔。

"别动，举起手来！"

"缴枪不杀！"

敌军官全部举起了手。

俘虏中有一名中等身材、微微发胖的军官，他就是陈长捷。站在他身旁的还有副司令秋宗鼎、国防部军纪检查组长杨威、高级检查官程子践等。

后面赶来的解放军副营长朱绪清，从集合在院子里的俘虏中找到了电话员、电报员，接通了线路，让陈长捷给部队下达投降命令。

满脸灰尘的陈长捷，无可奈何地缓缓拿起话筒，向他的部属们下了最后一道命令。

至此，刘亚楼指挥东北野战军二十二个师，经过二十九小时的激战，全歼守敌十三万多人，解放了华北这座最大的商埠和工业城市。

傅作义听到陈长捷的最后报告是："解放军离我不远了，正和警卫部队激战中。"接着是，"进来啦——"就再也听不到声音了。

傅作义扔下话筒，瘫坐在椅子上。

……………

了解这些情况的邓宝珊、周北峰，深知是和是战已经到了最关键的时刻。

中国共产党的态度已经十分明确了，对各项事业的处置意见已经十分具体了。而形势扑朔迷离，关键在于傅作义。

一月十六日，毛泽东为中共中央军委又一次起草了致林彪、罗荣桓、聂荣臻的电报：

（一）删日及铣晨各电谅达。关于应付傅方谈判，再补充两点意见：甲、傅方要求军队出城，不要开得太远及各部驻地不要过于分散，这是惧怕缴械的表示。我们意见：第一步你们可以答应他们这样做，使他们放心出城。地点似可指定通县、香河、三河区域。第二步再照你们所拟办法，将彼军分散插驻我军各纵之间，实行整编。第二步办法现在不要过早提出。乙、关于补给，第一期由傅方负责，我方协助。第二期由我方负责，傅方协助。第三期全由我方负责。以上甲乙两项及删日、铣晨所提各项意见，如果你们认为有不妥当之处，望电告。

（二）积极准备攻城。此次攻城，必须做出精密计划，力求避免破坏故宫、大学及其他著名而有重大价值的文化古迹。你们务必使各纵首长明了，并确守这一点。让敌人去占据这些文化机关，但是我们不要攻击它，我们将其他广大城区占领之后，对于占据这些文化机关的敌人再用谈判及瓦解的方法使其缴械，即使占领北平延长许多时间，也要耐心地这样做，为此你们对于城区各部分要有精密的调查，要使每一部队的首长完全明了，哪些地方可以攻击，哪些地方不能攻击，绘图立说，人手一份，当作一项纪律去执行。为此，你们必须召集各攻城部队的首长开会，给以精确的指示。为此，你们指挥所要和每一个攻城部队均有准确的电话联系。战斗中每一个进展均须放在你们的指挥和监督之下。①

······ ······

对傅作义部队的处理，做到了仁至义尽。

对北平的古迹、文化设施，做到了精心保护。

一月十七日，侯镜如收到了北平转来的蒋介石的电报："天津既已失守，塘沽无再守之必要。"侯即带五万守军海路南撤。本来，侯镜如曾与共产党地下党联系起义问题，并支持九十二军军长黄翔在北平相机起义。但是，塘沽的部队中，他仅能控制三一八师，便只好南撤后相机行事。一九四九年十月，在侯镜如的支持下，三一八师在福州起义。

天津解放后，北平守军海上逃路完全被截断了。

①中共中央文献研究室、中央档案馆编《建党以来重要文献选编（一九二一——一九四九）》第26册，中央文献出版社，2001，第48—49页。

第九章

阳光照耀古都

一、历史性协议达成

傅作义一直以高度的敏感性，关注着中国共产党、解放军对和谈的态度。

一九四九年一月十四日晚，傅作义把自己关在屋子里，打开收音机，把音量调到最小，收听了中共中央毛泽东主席关于时局声明的广播："……中国共产党愿意和南京国民党反动政府及其他任何国民党地方政府和军事集团，在下列条件的基础之上进行和平谈判。这些条件是：（一）惩办战争罪犯；（二）废除伪宪法；（三）废除伪法统；（四）依据民主原则改编一切反动军队；（五）没收官僚资本；（六）改革土地制度；（七）废除卖国条约；（八）召开没有反动分子参加的政治协商会议，成立民主联合政府，接收南京国民党反动政府及其所属各级政府的一切权力。中国共产党认为，上述各条反映了全国人民的公意，只有在上述各项条件之下所建立的和平，才是真正的民主的和平……对于任何敢于反抗的反动派，必须坚决、彻底、干净、全部地歼灭之……"

傅作义坐在沙发上，像被强烈的电流猛击了一下，心脏怦怦地跳动起来。

这个声明，已经将和谈的条件讲得清清楚楚、明明白白，就是这八条，没有其他的；这个声明，已经将和谈的根本目的讲得清清楚楚、明明白白，就是成立民主联合政府，没收南京政府及其所属各级政府的权力；这个声明，已经将国民党各级政权、军队人员的前途讲得清清楚楚、明明白白，接受这八条，将获得政治上的新生，违反这八条，将招致灭亡；这八条，已经将共产党、解放军的态度讲得清清楚楚、明明白白，那就是接受八条则与对方和谈，不接受八条则消灭对方。

那么全面，那么深刻，那么有力！

如果说解放军十四日上午开始对天津的攻击对他是一种震撼，那么，这个声明则是一个更触动灵魂的震撼。

天津被解放军攻占，断了海上逃路；这个声明的发表，则阻断了政治上的退路，退无路，进有道。

犹豫、彷徨将造成不可挽回的损失，铸成历史大错。

需要的是当机立断，痛下决心。

傅作义缓缓起身，拿起电话筒：“克俊，你听到毛泽东关于时局的声明了吗？”

“听到了。”

“你很快给周北峰发电报，谈判的事让他和宝珊相商，酌情处理。”

“我马上办！”电话里传来了王克俊兴奋而又果断的声音。

电报很快发到了周北峰、邓宝珊手中。

一月十五日上午，林彪、聂荣臻和罗荣桓走进会谈室，邓宝珊、周北峰随即也到了。苏静代替刘亚楼与会，唐永健作记录。

谈判的障碍已为天津攻城的枪炮摧毁，新的基础又为毛泽东的声明所构筑。尽管所谈的问题很多，包括傅作义驻北平部队的改编原则和具体方法，“华北剿总”和部队中团级以上人员的安排，对北平政法、文教、卫生等系统的接收办法等，但均没有大的争执。

十六日下午，双方又举行了一次会谈。邓宝珊、周北峰显得更为灵活、主动了，双方签署了《北平和平解放的初步意见》。

聂荣臻拿起"初步意见"，看了双方的签名，微微笑了。他对邓宝珊、周北峰说："请你们转告傅作义将军，绥远的问题，我党中央已指示留待以后解决。如果北平的和平解放能够顺利完成，使祖国古都的文物能够完全回归人民手中，绥远的问题就好解决了。毛主席对此问题的指示是，将采用一种更和缓的方式解决。"

"这太好了，太好了！"周北峰激动地说，"绥远是傅将军无时无刻不在关注的地方，贵党有这样的想法，傅将军就放心了！"

"还有我那榆林，也应解决。"邓宝珊说。

"会解决的，会解决的！"聂荣臻连连点着头。

"初步意见"用电报发到北平，傅作义看后甚为满意。双方商定，苏静、王朝纲与邓宝珊、刁可成、王焕文一起进城，进一步商谈更具体的意见，周北峰暂留五里桥负责联系工作。

握手告别时，聂荣臻交给邓宝珊一封未封口的信："请邓先生将这封信转交傅将军。"这封信，是毛泽东以林彪、罗荣桓名义起草，致傅作义的。

一月十七日傍晚，邓宝珊、苏静一行五人进了北平，苏静被安排住到傅总部的联谊处。

一月十八日上午，苏静刚起床，便见两辆卧车驶进联谊处院子，傅作义同王克俊、阎又文、崔载之走下车来。

"苏先生，欢迎你到北平来。"傅作义满面笑容。

"谢谢傅将军。"苏静说。

傅作义转身对王克俊说："你们一起商定一个切实可行的实施和平解决的办法。只要有利于和平解决，让北平免遭战火破坏，怎样的解决办法都行。你们算是双方的全权代表了。"

苏静谦逊地说："我只能起一个联络员的作用。有什么问题，我及时与平津前线司令部联系。"

傅作义又寒暄了几句，便起身告退了，动作、神情都很轻松。

送走傅作义后，苏静与王克俊、崔载之以五里桥达成的初步协议为基础，一条一条地做了研究，然后用电报报平津前线司令部。前线司令部又报中共中央、毛泽东。毛泽东在文字上作了一些修改后，让人拍发回来。

而王克俊、崔载之则将抄件直送傅作义审定。

一月二十一日，苏静和王克俊、崔载之在协议上签了字。

崔载之是个文人，对北平的历史十分熟悉。签完字站起身，他兴奋地说："我们签字这地方，是当年袁世凯的代表曹汝霖与日本公使签订'二十一条'的地方，'二十一条'丧权辱国，激起了全国的公愤。我们这协议是为了国家的团结、进步，人民一定会拥护。"

苏静笑着说："必定无疑，必定无疑！"

《关于和平解决北平问题的协议》共十八条：

　　为缩短战争，获至人民公意的和平，保全工商业基础与文物古迹，以期促成全国彻底和平之早日实现，使国家元气不再受损伤，经双方协议公布下列各项：

　　一、自本月二十二日上午十时起双方休战；

　　二、过渡期间，双方派员成立联合办事机构，处理有关军政事宜，组织与人选详见附件；

　　三、城内部队兵团以下（含兵团）原建制原番号，自二十二日开始移驻城外，于到达指定地点约一个月后实行整编，整编原则详见附件；

　　四、移驻城外之部队，可携带一星期之补给量，以后由联合办事机构负责补给之；

　　五、华北总部成立结束办事处，其工作为对出城部队之管理约束，并与联合机构联合办理出城部队之补给事宜，其结束之时间，俟以上工作已逐步移交于人民解放军平津前线司令部及其补给机构接管完毕时为止；

六、城内秩序之维持，除原有警察及看护仓库部队外，根据需要暂留部队维持治安，俟解放军警卫部队入城后，逐次接替之，但傅作义先生仍得留必要之警卫部队；

七、北平行政机构及所有中央、地方在平之公营公用企业、银行、仓库、文化机关、学校等，暂维现状，不得破坏遗失，听候前述联合办事机构处理；

八、河北省政府及所属机构暂维现状，不得破坏遗失，听候前述联合办事机构处理；

九、金圆券照常使用，听候另定兑换办法；

十、军统、中统情报人员停止活动，听候处理，除违背此项命令别有企图，从事破坏行为有确凿证据者依法处理外，一律不咎既往；

十一、一切军事工程一律停止；

十二、在不违背国家法令下，保护在平各使领馆外交官员及外侨生命财产之安全；

十三、联合办事机构成立后，即释放政治犯，原华北区被俘高级军官于北平接交后，一律释放（中下级军官可随时释放）；

十四、原华北区伤患官兵之医疗，阵亡者之安置，在双方协助下仍得由华北总部结束办事处分别妥为办理；

十五、邮政电信不停，继续维持对外联系（由平津前线司令部军事代表检查）；

十六、各种新闻报纸仍继续出刊，俟后重新审查登记；

十七、保护文物古迹及各种宗教之自由和安全；

十八、人民各安生业，勿相惊扰。

中国人民解放军平津前线司令部代表　苏静（签字）

国民党华北总部代表　王克俊（签字）

崔载之（签字）

一九四九年一月二十一日

《附件》四条：

一、联合办事机构以七人组成之，解放军方面四人，华北总部方面三人。解放军方面为主任，华北总部方面为副主任。解放军方面参加者为：叶剑英、陶铸、戎子和、徐冰。叶剑英为主任。华北总部方面人员由傅先生指定之；

二、联合办事机构系临时性质，接受完毕后则一切归军事管制委员会管理，在接交期中，联合办事机构及军事管制委员会均直接归平津前线司令部指挥，以后由联合办事机构移交平津前线司令部接收转交军事管制委员会管理之；

三、部队移驻城外后，即着手整编为人民解放军。人民解放军制度包括下列各点：

（一）建立政治组织及工作。

（二）实行官兵平等，废除打骂教育。

（三）执行命令政策。

（四）服从群众纪律。

人事方面概由解放军同意任命，其原则如下：

（一）能力称职愿继续服务者，留职继续服务。

（二）能力优异者，且可提升。

（三）不适应者，予以调整。

（四）志愿深造者，予以学习机会。

（五）不愿意继续服务者，保障其生命财产眷属之安全。如愿返籍者，可予以便利。

四、前述正文、附件各项，除正文第十一条、第十二条、第十七条、第十八条系双方代表根据一般需要及政策成立协议者外，其余各项均经双方代表分别请示人民解放军平津前线司令部林司令、罗政委、聂司令及华北总部傅总司令同意修正后议定者。

中国人民解放军平津前线司令部代表　苏静（签字）

国民党华北总部代表　王克俊（签字）

崔载之（签字）

一九四九年一月二十一日

"协议"和"附件"很快在电台广播，在报刊上刊出。

一月二十一日，林彪、罗荣桓、聂荣臻电告苏静：

一、我方所俘傅方高级军官，待北平接收后，可一律释放。傅方所捕政治犯，在联合办事机构成立后即应释放；

二、盼告傅骑四师及一○一军出城后，两个城门仍须由傅方派兵控制，不要让中央军接收；

三、盼转告傅自二十三日以后由北平出发的部队应分驻沿平汉、良乡、徐水之线及其以东之固安、文安、霸县、雄县一带，另一部则驻三河、香河一带，各部分开动次序，盼预先电告，以便我们指定其便于就粮的驻扎地点；

四、二十三日约有数千名干部进城；

五、你暂在城内勿回。

北平监狱中的政治犯，一月二十三日后陆续获释。

而张家口、新保安战斗中的傅军被俘人员，在北平接收后也陆续被放回。

二、"要交出个完整的北平"

一月十七日晚，傅作义收到蒋介石的一封电报，内称：你我相处多年，彼此相知甚深。你现在厄于形势，自有主张，无可奈何。现只求一事，即于十八日起派机至平，接李文、石觉部少校以上军官和必要之武器，约需一周时间，望念多年契好，务于协助，并希即复。

傅作义很冷静，左手攥着电报，反复研读。

——与解放军和谈，尚未公开，蒋介石拿不到有力的证据，暂时不能以此做文章。但是，如果公开拒绝蒋介石派飞机到北平，他就可以违抗命令为由，命令中央军闹事。

——和谈尚未最后完成，让他派飞机来接人运物，会给他以可乘之机，阴谋捣乱，引起部队骚动，甚至酿成大乱。

傅作义马上找来王克俊，商量对策。

王克俊拿起电报，边看边琢磨："这样，同意蒋介石来飞机，又让解放军炮兵阻止蒋的飞机降落。"

傅作义一听，喜不自禁。

傅作义给蒋介石回了一个电报："遵照办理。"

傅作义让王克俊立即与城外解放军平津前线司令部联系。

王克俊当即坐下，伏案草拟了一份电报，复述了蒋介石电报的内容，要求城外解放军的炮兵部队发现飞机飞来，即以祈年殿来确定目标，炮击天坛临时机场，阻止飞机降落。

傅作义拿起电报稿，看了后说："以你的名义，先发给周北峰。"

王克俊心领神会：这样便于保密。

王克俊拿起笔，把电文的上款改成"周北峰兄请转联合司令部"，落款改成"弟王明德"。

傅作义看完，脸上绽出微微的笑意，他手一挥，说了声："发！"

第二天上午十时左右，冬末的薄雾刚刚散去，天空响起一阵嗡嗡声，一架涂着青天白日徽章的大型军用运输机，飞临北平上空了。只见运输机绕了个圈儿，飞抵天坛上空。

正当运输机盘旋着准备降落时，城外解放军炮兵的第一发炮弹毫不客气地呼啸着飞来了。弹着点离机场有一段距离。早已做好准备的地下党员，立即通过电台，指示目标，修正射击。第二发炮弹落在机场跑道上爆炸了。

运输机驾驶员看着飞机下激起的尘土，吓出了一身冷汗，急忙把飞机拉起升高。飞机在天坛上空旋绕了几圈，始终不敢降落，最后无可奈何地飞走了。

第三天、第四天，飞机飞来，重演头天那一幕，降落不了。

第五天，飞机没有再来了。

蒋介石企图运走嫡系部队将校级军官及部分装备的打算，落空了。

但是，在打炮时有一发炮弹击中了祈年殿，毁坏了一个角。

"顶住城外的滋扰，还要控制住城内的部队。"傅作义想。

要控制住部队，关键是控制住军官，尤其是高级军官。怎么控制，傅作义想了一个办法：每天上午十时至下午四时，把高级将领们集中到中南海，名为开会，研究、协调防务，实际是羁縻住他们。傅作义将城里的部队划为三部分，城防部队归北平警备司令周体仁指挥，担负防御；野战部队由李文指挥，担任出击野战；总预备队由郭宗汾掌握，三一一师为总预备队的一部分。

郭宗汾是晋军将领，与傅作义相识多年，积极拥护和平起义。傅作义通过掌握军官，来掌握部队。

一天上午，三一一师师长孙英年接到通知，到总部接受命令。

郭宗汾向他作了布置："明天清晨你师接受北平所有城门防务，并协同宪兵三团维持北平治安。"

"是！"孙英年回答得宏亮有力。

郭宗汾压低声音："宪兵三团不完全可靠，你要派得力军官进驻他们的团部、营部，甚至连部，必要时要断然采取措施。要注意监视爆破大队，防止他们搞破坏。没有总部的命令，不许任何部队出城。"

孙英年刚要走，一个参谋跑来通知，傅作义找他。

孙英年急忙赶到傅作义的办公室。

"郭副司令给你交待的任务，清楚了吗？"傅作义问。

孙英年双脚跟往里一靠，毕恭毕敬地复述了一遍。

"要注意，"傅作义严肃地说，"不准部队擅自出城，严防烧杀抢掠、奸淫破坏，遇事立即处理，不可犹豫。"

"是！"

傅作义动情地说："我们为了保护北平不遭破坏，人民生命财产免受损失，才走和平道路。我们要交出个完整的北平！"

"请总司令放心，我孙英年不是个不明道理的人！"

孙英年回到师部后，以协助维护治安为名，命令所属三个团的团长，各带一个连的兵力，分别进到宪兵三团三个营的营部，命令师部一个参谋带一个连队，进到宪兵三团团部。为了加强联系，各点都架通了电话专线。同时，他还派人接管了有关的城门。

第二天早晨，四个点都来电话报告：宪兵三团自行解散，官兵都换了便衣，隐藏起来了。

孙英年急忙向郭宗汾报告。

郭宗汾说："自行解散，从此他们就是非法的了，要严密防止他们暗中捣乱。"

孙英年通过另一位师长赵树桥，利用同乡的关系，向爆破大队队长作了一些工作。这个大队长保证："决不搞破坏北平的事。"

大的部队，一些特殊的部队控制住了，一些小的单位还是出了些事。

一月十七日午夜，李文、石觉的一些部队在特务的唆使下，开枪打炮，闹腾起来了。夜阑人静，远在通县都可以看到火光，听到响声。

正在通县的李炳泉急忙喊起住在隔壁的周北峰："北平枪声很紧，是不是发生兵变了？"

周北峰一听，觉得问题严重："北平城里傅总司令的部队只有几个师，而李文、石觉的部队有十几万！"

"怎么办？赶快向林、罗、聂首长报告？"周北峰说。

李炳泉说："林、罗、聂首长已经知道了，请你赶快给傅总司令发个电报，告诉他，如果需要增援，就打开西直门，解放军开进一个纵队，听从傅总司令指挥。"

周北峰发出了十万火急电报。

在焦急的等待中，凌晨到来了，北平城里的枪声，逐渐稀疏、停息了。

周北峰也收到了傅作义的复电："我们完全能控制住市内的治安，请放心。"

还有一些士兵得知快要和平解放了，不需要再打仗了，高兴得不能自已，随便放起枪来，白天放，晚上也放。

傅作义严令郭宗汾，命令各部队严禁打枪，同时责成孙英年师加强纠查。孙英年十分负责，听到哪里有枪声，就到那里去制止。

快过年了，为了稳定官兵情绪，傅作义下令，给每个士兵发了一块银元，给军官发五块，布一匹，把库存的军用罐头全部发给部队。一些部队还把粮食分给家属。

北平城里的守军，逐渐稳定下来了。

三、人各有志，分道扬镳

清晨的阳光照在中南海勤政殿的屋顶上，琉璃瓦流金溢彩，耀眼夺目。古柏苍松掩映的殿前水泥场上，停满了各式卧车、吉普车。荷枪实弹的哨兵挺胸抬头，显得比往日精神了许多。

勤政殿里，一个对于古都北平，对于傅作义及其部属十分重要的会议即将召开。与会的是北平守军师以上军官。

会前，王克俊按傅作义的指示，作了周密的布置，已将一个团在前天夜里悄悄调进故宫午门前的两厢朝房里，随时待命。

受命担任警备司令的安春山，加强了对全城的戒备，严密监视中央军。

坐在台上的傅作义面色冷峻。他看看郭宗汾、李世杰、梁述哉、张濯清、李文、石觉都入座后，便站起身来。台下众人的目光，一起投向他。此时，墙上的挂钟指向十点。

"今天开个会，最后确定和平解决北平问题。我们与解放军接洽和谈已有多日了，经反复谈判，前日，即十九日，两军达成了《关于和平解决北平问题的协议》，和谈终于有了结果。现在先由王克俊宣读双方谈判达成的协议。"

话音未落，李文、石觉站起身高声嚷道："要我们投降，不干！""决不投降共产党！"

会场上一下子紧张起来了。有人窃窃私语，有人左顾右盼。

傅作义泰然自若，表情轻松："二位将军，先把协议听完再说吧！"

王克俊起身，宣读了《关于和平解决北平问题的协议》。

"大家对协议有何意见，对和平起义有何意见，请讲。"傅作义说。

郭宗汾起身："时至今日，只有和平解决，才能使古都免于兵燹之灾，二百万平民百姓不遭战火之苦。我们应顺应民心。本人坚决拥护总司令的决策！"

李世杰发言："从我们数十万军队的前途、性命考虑，也只有走这条路，我坚决执行和平协议！"

梁述哉说："中国再打仗没有什么好处了。北平应该和平，其他地方也应该和平。"

张濯清等人，也都纷纷表态拥护。

身材矮小的石觉一脸杀气，腾地一下站起身来："我想问一句，这事向总统报告过吗？谁负责任？"

傅作义转向石觉："这事明天电台广播，报纸见报，蒋总统就会知道。这事的责任，由我傅作义一人来负！"

平日里显得风雅倜傥的李文，忽然放声大哭起来："我们当了降将，对得起校长吗？"

有人附和。会场上又骚动起来了。

阵线泾渭分明：傅系将领，都主张和平；而蒋系半数以上将领，反对和平。

李文乘机起身："这事太重大了，我们不能不与部属商量。"说着，拉起石觉就往外走。

傅作义厉声道："会还没开完，怎么就走了！"

李文、石觉不予理睬，径直走到门口，但被警卫挡住了去路。

王克俊急步赶上去："一切听从傅总司令的，没有傅总司令的命令，不能离开会场！”

李文、石觉见状，想喊自己带来的卫兵，但是大殿周围，都是傅作义的士兵。

傅作义的两道目光，死死地盯着他俩。

两人只好回坐到原位上，耷拉着脑袋没了精神。

石觉这时改变了腔调："没了，我们讲不出什么意见。"

李文也收住了哭相："我是怕克俊的部下持反对意见。"

"李司令官是什么意思？"傅作义问。

"我是说，怕我们两个兵团的政工处长有意见。"

"政工处长，他们有意见？"傅作义看了一下表，"先吃饭吧，饭后再议。"

军官们一一离开会场，走向餐厅。傅作义对身旁的王克俊使了个眼色。

王克俊小跑着进了办公室，电话命令各师以上政工处长，十五分钟内赶来开会。

处长们准时赶到了。王克俊宣读了《关于和平解决北平问题的协议》。

"大家对此有何意见，请尽快发表。"王克俊说。

"赞成！""拥护！"大多数处长态度明朗。

李文、石觉两个兵团的政工处长见此已是人心所向，站出来反对没啥好处，便说："我们没有别的意见，只有一个要求，送我们到南京。"

王克俊说："不愿留下的谁也不好勉强，但要遵守协议，做好工作，稳定好部队，做到不响一枪，不伤一人，不毁一物。做到这些的，我保证请傅总司令把你们送上飞往南京的飞机，做不到甚至有意破坏的，要军法惩处！"

"我们做到，一定做到！"两个处长连声应承。

王克俊回到傅作义身边时，军官们都已吃完饭了。

"继续开会吗？"傅作义问王克俊。

王克俊点点头。

会议重新开始后，李文、石觉仍说："我们就担心本兵团政工处长反对。"

"不用担心，你们两个兵团的政工处长都已明确表态赞成和平起义。"王克俊把召集政工处长开会的情况作了介绍。

见李文、石觉还想说什么，王克俊招手喊来门口的卫士："马上给李司令、石司令挂通电话，让他们亲自问问本兵团政工处长，是不是这个态度。"

李文、石觉急忙说："不用了，不用了，王处长问过就行了。"

傅作义问："两位司令官还有什么要说的？"

李文犹豫片刻，鼓起了勇气："克俊宣读的条文我同意。不过，我要求离开北平去南京。"

石觉说："我也是这样。"

还有一批蒋系军官也要求去南京。

傅作义环视了会场一周，说："人各有志，咱们分道扬镳吧！你们要走，我保证派飞机安全地把你们送到南京。条件就是管好部队，不能出问题。愿意留北平的，我欢迎，我感谢！"

李文用手绢擦着眼泪："多谢总司令！"

石觉也跟着说："谢谢总司令网开一面！"

傅作义起身宣布："《关于和平解决北平问题的协议》，自即日起正式下达执行！"

傅作义说完，起身离开了会场。他那"笃！笃！"的脚步声，叩击着与会者的心。

第二天上午，傅作义又在勤政殿召开了北平市政府、河北省政府以及国民党中央驻北平有关人员参加的会议，宣布了和谈结果。

傅作义在会上强调："协议第七、第八条对北平市、河北省、中央在北平单位的任务、处理办法，已经讲得很清楚了，最主要的，就是暂维现状，不得破坏遗失。"

有人问："我们以后怎么办？"

傅作义说："大家安心等待，将来会有安排工作的机会的。"

下午，傅作义召开了有中统、军统头头参加的会议，要求他们立即停止一切活动。

傅作义还让有关单位释放了在押的政治犯、中共党员和进步人士。

李文、石觉离开勤政殿后，又惊喜又担心。惊喜的是傅作义答应送他们回南京，担心的是一旦傅作义变卦，前途将不堪设想。

"这样，我们按委座的电示，做好组织骨干南撤的准备。"石觉说。

在这之前，蒋介石曾密令二人，组织骨干乘飞机撤到南京。

晚上，石觉打电话给九十二军军长黄翔，让他速到兵团部去。黄翔赶到时，李文也在座。

石觉说："黄军长，委座命令我们，为了多保存实力，各师连夜挑选连以上优秀军官五十人，携带轻机枪五十挺，明晨六时前到东单机场集合，乘飞机到南京去。"

黄翔一惊，但很快冷静下来了："二位司令知道，九十二军除一四二师留在永定门担任警戒外，其他各师和军直部队，都已奉命令，移驻顺义县，听候改编了。"

"这个我们当然知道，连夜调整嘛！"李文说。

"连夜调整？一是来不及，二是不好办。城外到处都是解放军，闹不好打起来，我们可受不了。"黄翔说。

"黄军长，我们都是中央军，留在北平有什么好处？还是要想办法南撤。"石觉说。

"南撤？我早下决心起义了。"黄翔心里想着，嘴上却说，"这样吧，让我晚一天走，明天一早走实在是来不及了。"

石觉、李文只好同意了。

第二天一早，十三、十六、九十四各军及三十一军二○五师的团长以上军官，坐了两架飞机南逃南京了。黄翔的九十二军，没有一个军官跟着去的。

四、聂荣臻建议举行入城式

北平城里的国民党军队陆续往外开出，解放军经过准备，即将入城。

作为解放北平的指挥员之一，且即将兼任平津卫戍司令员的聂荣臻，对平津的卫戍工作一桩桩、一件件都在脑子里过了一遍：如何打击残存敌人的捣乱、破坏，如何教育部队克服松劲麻痹的思想，如何迅速地建立起良好的军政军民关系⋯⋯

聂荣臻还想到一个问题："林总、罗总，部队的入城时间，我看后推两天吧！"

原定的时间是一月二十九日，部队准备业已就绪，这是举世翘首以盼的大事。

"聂老总，你的考虑是⋯⋯"罗荣桓问。

"一月二十九日是春节，北平的市民很重视这节日。而市民们这么多年哪过上了个好节？尤其是这几十天，都是在枪炮声中过来的。让市民们先安安静静、轻轻松松地过个节吧。"

"好，好！"罗荣桓高兴地说。

林彪也点头赞同。

部队一月三十一日开进北平。北平宣告解放，平津战役结束。

二月一日，林彪、罗荣桓、聂荣臻进城，住进北京饭店。

二月二日，中共中央电贺平津前线司令部林彪、罗荣桓、聂荣臻。贺电称：

> 庆祝你们解放北平、天津，从而在基本上解放了全华北的伟大胜利。你们在华北两个月的作战中，消灭了国民党正规军一个兵团部，一个警备司令部，四个军部，二十四个整师，连同其他国民党部队共约二十六万余人，迫使北平国民党军华北"剿匪"总司令傅作义将军及其所部一个"剿匪"总部、两个兵团部、八个军部、二十五个师、连同其他国民党部队共二十余万人接受和平条件，出城改编为人民解放军。凡此伟大胜利，都是我人民解放军英勇善战，前后方军民协力奋斗和全国人民全国各民主党派人民团体一致赞助的结果。华北人民解放战争的伟大胜利，连同东北、华东、中原、西北人民解放战争的伟大胜利，以及南方人民游击战争的胜利在一起，已经奠定了人民解放战争在全国胜利的巩固基础。国民党反动政府无论在军事上、政治上和经济上都已经陷于四分五裂动摇崩溃的境地，除了彻底接受中国共产党所提出的而为全国人民所拥护的八项和平条件，遵循人民的意志和北平的范例实现真正的民主的和平以外，它就将彻底地被歼灭。现当伟大的北平古都被解放的历史节日，特向我全体英勇的三百余万人民解放军致敬意。一切在解放战争中牺牲的烈士们永垂不朽！

北平的解放实属不易。

北平解放，在夺取解放战争胜利、建立新中国的伟大事业中，意义重大而深远。

聂荣臻建议："我们搞一个入城式，扩大人民解放军的影响，为北平增添胜利的气氛！"

　　林彪和罗荣桓听了聂荣臻的建议，都非常高兴。该是人民扬眉吐气的时候啦！

　　他们立即将建议电告党中央，获得了党中央的批准。

　　被指定参加入城式的是东野四纵。而且进城后，四纵将担任北平的警卫工作。

　　接受任务后，四纵的指战员们才发现，连续数十天的征战，他们的身上太脏了。指战员们忙着收拾个人卫生，忙着擦枪擦炮，打扫武器的卫生，忙着练队列……

　　纵队订了六项入城条件：

　　1. 爱护城市，不准破坏；

　　2. 看守警卫，原封不动；

　　3. 空手进去，空手出来；

　　4. 立场坚定，不被腐蚀，不被坏分子利用；

　　5. 不违犯警备规则；

　　6. 有责任心，别人犯错误积极制止。

　　傅作义指定郭宗汾、周北峰、焦实斋为代表，参加入城式。

　　二月三日上午九时半，聂荣臻和林彪、罗荣桓、北平市委书记彭真、北平市军管会主任叶剑英，以及郭宗汾、周北峰、焦实斋等登上了前门箭楼。

　　天空湛蓝，阳光明丽，和风习习。这是早春一个天气晴好的日子。

　　聂荣臻放眼望去，城楼下是人的海洋，彩旗的海洋。工人来了，农民来了，学生来了，职员来了，二百万市民倾城出动，欢迎解放军入城。红的旗，绿的旗，黄的旗，猎猎飘动，就像翻腾的海浪。人们高举着毛泽东主席、朱德总司令的巨幅画像，不时呼喊着："毛主席万岁！""中国共产党万岁！""中国人民解放军万岁！"

　　十时正，"嗖嗖——砰！砰！"四颗照明弹升上天空，入城式开始了。

　　解放军的队伍从南面开过来了。领头的是一辆装甲车，车上摇着一面红色的指挥旗。后面是四辆红色的卡车，车上高悬着毛泽东主席、朱德总司令的巨幅画像。再后面是一列列装甲车。群众迎了上去，军民握手拥抱。有的群众用粉笔在装甲车上写道："你们来了，我们很快乐！""加油呀，彻底消灭国民党反动派……"群众高唱着《团结就是力量》、《解放区的天是明朗的天》，军乐队则高奏着《中国人民解放军进行曲》。

十二时，在群众热烈而有节奏的掌声中，炮兵开过来了。这些大炮，大多是美国制造的。美国支持蒋介石的这些装备，最后都"送"到了解放军手中。许多大炮上，也被群众写上了字"瞄准蒋介石呀！""送给四大家族每人一颗呀！"欢迎的人们，挥动着绸带，扭起了秧歌。

下午一时十分，前门牌楼那边冒起了青烟，响起了隆隆的声音，一队坦克开过来了，每辆坦克上飘着一面红旗，人群里响起了欢呼声。

坦克车队，是专门绕行东交民巷过来的。东交民巷这片地区，从一九〇一年《辛丑和约》签订以来，就一直是帝国主义盘踞的使馆区，不许中国军队和警察进入。如今，中国人民解放军不仅进入了，而且是开着坦克进入的。绕行的用意很清楚：让外国人看看这一切！

外国使馆、领馆的大门紧闭。但那一道道被撩起的窗帘后，闪射着各种目光，有的惊恐，有的仇恨。

聂荣臻站在前门箭楼上，心潮奔涌。

五、二十万守军出城改编

一月二十三日上午，一支骑兵队伍开出城南，沿着碎石铺成的马路，"哒哒"地向南走去。队伍不算零散也不甚整齐，但官兵显得轻松、愉悦。

一辆吉普车在骑兵队里来回穿行，车里有人不时探出头来："跟紧，跟紧！""走好，走好！"

此人是骑兵四师师长刘春方。他的部队原驻城南陶然亭、先农坛一带。

昨天晚上，刘春方正要入睡，电话铃响了，是傅作义打来的。

"刘春方，出城的准备工作做好了吗？"

"我们忙腾了几天，都做好了，明天一早准时开出去。"

"出城的纪律规定记住了吗？"

"记住了，不得有任何侵扰百姓行为，搞好与驻地解放军的关系，避免发生摩擦……"

"与解放军搞好关系这一条要特别注意。一旦发生问题，引起连锁反应，整个和平协定就将前功尽弃了。"

"总司令，我明白这利害关系。"

"你知道为什么让你先带队开出城外？"傅作义又问。

"这……"

"你我相处多年了，你了解我，我也了解你。你会带兵，又是个有政治头脑的人，在这次和谈中态度很积极。我让你先带队出去，是要你带个好头。当然，也还有个军马饲料的问题。你们师的军马饲料快完了，出城后好办些。"

"我明白总司令的意思了，请放心，我一定掌握好部队。"

放下电话，刘春方命令值班的参谋，通知各团团长迅速赶来，又叮嘱了一遍出城要注意的事项。

…… ……

中午时分，全师赶到了离城三十来里的一个小镇，下马卸鞍，安排住宿处。

围观的百姓明白这是出城接受改编的国民党部队后，向他们投去了友善的目光。

官兵们长长地舒了一口气，大有从笼中走出的感觉。

继骑兵师之后，中央军和傅的嫡系部队交替出城。到一月三十日中午十二时，除留守的一○四军一部和三十五军十七师外，其余各部陆续开出城外预定地点，共计二十五个师二十余万人。

孙英年即将带三一一师出城的头一天，傅作义怕他年轻气盛，特地叮嘱他："要注意维持纪律，注意官兵生活，与解放军相邻的部队搞好关系。"

孙英年出城的第二天早晨，电话铃接连响了三次，西直门、阜成门、复兴门的守门部队先后向他报告："解放军来接防城门了。"

孙英年回答："向解放军说明，我们不移交西三门。"

过了不到一小时，三座城门先后来电话向他报告："我们已被解放军包围了，再不交城门，就要被缴械了。"

孙英年急忙驱车赶到阜成门。

领头的解放军营长向他敬了个礼，很礼貌又不容置疑地说："我们是奉命来接西三门的。"

孙英年说："我们奉命不交西三门。"停了片刻，孙英年又说，"这样吧，我们共同向北平军管会请示。"

电话接通后，军管会值班人员要他立即到御河桥二号去见陶铸。

"孙英年同志，你还要不要脑袋，你为什么不交西三门？"一见面，陶铸便厉声责问。

孙英年急了："我是奉郭宗汾副主任命令不移交的。"

陶铸找来了郭宗汾。

郭宗汾说："守军出城时由你师守城门，这是为了进出方便。现在部队都出去了，守着那三座城门有什么用？"

孙英年满脸通红，无以对答。

陶铸笑着说："孙师长，你已经是解放军了，要一切行动听指挥。快去交城门，否则真缴了你的械。"

孙英年赶到阜城门："是我把上级命令领会错了。"

交出三座门后，孙英年命令守门的三个排完整地归还建制。

安春山带领的一○四军，一月三十一日最后一批撤出城外。安春山和谈态度积极，追随傅作义，执行傅的命令坚决。一○四军刚撤出，解放军便及时完成了城内的防卫防务。

国民党军队开出城外后，结束了原有的指挥关系，转隶属人民解放军平津前线司令部指挥和补给。

联合办事处与傅作义几次交换意见，并征求了国民党军兵团一级军官的意见，最后达成了改编方案。平津前线司令部、政治部召开会议，林彪、罗荣桓、聂荣臻、郭宗汾等出席会议，公布并开始实行改编方案。

方案主要内容为：

（一）原属"华北剿总"的第九、第四两个兵团和八个军部的三级指挥机构，应全结束，其所有的工作人员和直属部队，分别编入人民解放军平津前线司令部与各兵团部及各军部，其所属的二十五个师，则改编为人民解放军独立师，各特种部队则与解放军的特种部队合编；

（二）国民党部队中的政工人员，愿留解放军工作的，须经过训练，再行录用；

（三）原国民党部队各级军官凡接受解放军分配工作的，其本人和家属，均按解放军各级干部和家属享受同样待遇；

（四）原国民党部队军官中愿意学习深造的，按其工作职位与程度，分班组织学习。学习期间其待遇与在职干部相同；

（五）国民党军官中愿意回家的，按以下规定处理：甲、回家军官一律按原薪发给三个月月薪；乙、由平津前线司令部发给车票，在解放区沿途供给食宿（包括其家属在内）；丙、除不许携带武器及公用资财外，一切私人财物均可全部带走；丁、回家的国民党军官，可按其工作职务与需要，酌许带一二名护兵同行；戊、凡在解放区居住的国民党军官，回家后可分得应有的一份土地；如其本人是地主家庭，则其土地财产，已分与未分，均按土地法大纲第八条之规定处理。至于其本人，只要今后遵守民主政府一切法令，其过去对于农民的行为如何一概不加追究；已回家的国民党军官，一律发给"参加北平和平解放证明书"，以后愿来解放军工作，仍然受到欢迎。

罗荣桓在会上讲了话，他强调："这次改编，不只是改旗易帜，换个番号，而是政治上的变革，是从蒋介石指挥的军队，为大地主大资产阶级服务的军队，改变为为人民服务的军队。要学习解放军的政治制度，讲真话，讲民主，启发战士自觉；要改变国民党军队那一套政治制度，不是为少数人服务，而是为多数人服务。"

罗荣桓还宣布，解放军将派出政治干部到各受编部队参加工作，以提高官兵觉悟，使部队进步，使官兵关系、军民关系焕然一新。

傅作义关心部属能否过好改编这一关。

孙英年要带部队到杨柳青接受改编前，特来向傅作义辞行。

傅示意孙英年坐下："你多大年纪了？"

"三十八岁。"孙英年回答。

"三十八岁了，不小啦，要好自为之，不要犯错误，将来还要干事业。"

临别时，傅作义反复叮嘱："要像过去听我的话一样听解放军指挥，掌握好部队，维持好纪律，向解放军学习。"

规模之宏大为历史上少有，内涵之深刻为历史上所无的这次军队大改编，很快顺利地完成了。按照改编方案和官兵自己的意愿，对官兵分别作了安置。

与此同时，北平市的行政、财经、文教等方面的移交工作，也顺利完成。

北平，完整地回到了人民手中！

第十章

以诚相见　以心换心

一、傅作义又生困惑

一月二十八日下午，一辆黑色的卧车驶出中南海，车里坐着傅作义，北平原市长刘瑶章、王克俊。傅作义决意离开中南海，搬回新北平原总部住地。

车到复兴门，一队队入城的解放军开过来了。他们步伐整齐、精神抖擞、战歌嘹亮。沿途成千上万的群众伫立注目，向他们鼓掌、欢呼。这在北平的历史上是前所未有的。

傅作义看着这样的场面，感情极为复杂：这样士气高昂而又与人民群众亲如一家的部队，必定所向无敌，然而自己的部队过去毕竟与他们兵戎相见，交战多年。傅作义轻轻地闭上了双眼。

卧车驶进原总部大院，在一幢小楼前停住了，傅作义走下车来。往日三步一岗、五步一哨，车来人往的院里，冷落凄清；几棵梧桐树叶子早已落光，只有光秃秃的枝干在瑟瑟抖动。

几天后，一条条消息像一阵阵风，灌进了他的耳朵里：

原定释放的张家口战役中被俘的靳书科等高级军政官员，没有及时释放，原因是有关地区负责人认为这些人民愤很大，便没有执行上级指示。

傅作义的家属住在西交民巷一家银行宿舍，接收银行的军管人员竟要他们迁出。

邓宝珊一次出城，竟被岗哨扣留，还问他"是不是反动派"。

西城区人民政府通令国民党中统、军统特务限期前往登记时，有的工作人员弄不清国民党军政人员和军统、中统特务的区别，竟然打电话要傅作义去报到登记。

……　……

负责这方面工作的东北野战军政治部副主任陶铸得知这些情况后，对部属进行了严厉的批评，还多次到傅作义住处，与他谈心，向他解释，向他道歉。然而，傅作义心头的抑郁仍未消除。

二月一日中午，傅作义打开勤务兵送来的人民日报，看了一会儿便脸色铁青，继而又涨红了。

报上全文刊登了林彪、罗荣桓一月十六日致傅作义的信：

傅作义将军：

贵将军接受南京国民党反动政府所谓"剿匪戡乱"之伪令，率领所部数十万反动军队向着绥远、察哈尔、河北、热河及山西北部解放区和人民解放军发动残酷的进攻。先后攻占卓资山、集宁、清水河、和林格尔、凉城、丰镇、陶林、兴和、商都、尚义、张北、张家口、宣化、怀来、涿鹿、阳原、蔚县、广灵、天镇、阳高、怀仁、左云、左玉、山阴、延庆、龙关、崇礼、赤城、沽源、康保、宝昌、多伦、化德、涞水、易县、望都、完县、河间、高阳、任丘、安新、雄县、新城、容城、肃宁、蠡县、博野、霸县、永清、固安、安次、胜芳、古北口、香河、三河、武清、宝坻、宁河、玉田、丰润、平谷、蓟县、遵化、兴隆、迁安、卢龙、乐亭、昌黎、抚宁、承德、滦平、丰宁、隆化、平泉、青龙、凌源、凌南等诸解放区名城、重镇、县治及广大乡村。贵部军行所至屠杀人民，奸淫妇女，焚毁村庄，掠夺财物，无所不用其极。在贵军管辖地区压迫工、农、民、学、商广大人民群众，出粮、出税、出力，敲骨吸髓，以供贵将军及贵属所谓"戡乱剿匪"之用。在贵将军及其贵属统治之下，取消人民的一切自由权利，压迫一切民主党派及人民团体，使其丧失合法地位，压迫青年学生的爱国运动。贵将军又复下令破坏保定公共建筑及公用物资，炸毁北宁路滦河铁桥，在北平城外平毁村庄，在北平城内逮捕无辜人民，斩伐风景林木，拆毁古迹材料。贵将军及贵属在天津城内外之措施，亦复如此。本军奉令征讨，全为吊民伐罪。贵将军不敢野战，率领数十万军队退入平津，据城抵抗，使两城人民受尽痛苦，本军迭次通知贵将军及贵属，顾念两城数百万人民之生命财产，数千年之文化古迹，国家前途所系之轻重工业及贵属官兵之身家性命，提出和平缴械或出城改编两项办法。天津方面，市参议会代表出城谈判，本军当即表示欢迎。并提出下列诸点：（一）本军甚望和平解决，以免天津遭受破坏；（二）天津守军应自动放下武器，并保证不破坏公共财产、武器弹药及公文案卷；（三）本军保证一切自动放下武器之官兵个人及家属生命财产之安全；（四）如果守军不愿自动放下武器而欲抵抗到底，则本军将采取攻击行动。破城之日，守军方面诸反动领袖不能按照在小城市及乡村中作战时被本军所俘敌方军官一样待遇，而将加重其处罚。市参议会代表与本军代表谈判两次，均为天津城防司令陈长捷及六十二军军长林伟俦等所破坏，以致毫无结果。贵将军徒于最后时机，命令天津守军坚持匪首蒋介石命令抵抗到底。本军迫不得已，乃于本月十四日上午十时开始总攻，至十五日下午三时解决战斗，贵部十余万人全部缴械，匪首陈长捷、林伟俦等均被俘虏，足证守军之抵抗毫无作用。现在天津业已解放，人民重见天日，欢声雷动，迎接人民解放军。北平被困业已月余，人民痛苦日益增重，本军一再推迟攻击时间，希望和平解决，至今未获结果。贵将军身为战争罪犯，如果尚欲获得人民谅解，减轻由战犯身份所应得之罪责，即应在此最后时机，遵照本军指示，以求自赎。办法如下：（一）自动放下武器，并保证不破坏文化古迹，不杀戮革命人民，不破坏公共财产、武器弹药及公文案卷，如贵军及贵属能做到这些，则本军保证贵部官兵生命财产之安全，对于贵将军的战争罪责，亦有理由向人民说明情况，取得人民谅解，予以减轻或赦免；（二）如贵将军及贵属不愿自动放下武器，而愿意离城改编，则本军为保全北平不受破坏起见，也可以允许这样做。本军可以允许贵军离开北平，开入指定地点，按照人民解放军的制度改编为人民解放军。上述两项办法，任凭贵将军及贵属自由选择。本军并愿再一次给予贵将军及贵属以考虑及准备之充分时间。此项时间，规定由一九四九年一月十七日上午一时起，至一月二十一日下午十二时止。如果贵将军及贵属竟敢悍然不顾本军的提议，欲以此文化古城及二百万市民生命财产的牺牲，坚决抵抗到底，则本军为挽救此古城免受贵将军及贵属毁灭起见，将实行攻城。攻城时，本军将用精确战术，使最重的打击落在敢于顽抗者身上；而对于不愿抵抗之贵属，则不给予任何打击，并予以宽待。城破之日，贵将军及贵属诸反动首领，必将从严惩办，决不姑宽，勿谓言之不预。

中国人民解放军平津前线司令员　林　彪

政治委员　罗荣桓

一九四九年一月十六日

傅作义的双手在颤抖，手中的报纸簌簌作响。

这封信，是毛泽东以林、罗名义写的。本来在五里桥时已由聂荣臻交给邓宝珊、周北峰，要他们尽快转交傅作义。但二人觉得措词过于严厉，担心傅作义接受不了，所以一直未交给傅。傅作义现在看到，感到十分突然。

"是不是解放军的那些年轻干部干的？"傅作义想。一转念又认为年轻干部不敢干这等事。

北平已经和平解放，守军已开出城外接受改编，为何还在报上公开刊登这类东西？傅作义越想越气，愤怒、怀疑一起涌上心头。

二月三日，傅作义给林彪、罗荣桓写了一封信。信中说：我在解放战争中追随蒋介石，负有罪责，应受人民的惩处。请对我个人按战犯加以惩处，请指定看守所，我主动去报到。

二、聂荣臻、傅作义相见

位于天安门以东一里地左右东长安街与王府井交口处的北京饭店，中西合璧，是四十年代末北平城里最好的饭店之一。

二月八日下午，细心的过往人们发现，饭店前后多了几个衣着整洁、精神抖擞的解放军哨兵。

不一会儿，几辆吉普车鱼贯开到饭店门口，林彪、聂荣臻、叶剑英下车进了饭店，他们准备在这里宴请傅作义，和他开诚布公地交换意见。

傅作义起义后情绪会出现什么变化，该怎样对他工作，毛泽东早已有估计。毛泽东深谙辩证法，深知和平起义对于傅作义来说是人生根本的变革，不可能说变就变，没有反复。因此，二月三日，毛泽东致林彪、罗荣桓、聂荣臻、叶剑英、彭真的电报中，特别叮嘱："……入城后，请林彪和傅、邓见面扯开谈一次。"

收到毛泽东的电报后，聂荣臻陷入了沉思：傅作义将军和平起义的义举，体现了很大的魄力，下了很大的决心。但是，立场、感情的根本变化，不是一蹴而就的事，需要经过长期的痛苦的过程。为了准备这次相见，聂荣臻全面了解了傅作义的生平。

"九一八"事变后，傅作义对蒋介石的不抵抗政策痛恨至极，率部坚决抗日。一九三三年长城抗战，傅作义率部沉重地打击了日本侵略军的嚣张气焰。一九三六年绥远抗战中，傅作义亲临一线指挥，勇谋过人，使入侵绥远的日军遭到沉重打击，并将日军苦心培植的德王、李守信、王英等反动势力全部摧毁。为此，毛泽东曾专门派南汉宸携带一封亲笔信，前去慰问。"七·七"事变后，傅作义以民族利益为重，坚决抗战，坚持与中国共产党搞统一战线，在忻口保卫战、太原会战、绥西抗日三战役中，战功卓著……十三年间，傅作义率部转战一万八千余里，进行大小战役、战斗二百九十多次，基本保持了不败的纪录。

"傅作义将军是一位爱国名将，为了中华民族立下了不朽的功勋！"聂荣臻心里默念。

此时，门外响起了汽车的响声。聂荣臻等人走出会客厅，迎候傅作义。

傅作义走过来了。

聂荣臻迎了上去。

"傅将军，你好！"聂荣臻热情地问候道。

"聂将军，你好！"傅作义也十分热情。

他们都看着对方，会心地笑了，两双大手紧紧地握在一起。

傅作义看着比自己年轻四岁的聂荣臻，是那样沉稳、干练而又热情洋溢。

在这之前，傅作义也了解了聂荣臻不平凡的人生经历。

傅作义深深感到，聂荣臻是位文武双全、出类拔萃的解放军高级指挥员。

这是他们平生第一次见面，是一次历史性的会见。一位是华北军区司令员、平津前线总前委成员之一，另一位是"张垣绥靖公署"主任、华北"剿总"总司令，二人是解放战争开始以来最直接、最主要的对手。如今，民族的利益，正义的力量，使他们走到一起，握手言和了。这是中国共产党人，也是每一个有良知的炎黄子孙所企盼的历史现象。这种现象越普遍，中华民族就越能兴旺发达、昂首挺胸仁立于世界民族之林。

林彪、叶剑英也依次和傅作义热情握手，互致问候。

"傅将军，"林彪首先发言："北平和平解放，这座闻名世界的文化古都未遭破坏，完整地回到了人民的手中，你的功劳是很大的。而且，北平和平解放，树立了一种'北平方式'，这对全国其他尚未解放的地方来说，无疑是一种很好的样板作用。共产党对所有于革命有贡献的人是决不会亏待的。"

傅作义深有感触地说："多年来，我主观上也想为人民做好事，客观上却替地主、资本家当了保镖。参加国民党挑起的内战是错误的，辽沈战役后，我就深深感到不能再打下去了。今后应以共产党为领导，才有中国的前途，才有中华民族的前途。"

林彪把话题转到了公开信上："一月十六日的信，是符合傅将军过去的情况的，是对傅将军过去的情况作了一个结论。我们不会因为过去之罪抹煞傅将军今日之功，当然，也不应以今日之功，含糊过去之罪。把问题讲清楚了，在新的基础上开始新的合作。"

傅作义默默地听着。

傅作义说："过去，我也把民主作为自己的政治追求。但对共产党关于民主的主张缺乏了解，甚至有误解，这就障碍了自己与共产党走到一起。"

聂荣臻接过话茬儿说："在阶级对立的社会里，对这个阶级实行民主，就不可能对另一个阶级实行民主。"

傅作义的目光，转向聂荣臻。

聂荣臻接着说："中国共产党所讲的民主，是对百分九十的人实行的民主，对百分之十的反动分子则实行专政。因此，共产党的民主是代表绝大多数人的，有着最广泛的群众基础，是真正意义上的民主。"

傅作义微笑着说："聂将军的话言简意赅，把问题讲得很清楚了。共产党考虑问题，作出决定，首先考虑的是人民的大多数。我决心今后好好为人民服务，中国共产党叫怎么做，我就怎么做。"

"我们欢迎，我们欢迎！"聂荣臻说。

"对于部队的改编和政权的接收，中国共产党和解放军的领导认为怎么搞好，就怎么搞，不必多有顾虑。"傅作义说。

叶剑英说："傅将军胸襟宽阔，态度很好，我们很钦佩！"

林彪说："作为军人，不能不考虑战争的胜负。傅将军是一位极富指挥才干的将军，这是历史已经作了证明的。但是，辽沈、平津战役国民党军队的失败，主要不在个人才能上。国民党违反人民利益，遭到人民反对，失败是必然的；反之，共产党代表人民利益，得到人民支持，胜利也是必然的。"

"一时胜利在于力，千秋成败在于理！"傅作义一字一顿地说。

聂荣臻、叶剑英异口同声："傅将军言之有理！"

邓宝珊站起身，声音洪亮："今天大家聚在一起，一下子把问题都谈清楚了，我受益匪浅。我的心愿和共产党、解放军完全一样，无非我不是共产党员。"

邓宝珊直率、坦诚的话，引得举座一片笑声。

"这样吧，今天先谈到这里，以后还有机会深谈。"聂荣臻说着站起了身，礼貌地打了一个手势，邀请大家进餐厅。

席间，几位将军频频举杯。

不嗜烟酒的聂荣臻和不嗜烟酒的傅作义，两人都一同举起了酒杯，用力一碰，一饮而尽。

举桌一片笑声。

三、妥善解决警卫团问题

北平和平解放后，发生了一件事——傅作义没料到，聂荣臻没料到，而又惊动了周恩来的一件事。

《和平协议》第六条规定："傅作义先生仍得留必要之警卫部队。"按照傅作义的意见，给他保留了整整一个团的兵力。

然而，这个警卫团中的两个营，竟先后两次携带武器冲击香山。

这天傍晚，聂荣臻正在吃晚饭，两声卧车的喇叭声响过后，周恩来急忙下了车。

有什么急迫而重大的事，没有打电话，也没有提前打个招呼，周恩来就急着赶来了？聂荣臻急忙放下手中的碗筷。

"荣臻，快调一支部队去执行任务！"

去执行任务，而且是周恩来副主席亲自来布置的。聂荣臻情知非同小可。

当聂荣臻得知是傅作义警卫团的两个营连续两次冲击香山后，神经一下子紧起来了。

香山是中共中央进驻北平后的临时住地，对外称"劳动大学"，毛泽东和其他中央领导就住在那里。这还得了！

聂荣臻命令作战处长唐永健："你快带一个团去办事！"

唐永健转身离去，聂荣臻立即给警卫北平的一个师打电话，通知他们派一个团由唐永健带领执行任务。

在唐永健的带领下，这个团很快包围了傅作义警卫团的住地——翠微路的一座兵营，还控制了周围的几个制高点。

这个团是半个多月前成建制地进行改编的，从上到下派进了解放军的政工干部，制服早已换成了解放军军装。

一切安排停当，唐永健的吉普车才进了大门。没遇到什么阻拦，车上挂的是华北军区的车牌子，哨兵认识。

这时天快黑了，警卫团的官兵们吃过饭，正三个一伙五个一群地聚在院子里聊天。

唐永健把解放军派去的几个政工干部找到一间小屋里，说明情况，要他们去做工作，说明解放军已经把这里包围得水泄不通了，只有放下武器才是出路。

缴械不是件容易的事，更何况是傅作义的警卫团。一直谈了三个小时，官兵们才勉强同意。

警卫团快交武器了，唐永健又宣布了一条规定："不许摔摔打打的，摔坏了枪支弹药解放军可要动武！"

很快，全团的武器都交到了院子里，码得像座小山。

士兵们交完武器，都回宿舍休息去了。

这时，唐永健忽然发现，没有见到警卫团的头头们，一问，才知道他们晚上都回家睡觉。

"这些人要是知道部队被缴了械，还不知道要怎么闹腾呢。"唐永健心想。

唐永健驱车赶到六部口北京卫戍区纠察总队，找到总队长李青川。两人一合计，很快带人把警卫团的团长也抓起来了。

再说，周恩来、唐永健走后，聂荣臻回到办公室里，边等候下面汇报情况，边考虑开了："这事要解决好，而且要杜绝今后发生类似事情。否则，对落实'和平协议'不利，对北平的治安不利，对傅作义将军也不利……"

电话铃声响了，是周恩来询问情况。唐永健还没有回来，聂荣臻让周恩来再等一等。

夜深了，还是没有消息。

聂荣臻躺在床上，一直未能入眠。

凌晨，窗棂上响起了轻轻的敲击声。

"聂司令员，我回来了。"是唐永健的声音。

聂荣臻一骨碌起身，打开门，让进唐永健："情况怎么样？"

"都缴械了，他们的团长也抓起来了。"唐永健急急忙忙赶回来，显得很兴奋。

"哦，都缴械了，团长也抓起来了……向周恩来副主席报告了吗？"聂荣臻问。

"没报告，哪里来得及呢？"唐永健说。

处理与傅作义有关人员的问题十分敏感，况且是缴械、抓人。聂荣臻立即拿起电话，向周恩来报告了情况。

周恩来回答得十分干脆："这样处理好，有利于彻底解决问题！"

周恩来很快向毛泽东作了汇报，得到了毛泽东的赞同。

第二天一早，傅作义得知警卫团被缴械，立即找到北平市军管会主任叶剑英问："为什么缴我警卫团的械？'和平协议'不是明确规定了吗？怎么能这样干！"

傅作义越说越气愤，竟拍起了桌子。

叶剑英不了解情况，只能好言相劝。

问题没解决，怒气未消，傅作义让王克俊到华北军区去交涉此事。

聂荣臻吩咐政治部副主任蔡树藩和唐永健："你们把情况向王克俊先生讲清楚，让他回去好向傅将军报告。"

王克俊的火气也很大，一见面就说："缴傅将军警卫团的械，是过河拆桥，不讲信义！"

蔡树藩劝导着："慢慢说，慢慢说，有事好商量。"

"好商量？枪都下掉了还商量什么？"

"傅将军为了实现北平和平解放，几十万军队都交出来了，还在乎一个团。有些情况，你和傅将军都不甚了解，一旦了解清楚情况，一定会理解我们为什么这样做的。"蔡树藩耐心地解释着。

唐永健把两个营冲击香山的情况作了介绍，接着说："傅将军留下一个团，目的是要保证他的安全，但是现在看来，并不能达到这个目的。"

"为什么？"王克俊问。

唐永健没有马上解释，而是反问："这两个营冲击香山的事，你们事前知道吗？"

"怎么会知道呢？要知道了，还能不阻止。"王克俊说。

傅作义也不知道。

"这样的行动，你们不了解，警卫团的其他情况，你们也未必了解。"蔡树藩说。

王克俊没再吱声。

"傅将军和平起义后，保护他的安全，既是你们的责任，更是我们的责任。试想，要是傅将军出了什么问题，蒋介石，还有帝国主义肯定会造谣，说我们共产党加害于他，这影响可就太大太大了！"

王克俊觉得唐永健讲得有道理。

"这一团人中，有没有中统、军统留下的特务？有没有被蒋介石收买了的？"

"这个，我们没把握。"王克俊是个坦诚的人，说话实在。

蔡树藩说："这样吧，请你回去向傅将军报告，让他挑三五十个可靠的士兵作贴身警卫。当然，这些人要十分可靠，不能有中统、军统成员，也不能被收买被利用。"

王克俊回来后，向傅作义作了汇报。傅作义静心一想，也是，自己走和平的道路，警卫团上千号人，都和自己一个想法？都是自己的人？他们都有武器，看似加强了警卫，实际却隐藏着祸患。

事后，傅作义亲自挑选了三十五人，作为自己的贴身警卫。北平卫戍区发给了他们枪。

事后，上级从团结大局出发，妥善地处理了问题。冲击香山的两个营交给华北补训团，拆散了学习、训练，然后重新分配。未参加冲击的那个营的干部，有一部分被送到步兵学校学习，学完都提升了职务。团长等人也很快放了出来，恢复了自由。

四、毛泽东：“你立了大功！”

"北峰，我打算亲自去石家庄，拜见毛主席。你向叶剑英主任说一下，是否可以？"二月中旬的一天，傅作义对周北峰说。

见周北峰要问什么，傅作义接着说："你看，和平通电草稿已拟出，两个多月始终不能定稿，绥远的和平起义未能最后商定，另外我……"

周北峰已有感觉，傅作义还有心事。周北峰想，要能见到毛主席，好好谈一谈，也许就好了，便说："好，我马上去找叶主任。"

周北峰很快找到叶剑英。

叶剑英说："你转告傅将军，我立即请示党中央。"

二月二十日，毛泽东从西柏坡致电叶剑英：欢迎傅作义、邓宝珊和颜、邵、章、江一道来此一谈，请问傅、邓是否同意，如愿来时，亦如颜、邵等一样，不要带任何随从，并要对谈话地点保守机密。颜、邵、章、江，是上海和平代表团的颜惠庆、邵力子、章士钊、江庸。

叶剑英立即将毛主席的电报精神，告诉周北峰，并让他转告傅作义。

二月二十二日上午，周北峰将傅作义、邓宝珊及阎又文送到西郊机场，与上海和平代表团一道直飞石家庄。

天气晴朗，飞机飞得不高，机下的田野、村舍历历在目。

傅作义的脑际，浮现出与毛泽东一次次未曾谋面的交往。

一九三六年八月，毛泽东派南汉宸持亲笔信，函请傅作义毅然抗日，努力救亡图存，红军决为后盾。十月二十五日，中共代表彭雪枫又携毛泽东亲笔信去绥远，再度鼓励傅部抗战。傅作义率部在绥东抗击日本侵略者，取得百灵庙大捷后，毛泽东又从陕北给他发了贺电，并派南汉宸率慰问团赴绥，赠送"为国御侮"的锦旗……

飞机很快在石家庄降落了。中共中央办公厅主任杨尚昆、统战部长李维汉热情地迎上前去："我们代表中共中央、代表毛泽东主席前来欢迎傅将军、邓将军！"

稍事休息后，叶剑英陪同两人换乘吉普车前往西柏坡。

吉普车在蜿蜒的山路上快速前进，傅作义看着擦窗而过的翠柏绿枝，透着欣喜的心里又多了几分紧张。

吉普车在山岭下的几间小屋前停下，门前伫立着中共中央副主席周恩来。

"傅将军、邓将军，欢迎你们到西柏坡来。"周恩来落落大方。

"周副主席，谢谢你，给你们添麻烦了。"傅作义、邓宝珊客气地说。

这是中共中央西柏坡招待所，傅作义、邓宝珊被安排住在这里。

下午，毛泽东接到周恩来的报告后，高兴地念叨着："好，好，我去看他。"说着，披上一件皮大衣，戴上棉帽，乘吉普车赶到招待所。

傅作义、邓宝珊在周恩来的陪同下，等候在招待所门口。吉普车驶过来了，毛泽东下了车。傅作义大步迎上去，先是一个标准的立正，然后恭恭敬敬地行了一个军礼。

毛泽东伸出大手，紧紧地握住傅作义的手。

在这之前，傅作义没见过毛泽东，而此时却觉得毛泽东是那样熟悉，仿佛早已见过面，早已是老朋友了。

走进陈设简陋，仅摆放着简单木椅的会客室后，充当工作人员的年轻士兵端上白瓷的水壶、茶碗，逐一沏好茶水后，轻轻退下。一切是那么简单，那么自然。

毛泽东示意客人喝水。

傅作义端起茶杯，心里一阵翻腾说："毛主席，我有罪！"

"不，不，你有功，你有功，"毛泽东微笑着点点头说，"你在抗日战争中立了大功，现在又为人民做了一件大好事，人民不会忘掉你，人民永远感谢你！"

傅作义嘴唇翕动着，想说的话很多，又不知从何说起。

毛泽东接着说："傅将军，过去我们在战场上见面，清清楚楚，今天我们是姑舅亲戚，难舍难分。"

毛泽东的话，犹如一阵春风，把傅作义积聚在心头的疑虑一下子吹得烟消云散了。

毛泽东给傅作义递烟："傅将军，请抽烟。"

傅作义微微欠身："请原谅，我不会吸烟。"

"好，恩来也没这个不良嗜好，"毛泽东说着，把烟又转递给邓宝珊，"你抽起来，要不我就孤立了。"

邓宝珊、傅作义都笑了。

毛泽东慢慢地喷吐出一股青烟，他半眯缝着眼用右手食指轻轻地弹掉一节烟灰，说："邓先生也不是外人，四三年你到延安住了二十天，我们有过两次彻底长谈，还记得吗？"

"记得，终身难忘。"邓宝珊说。

毛泽东转向傅作义："北平和平解放了，这真是件大好事。如果诉诸武力，枪炮一响，城市设施连同文物都要毁于一旦，那你就成为千古罪人。"

"是这样，是这样。"傅作义说。

"如今，你保护了北平二百万人民的生命财产，保护了千年的文明古都，这是大功呀！还有，对于你的部下，你也为他们做了一件大好事，保护了他们的生命和家庭。要不和平起义，不知又要有多少人家破人亡啊！"

"是的，我们不应再做使亲者痛、仇者快的事了。"傅作义说。

毛泽东又深深地吸了一口烟："北平是世界上少有的古都，历史书上这样讲，我在北大待过一段时间，感受就更真切了。英法联军烧了圆明园，破坏了许多名胜古迹。如果这次不是和平解决，把紫禁城打毁了，我们的民族损失就大了。"

傅作义放下茶杯，点头表示赞同。

"傅将军，既然是和平解决，原来的部队就要进行整编，将来都是人民解放军的成员，一样对待，决不受歧视，起义有功，就既往不咎嘛！"毛泽东说。

"过去的部属中，对改编成为解放军的一分子，都是很高兴的。"傅作义说。

"傅将军，不知你是否了解这样一种现象，我们部队的战士，有很多原来是国民党那边的士兵。这情况你可以讲给部下听，人民解放军战士的现在，就是他们的将来。"

"这情况过去我不大了解，回去后一定多宣传，做好整编工作。"傅作义说。

这时，参谋人员走进会客室，递上一份电报，周恩来看完后，递给了毛泽东。

"你们看，过长江的事，现在又要往后推了。"毛泽东说着，将电报递到傅作义、周北峰两人面前。

"这个，涉及机密的事，我们……"傅作义犹豫不决。

"上海和平代表团来了，我们同意谈判，过江的时间就往后推了。谈好了，就可以唱着歌过去，谈不好就开着炮过去。傅将军，你是个很有才华的指挥官，以后打仗的事，还要多向你请教。我们的朱老总、彭德怀、刘伯承、贺龙不都在国民党军队中干过吗？现在都是我们的高级军官。"

周恩来接着说："从现在起我们就是一家人了，许多工作要请你多指导，你不要有什么想法。"

"是，是。"傅作义说，"主席，就是有些前一阶段被俘的军官……"

"按照和平协议，一律释放。有些已经释放了，有些正在释放。"

"我们有些基层干部政策水平不高，该释放的没有及时释放。我们正在督促落实，请傅将军放心。"周恩来补充说。

傅作义连连称谢。

"俘虏你的人员，都给你放回去，你可以接见他们，然后送到绥远去。"毛泽东说。

"都给我？还要送到绥远去，那……"傅作义不理解。

毛泽东笑了："有人不是说我们杀人放火、共产共妻吗？这些人到了绥远，就可以现身说法了。"

"哦，我一定做好他们的工作，让他们坚决服从中共中央和你的决定，将功补过。"

"傅将军，你是有功的，也是有德有才的，将来应该到政府里工作，不知你愿干什么？"毛泽东问。

邓宝珊说："宜生主政绥远，在河套地区兴办水利，屯垦兴农，是很有成绩的。"

周恩来说："只是治理河套，不够傅先生办的。"

毛泽东说："只管黄河河套，面太小了，将来你可以当水利部长，把才干都发挥出来。另外，军队的事，你还是要管的。"

"我下半生一定在共产党领导下，为国家建设尽绵薄之力。"傅作义诚恳地说。

"傅将军，你个人、包括家庭，还有什么事要我们办的吗？"毛泽东问。

"没有什么，没有什么。"

邓宝珊说："傅先生的女儿傅冬菊，是共产党员。"

周恩来说："傅先生养了个好女儿。荣臻的电报中，就讲到过。她在和平解放北平中，也是立了功的。"

"张治中将军的女儿张连盈是共产党员，陈布雷先生的女儿陈琏也是共产党员，他们都跟着共产党走了。"邓宝珊说。

"岂止他们。你们二位不也跟着共产党走了。"周恩来说。

众人笑了。

"傅将军，蒋介石一辈子耍码头，最后还是你把他耍掉了。"毛泽东呷了一口茶，"和平解放北平，共产党不会忘记你，人民不会忘记你。"

傅作义听着，眼眶潮湿了。

"傅将军，本来今天应该多听你讲讲，可我这话匣子一打开，就收不住了。你再讲一讲吧。"

"主席，我要说的，你都讲了，我心里的顾虑，你都给打消了，我今后该怎么办，你都给指明了……"傅作义动情了，有些不能自已。

"你住在北平，我们不久也要到北平，还可以多谈。今天我们初次见面，我觉得我们很谈得来，今后完全能够合作共事。"

"那好，我愿多聆听毛主席的教诲。"

傅作义感到此行的目的已经达到，便起身告辞："毛主席的教诲，我会铭记一辈子。我今后一定会按你的指示办事。"

毛泽东、周恩来与二人握别。

二月二十四日，傅作义、邓宝珊由石家庄坐飞机返回北平。

傅作义心情舒畅，情绪高昂，积极宣传共产党英明伟大。而周围的人，都觉得他像变了个人似的。

五、傅作义发表和平通电

三月二十五日，中共中央从西柏坡进驻北平，暂住香山。

这天下午三点，毛泽东、朱德、刘少奇、周恩来在西苑机场检阅了中国人民解放军，受阅的有一个炮兵师、一个装甲坦克师、一个步兵师。

傅作义和其他民主人士一道，到西苑机场去迎接毛泽东，应邀参加检阅了解放军。

第一次检阅人民的军队，傅作义深深感到，中国人民真是站起来了。

三月末的香山，迎春泛黄，垂柳抽芽，黄的、白的、红的山花打蕾、绽放了。和煦的春风一吹，让人心里暖洋洋的，惬意极了。

一辆黑色的美制卧车从城西驶来，越过小麦泛青的田畴，沿着傍山小路，驶进香山园区，卧车在双清别墅前戛然而止。

傅作义、邓宝珊依次下车，他们是应毛泽东之邀前来叙谈的。

毛泽东满面春风，沿阶而下，迎了过来。

"宜生、宝珊，二位近来好吗？"毛泽东操着湖南乡音，显得格外亲切。

他们一同走进客厅。

"很好，主席，这辈子从未这么轻松愉快过。"傅作义回答说。

"我也一样哩。"邓宝珊也说。

"此话怎讲？"毛泽东微笑着，亲手为他们沏茶。

"北平的问题解决了，军队改编完成了，原政府工作人员正在逐步安排，人民生活安定下来了，治安状况迅速好转，市容市貌极大改观，我也就心安理得了。共产党比我高明得多哟！"傅作义赞叹着，乐不自禁地笑了。

"你们二位也都是治国治军的人才，只不过在国民党那里，怀才不遇，抱负难以施展，今后治国治军，你们定会有大的作为的。"毛泽东说。

"主席是对我们嘉勉。"

毛泽东说："现在北平问题基本解决了，我们请二位来谈谈对今后治国治军的意见，也可以谈谈人生，我们已经是朋友了嘛！"

傅作义、邓宝珊毫无拘束，谈锋甚健，一谈就是两个来小时。

傅作义一看表："哟，快两个小时了，我们不该多占主席的时间了。"

"不，不，你们谈的，对我很有启发、教育，我要谢谢二位。"

"是主席的谈话，又一次教育了我们。"邓宝珊说。

起身握别时，傅作义说："我准备了个和平通电，想公开发表一下。"

"很好嘛，很好。哦，我想起来了，二月初我给聂荣臻他们发过一个电报，其中就讲到你准备发通电的问题。我在电报里说，应发表站在人民方面的通电，如果暂时不愿发这样的通电，也可以，等一等，想一想再讲。他们把这意思转告你了吧？"

"转告了。是不是我把通电底稿送来，请主席斧正、审定一下？"傅作义问。

"不用不用，对一些基本问题认识明确了，通电还会成问题吗？"毛泽东放声笑了。

傅作义、邓宝珊也都会心地笑了。

回来后，傅作义把《通电》字斟句酌地推敲了几遍，四月一日公开发表了。

中共中央毛主席、中国各民主党派、各人民团体、各民主人士及国民党中的爱国的朋友们：

北平的和平工作，自一月二十二日开始，现已圆满完成。地方未曾遭受破坏，人民的生命财产，没有遭受损失，文物、古迹、工商、建筑，也都得到保全，北平的和平解决，蒙全国各方的称许，认为是实现全国和平的开端。现在当全国和平商谈之际，在这个时候，我愿把我的认识和意见，向全国各方说明。

两年半的内战，我个人内心和行动，主观和客观，是在极端矛盾中，痛苦地斗争着，北平和平的实现，就是由认识到行动，自我斗争的结果。现在回忆既往，我感觉我最大的错误，就是执行了反动的戡乱政策。我们在实行所谓戡乱的时候，每天说的虽是为人民，而事实上一切问题，都是处处摧残和压迫人民。我们的部队，在乡里给大地主看家，在城市里给特权、豪门、贪官、污吏保镖。我们不仅保护了这些乡村和城市的恶势力，而且还在不断地制造和助长这些恶势力。这种错误的原因，反映在政治上，就是腐败；反映在经济上，就是崩溃；反映在文化教育上，就是控制和镇压青年学生的反抗；反映在社会上，就是劳苦大众的生活，一天天的贫困，上层剥削阶级奢侈淫靡的享受，一天天的增高；反映在外交上，就是依附美国；反映在军事上，就是由优势变成劣势。所有这些都是因为违反了人民的利益，所以得不到人民的支持，最后为人民所抛弃。中国共产党为什么成功呢？这是因为共产党以工农大众和全国人民的利益为基础，在乡村彻底解决了土地问题，得到了广大农民的拥护；对城市工商业，实行公私兼顾，劳资两利，铲除官僚资本，保护民族工商业的发展。共产党的民主联合政府的主张，已经得到全国各民主党派和人民的拥护。新民主主义不但科学地解释了三民主义之内容，而且正确地说明了中国革命的过去、现在和将来。新时代的民族民主革命，已经不是属于旧的范畴，必须有工农阶级和代表工农阶级的共产党的领导，才能保证革命政策的彻底执行和革命任务的彻底完成。共产党人既然对于历史有了正确的认识，又有为人民服务的艰苦奋斗的精神，所以一天天的得到成功。正确的政策是真正和平的前提，也是真正和平的保证。所谓戡乱政策，既然完全错误，共产党的新民主主义既然完全正确，我们就必须公开反对所谓戡乱政策，真诚的实现和平，不应该再犹豫、徘徊，违背人民的愿望。北平的和平，就是遵从人民的利益与愿望，勇于自觉，勇于负责的认识和行动，符合于正确的政策，符合于毛泽东先生所提出的八项和平条件，这种和平是真诚的和平。一切有爱国心的国民党军政人员，都应该深切检讨，勇于认错，以北平和平为开端，努力促使全国和平迅速实现。然后国家才开始建设。今天，中国人民民主事业，是以中国共产党的领导，工农联盟为基础，团结全国各民主党派，国民党的进步人士，和全国各民主阶层，共同奋斗。这已经是大势所趋，人心所向。作义本此认识，今后愿拥护中共毛主席的领导，实行新民主主义，和平建设新中国。

聂荣臻捧着刊登《通电》的报纸，满心欢喜："傅将军完全站到人民方面来了！"

毛泽东连看了两遍《通电》，十分高兴，命笔复信：

傅作义将军：

四月一日通电读悉。南京国民党反动政府发动反革命内战的政策，是完全错误的。数年来中国人民由于这种反革命内战所受的浩大灾难，这个政府必须负责。但是执行这个政策的国民党反动政府的文武官员，只要他们认清是非，翻然悔悟，出于真心实意，确有事实表现，因而有利于人民解放事业之推进，有利于用和平方法解决国内问题者，不问何人，我们均表欢迎。北平问题的和平解决，贵将军与有劳绩。贵将军复愿于今后站在人民方面，参加新民主主义的建设事业，我们认为这是很好的，这是应当欢迎的。

毛泽东

一九四九年四月二日①

四月一日，傅作义宴请张治中、邵力子等南京国民党政府代表。

席间，张治中说："宜生通电所言，不无道理。"

邵力子伸出拇指："全是肺腑之言。"

《通电》传到捷克斯洛伐克首都布拉格正在召开的世界和平大会上，引起了极大反响。会议把《通电》作为正式文件印发代表。许多代表在发言中，增加了祝贺中国革命胜利，谴责国民党反动派的内容。

傅作义的通电和毛泽东的复信，越过黄河、长江，飞越贺兰山、秦岭，传到人民解放军部队，也传到了分散于各地的国民党部队，极大地鼓舞了解放军指战员，有力地分化、瓦解了敌军营垒，对湖南、四川、云南、新疆的解放，产生了重大影响。

在以后半年里，毛泽东先后七次接见傅作义，其中有一次谈话长达一天一夜。有几次，是聂荣臻陪同接见的。毛主席耐心听取、征询傅作义的意见，向傅说明为什么打不起第三次世界大战，还就中国的前途、道路及傅个人的前途、傅的部属的工作安排，都作了具体阐述。对傅提出的问题，毛泽东都逐个解答，并托人解决。

傅作义感动地说："我完全拥护毛主席的意见，坚决走人民的道路！"

---

①中共中央文献研究室、中央档案馆编《建党以来重要文献选编（一九二一——一九四九）》第26册，中央文献出版社，2001，第244页。

第十一章

共促绥远和平起义

一、毛泽东阐释"绥远方式"

初春的朝阳，透过古柏的枝叶，细金碎银般地铺洒在庭院里。

沿着古砖铺成的小径，傅作义绕走了十来圈儿，停在花坛旁，扬臂、扩胸、下蹲，浑身上下沁出了热气。他做了几个深呼吸动作后，拾级回到客厅，落座在沙发上。

在平稳的日子里，傅作义习惯在每天的这个时候，闭目思考，把待办的事情，在脑子里理一理。今天他想的是绥远问题。

早在一月二十二日，也就是傅作义向高级军政人员宣布《和平协议》的第二天，绥远省主席董其武飞抵北平，求见傅作义。

"现在这么忙乱，你来干什么？"一见面，傅作义就问。

"正是这会儿我才来的，"董其武说，"北平和平解放的条文里，怎么没有提到绥远呢？"

"绥远的问题，等我见了毛泽东主席之后再定吧！"

"绥远情况相当复杂，不可久拖。"

"这个我知道。这样重大的事情，要认真做好准备。要给大家讲明道理，讲清利害，为了人民的幸福，为了全体官兵的前途，为了我们每个人的前途，必须走人民的道路。"傅作义认真而严肃地说。

在西柏坡与毛泽东、周恩来围坐在一起，倾心交谈时，毛泽东主动提出了绥远问题。

"宜生，这绥远的问题，你有些什么考虑，绥远可是你的老根据地哟！"毛泽东扬起剑眉，微笑着。

"主席，"傅作义向前挪动了一下身子，"这绥远，我有考虑，就像北平一样，和平解放。"

"和平解放？好哇，"毛泽东用力吸了一口烟，"不过，完全像北平这样还不够，还要更宽松一些，更主动、更积极一些，是一种新的方式。"

"新的方式？……"

"那就叫绥远方式。先放一下，等待他们起义。绥远的军队嘛，还编两个军。"

见傅作义面带困惑，毛泽东又说："我们和董其武将军先划个和平线，我们不打过去，他也不打过来，等待董将军先做好内部工作。另外，派个联络处，加强联络，还要把铁路连通，把邮政开通，把贸易搞起来，这样对老百姓有好处嘛！至于起义时间，董其武将军觉得什么时候适宜，就什么时候起义。"

傅作义一听，觉得这样的政策，比北平确实要宽松，绥远的部队通过起义，改编成两个军，尽管要拖一段时间，但却显得更积极、主动。傅作义连称："好，好！"

接着，毛泽东谈起把被俘人员还给傅作义，让他再送到绥远去的问题。

毛泽东把烟头在火盆边摁灭："而且，这批放到绥远去的人，以后要按起义人员对待；有功的，我们还要奖赏呢！"

听毛泽东说完，傅作义深感满意，这样既有利于绥远问题的解决，又是在挽救大批干部，毛主席对这些问题考虑得这么周到！不过，当时他主要想的是北平的事，因此，也就没有再和毛泽东深谈下去。

绥远，确是他的根据地。自一九三一年一月，所部被张学良编为三十五军，让傅任军长，兼代绥远主席，率部移驻绥远后，十几年间，他主要就驻守在这里，在这里练兵，在这里打仗，在这里实现自己办工业、农业、教育的愿望。一九四六年十月，他奉蒋介石之命，率部去察哈尔，后来又到北平，统辖华北五省二市，绥远仍在他的势力范围之内。在这里有成功，有失败，有欢乐，有遗憾。

绥远，有他带出来的部队，有他带出来的一大批军政干部。国民党驻绥远的部队，是华北"剿总"所属的九万多官兵，其中包括八个师、八个旅、三个警备区和地方保安团队、蒙旗各王府的武装等。这些军队番号众多，成员也复杂，但主要的六个师旅中，大多为董其武信得过的军官所控制。其中人数较足、武器较好的独立第七师，是董其武的王牌。而董其武是傅作义从营连干部一直提升起来的。傅作义到察哈尔后，把绥远省主席之职，让给了董其武。他出任华北"剿总"司令后，又委任董其武兼任华北"剿总"归绥指挥所主任，掌握了绥远方面的军政大权。傅作义了解董其武为人，视其为心腹、臂膀。董其武知恩图报，对傅作义感恩戴德、忠贞不贰。解放张家口战役中侥幸逃到绥远的原十一兵团司令孙兰峰，在傅作义部下任职三十多年。傅当团长时，他是连长；傅当师长守涿州时，他是营长；绥远抗战时，他是傅属下的旅长；傅任华北"剿总"司令后，委他以十一兵团司令官之职，负责察哈尔省军事。在多年的患难相处、生死相交中，二人形成了深挚的情谊。绥远董、孙以下的军长、师长、旅长，也大多是傅作义亲自提拔起来的。

"要对归绥负责！要对九万多官兵负责！"傅作义下了决心。如果说北平和平解放前夕，傅作义是犹豫的、顾虑重重的，解决绥远问题却是果断的、义无反顾的。

想到这里，傅作义站起了身。

刚吃完早点，门口响起秘书的报告声。

"这是聂荣臻司令员派人送来的急件。"

傅作义打开信封，里面装的是一份油印的文件：毛泽东主席《在中国共产党第七届中央委员会第二次全体会议上的报告》。

傅作义走进内室，拧开台灯一看，"报告"中专门讲到绥远问题：

"辽沈、淮海、平津三大战役以后，国民党军队的主力已被消灭。国民党的作战部队仅仅剩下一百多万人，分布在新疆到台湾的广大地区内和漫长的战线上。今后解决这一百多万国民党军队的方式，不外天津、北平、绥远三种……"

傅作义从抽屉里取出眼镜，戴上。

"绥远方式，是有意保存一部分国民党军队，让它原封不动，或者大体上不动，就是说向这一部分军队作暂时的让步，以利于争取这部分军队在政治上站在我们方面，或者保持中立，以便我们集中力量首先解决国民党残余力量中的主要部分，在一个相当长的时间之内（例如在几个月，半年，或者一年之后），再去按照人民解放军制度将这部分军队改编为人民解放军。这又是一种斗争方式。这种斗争方式对于反革命遗迹和反革命的政治影响，较之北平方式将要保留得较多些，保留的时间也将较长些。但是这种反革命遗迹和反革命政治影响，归根到底要被肃清，这是毫无疑问的……"

傅作义轻轻地合上文件。

宏大的气魄！只有真正的大军事家，才能将十余万敌军，如细物置于股掌。

深邃的洞察力！只有真正的大政治家，才能将一种前所未有的重大政治行为，事先分析得如此透彻、深刻。

宽阔的胸怀！只有心存民族、国家的伟人，才能以一种最善良、最真挚的情感，化干戈为玉帛，变仇酋为友人。

…… ……

傅作义的眼前，浮现出毛泽东的音容笑貌，脑际里幻化出毛泽东在西柏坡那间近乎简陋的平房里作报告的感人情景。

傅作义想起，周北峰向他汇报过的一些情况。

一月十六日，第三次北平和谈，会议快结束时，聂荣臻站起身，讲了对解决绥远问题的一些想法。他说，如果北平的和平解放能顺利完成，绥远的问题就好谈了。至于何时谈绥远的问题，待中央指示后再定。

"我们相信，也请贵方相信，绥远的问题，将会采用一种更加和缓的方式。"聂荣臻说。

"聂荣臻所言，和毛泽东在共产党中央全会上的报告，精神完全一样。"傅作义自言自语。

放下文件，傅作义站起身，走到东墙的军用地图旁，目光久久地停留在"绥远"上。

三月下旬，平津战役中被俘的傅军人员全部获释，傅作义接见了他们。

傅作义首先传达了毛泽东主席和他谈话的精神，传达了毛泽东在七届二中全会上的有关论述，接着讲了话。

"战友们，"傅作义还是原称谓，"过去我把你们领到错路上去，责任都在我一个人身上。现在总算走到正路上来了，今后的学习、工作，一定要听共产党的安排，走人民的路！"

会后，这批人员陆续被送到了绥远。

二、聂荣臻、薄一波领导会谈

三月二十三日晚，北京饭店的小宴会厅里，灯光柔和，气氛宜人。先后步入这里的有林彪、贺龙、聂荣臻、李井泉、陶铸、傅作义、邓宝珊、周北峰等人。

林彪、贺龙、聂荣臻宴请傅作义，会商绥远问题。

开宴不久，聂荣臻起身说："根据中共中央的指示，我们请傅先生来商讨成立'绥远问题协商委员会'，以便具体协商划界、交通、金融、贸易及我方派遣驻绥联络机构并输入书报等具体问题，进而促进绥远的和平起义。"

傅作义微笑着说："我完全拥护中共中央的决定，成立协商委员会，具体商讨绥远事宜。"

双方提出了各自的代表。

共产党方面为：中共中央晋绥分局书记李井泉、中共中央华北局秘书长张友渔、绥蒙区党委城工部长潘纪文。

傅作义方面代表为：王克俊、周北峰、阎又文。

聂荣臻又说："根据中共中央决定，绥远谈判由贺龙同志主持。"

贺龙微微欠身，双手作拱。

傅作义和随员们轻轻地鼓起了掌。

几天后，原晋绥区划归华北局领导，中共中央决定以后绥远问题的谈判，改由华北局、华北军区聂荣臻、薄一波领导、主持。

从三月二十五日起，李井泉、王克俊等人组成的协商委员会，开始了谈判。

谈判既是充满希望的，又是充满矛盾的。

在二十五日、二十六日两天的谈判中，划界上的主要分歧是：共产党方面提出的方案经喇嘛湾一线，傅方代表颇有不愿放弃之意；派遣驻绥联络机构的问题，共产党方面提出向傅方师以上单位派遣联络员，傅方坚决不接受。

三月二十八日，张友渔、潘纪文与王克俊、周北峰、阎又文继续会谈。刚开始，即传来傅作义给王克俊的电话，要他去取刚收到的董其武发来的电报。会谈只好暂停。

半个来小时后，王克俊回到会议室，出示并诵读了董其武致傅作义的一封电报。电报称：全面和谈即将开始，如成功，绥远问题自随之解决，如不成功，绥远本边陲之地，亦无关紧要，北平和平实现后，共方不守信义，一般人极表不满，如互派代表处理，恐惹出意外之事，且绥远补给有被断绝之虞，绥远本身实无力自给；交通贸易诸问题，可由人民自行平等互商解决，以人民身份进行交易。

张友渔与潘纪文低声交换了一下意见后，站起身严肃地说："我们这次谈判，是共产党与傅作义先生之间的谈判，与董其武无直接关系。董其武电报的许多观点，与傅先生积极和谈的态度并不一致。"

潘纪文接着说："傅先生与董其武交往甚深，这是事实。但基于谈判是与傅先生之间的谈判，这就决定了只能是傅先生代表董其武，而不能由董其武代表傅先生。如果把这关系搞反了，则应停止商谈。"

张友渔补充了一句："商谈是否继续下去，由贵方决定。"

会场上的气氛顿时紧张起来了。

王克俊涨红了脸，喝了一口茶，使自己平静下来："二位刚才讲的都很在理，我们没有什么不同看法。我们是代表傅先生来谈判的，这点毫无疑义。至于董主席有什么不同看法，那是以后说服他的问题。我的意见，还按原定议题谈下去。"

这么一说，气氛缓和下来了，会继续进行。

这次谈判，在划界上傅方有让出喇嘛湾之意，但在陶卜齐与白塔之间，主张距陶卜齐十五里处划，共产党方面主张距二十里处划；由和林至喇嘛湾，傅方主张沿公路线经过大红门，共产党方面主张经过其北之线。在交通问题上，傅方同意统一管理，但要求董其武有调用车辆权，共产党方面只同意给董以运输上的方便和运费上的照顾。

四月七日，双方会谈一开始，王克俊便提出解决分歧的具体意见：原来傅方提出的发还布匹问题，不作谈判内容，直接与聂荣臻、薄一波商洽；交通问题，维持统一管理、照顾绥远的原则，以共产党的方案为基础，略加文字修改，但附注须傅方派员赴绥了解情况、进行说服工作后定；划界问题，根据双方草案画一折中线，作为参考线，暂时维持，防止冲突，正式线待逐步协商后定。

四月八日，双方达成了《关于绥远划界、交通、金融、贸易、派遣驻归绥联络机构等具体问题的协议》（草案）。因傅方要求待董其武同意后再执行，故未马上定稿。

聂荣臻、薄一波掌握着会谈进展情况，随时向毛泽东汇报。

四月二十八日，毛泽东、周恩来听取关于谈判的详细汇报后，认为只要争取绥远和平起义，在一些具体问题上可多作让步。毛泽东、周恩来当即命令中共代表全部同意傅方的条款。

傅作义第二天即得知这一情况后，感慨良久："共产党高瞻远瞩，毛泽东容纳百川，天下归共产党、毛泽东全在情理之中！"

傅作义很快派原一〇四军军长安春山、随从参谋刘庸笙携带协议草案和双方军队临时分界图赴归绥，征求董其武的意见。董其武只对个别条款提了意见，其余均同意。

五月下旬，董其武派其干部训练团教育长康保安赴北平，向傅作义专门传达对协议草案的修改意见。共产党方面对董其武提出的意见全部予以采纳。其后，双方代表又三次开会，逐条研究，达成完全一致。

五月三十一日，中共中央书记处批示，同意并批准这一协议。

六月二日下午七时，双方再次会谈，决定作一些文字上的修改，敲定签字时间。

会一开始，傅方代表忽然提出，董其武最近来电，说广州方面答应每月给二十三万元的副食费。为此，建议把与军政费有关的条文"人民币在董区流通"，"铁路以人民币为计价标准"等暂不列入协议。

张友渔不明白是什么意思。待对方又重复一遍后，他才明白不是自己不明白，而是对方无道理。

"人民币的流通，与军政费有什么关系？怎么能以军政费为由，取消人民币流通的条款？而且人民币的流通，能够促进绥远与外地的经济交流，搞活董区的金融，怎么……"张友渔气愤了。

傅方代表无言以对。

"绥远问题的宽大待遇在全国是独一无二的。我们按毛主席的指示，全部接受了贵方，包括董其武将军的意见，最近三次会谈，大家对协议都没有意见了，怎么现在又提出这样的问题。"

傅方代表自知理亏，没有再提此意见。

过了一会儿，傅方代表提出："为防止土匪利用所划界线滋扰人民，董其武将军应积极肃清所辖境内之土匪……"句，有碍董其武将军面子，可否修改。

张友渔思忖片刻，提出改为"防止土匪利用所划界线滋扰人民，今后发现土匪时，双方协同剿除之。"

傅方代表点头应允。

"贵方提出补助董其武将军军政费问题，不在协议之中，但应予以解决，我们同意。"张友渔说，"具体的解决办法，可以另议。"

六月五日晚十时，双方在北平市人民政府再次开会，会商董其武将军的军政费问题。双方商定，迅速派员赴归绥协同研究各项材料后，由董其武将军报请华北人民政府和华北军区予以解决。

六月八日，《关于绥远划界、交通、金融、贸易、派遣驻归绥联络机构等具体问题的协议》，在北平华北人民政府三楼会议室举行。

身着中山服的傅作义，抑制不住心头的喜悦，站在栗色的签字桌后。

"绥远问题协商委员会"的六名委员李井泉（缺席，由张友渔代）、王克俊、张友渔、周北峰、潘纪文、阎又文，先后在协议上签了字。

一阵掌声后，傅作义、邓宝珊以及王克俊、周北峰、阎又文等人，还有共产党方面的代表，分乘几辆卧车，直驰中南海。

车到丰泽园门口，刚停稳，毛泽东、周恩来、朱德、聂荣臻、薄一波就迎了上来。

毛泽东把客人迎进会客室："宜生兄继北平和平解放之后，又办了一件大事，人民不会忘掉你的！"

毛泽东说得动了感情。傅作义心头涌起一阵热浪。

"有了北平的和平解放，才有绥远方式，就按你们定的条款办吧！不过，不要登报，因为你们没有写明有了北平的和平解放，才有绥远和平解放。不然别处都要求'绥远方式'我们就不好办了……"

周恩来说："协议签订了，打了个好基础，要实现和平解放，还有许多工作呀！"

聂荣臻说："傅先生，让我们一起努力，做好这件党所企盼、人民所企盼的大事！"

三、傅作义派人入绥

为了加快解决绥远问题的步伐，傅作义决定派王克俊前去工作。

六月十二日下午，傅作义在住处和王克俊商晤入绥事宜。

"克俊，这次你两出绥远，既是我的意见，也是按中共中央、毛泽东主席指示精神办的。你知道吗？"一坐定，傅作义便问。

"这我知道，我很有信心。"王克俊回答。

"有信心好。有了办理北平和平解放的经验，绥远的事情就好办多了。"傅作义说着，合拢手中的扇子，"不过，绥远当前局势很复杂，不是过去那个可以想象的样子了。"

"不管怎么说，董其武将军是你多年的部属，对你敬重、忠诚，有了这一条，事情就好办了。"王克俊说。

董其武与傅作义的关系，傅系高级军政人员中，无人不知无人不晓。许多人看到，董其武在自己的办公室和卧室里，只挂傅作义的巨幅照片，不挂蒋介石的照片。

"董其武和我，那是没说的。另外，还有一大批军政要员，都尊重我的意见。但是，绥远还有不少蒋介石安下的钉子。"傅作义说着，走到北墙前，指着地图，介绍起来了。

王克俊也站到地图前。

傅作义的手指，在归绥、包头等处画过："国民党省党部设在归绥，其中不少人死心塌地跟着蒋介石走，肯定要破坏起义。包头，西北党务总督张庆恩和不少中统、军统特务荟集在这里。他们和反动顽固分子勾结在一起，不断进行各种破坏活动。南京国民党政府对董其武部又拉又打，先是命令董率部西撤，后又停发绥远军政费用，与此同时，不断派要员到绥远活动，欺骗、拉拢、威胁、利诱。"

"克俊，你到绥远后要特别警惕一个人：刘万春！""刘万春"三个字，傅作义说得又缓又重。

傅作义接着介绍了刘万春的一些情况。刘万春原是国民党军令部次长徐永昌的旧部，与徐过往甚密。刘和宁夏的马鸿逵相识，又都是回族。刘自以为掌握着一部分兵权，可进可退，骄横跋扈，目空一切。

"对他该采取什么策略？"

"一是严密防范，二是孤立削弱。"

六月十四日，王克俊带领冯梓（原三十五军一〇一师师长）、张惠源（原傅部暂十师师长）、康保安（董其武派来北平了解情况的代表）、孙世荣（原孙兰峰的军需官）、肖如芝（原华北"总部"的总务处课长）、李竭忠（原华北"总部"的政工二科科长）等二十余人，离开北平，奔赴归绥。

到达旗下营后，归绥段不通车，王克俊一行改乘马车前行。

十八日下午五时左右，他们到达归绥东郊南店村附近时，有个身着国民党军服的士兵挡住了去路："你是王克俊吗？刘军长在树林里等你！"

王克俊让马车继续往前走，他随士兵走进附近树林里，果然见到了刘万春。

"这里许多人都不赞成和平解决归绥问题，反对投降共产党。协议千万不可公布，否则要出乱子！"一见面，刘万春便煞有介事地说。

见王克俊不说话，刘万春又说："咱们等天黑再进城，这样安全些！"

王克俊说：“刘军长，傅总司令让我转告你，他对和平解决绥远问题的立场是非常坚定的，态度是非常鲜明的。当前处变，唯你是赖！”

王克俊这话棉中藏针，说得刘万春一时不知如何作答。

到了刘万春的住地后，王克俊立即用电话与董其武取得联系。董其武驱车去接王克俊。

“刘军长怎么阴阳怪气的？”王克俊问。

“近来这人就这样子，”董其武说，“接到你要到归绥的电报后，他说对你的安全负不了责。负不了责？我故意让他去接你，就要他负这个责。”

王克俊嗯了一声。

第二天下午，董其武在德王府召集军、政、地方士绅会议。

王克俊宣读了“协议”，传达了毛主席对绥远问题的讲话精神和中共中央对解决绥远问题的方针、政策，并宣布华北人民政府的联络人员即将由潘纪文处长率领进驻归绥。

会场上时而鸦雀无声，时而响起掌声，大多数与会人员对这些是欢迎的。

晚上，王克俊到董其武的住地，二人交谈起来了。董其武说，自他到北平和傅作义谈话后，便坚定了跟着傅作义走和平道路的决心。回绥后采取了一系列的措施，允许群众公开集会和议论绥远问题，改组了绥远奋斗日报社的领导，在报上公开刊登解放军打胜仗的消息和拥护共产党主张的进步文章；解除阻挠起义人员的职务；对中统、军统在绥的骨干分子，集中在“革新院”学习……

“董司令工作有成，绥远形势喜人。”王克俊说。

董其武一脸严肃：“现在困难还很大。”

董其武掰着左手指头，算账似地说：“一是绥远部分要人对和平起义态度并不明朗，尤其是刘万春和他手下部分师长、团长，孙兰峰也还未明确表态；二是财政困难，国民党政府停发了绥远军政经费和一切补给。部队时至六月还换不了单衣，只好把棉衣拆去棉花作夹衣穿。”

第二天，王克俊赶到刘万春住地。二人一谈起来，刘万春颇为得意地说："王先生这次出使绥远，身负重任。不过请先生放心，有我刘万春，先生就可不辱使命！"

见王克俊面带疑惑，刘万春说："实不瞒王先生，各师师长都听我的！有了这一条，就能控制住部队。控制住了部队，也就控制住了整个绥远。"

王克俊心里觉得刘万春夸夸其谈，嘴上却说："那要靠刘军长多为和平出力了！靠刘军长多出力了！"

孙兰峰是绥远军界二号人物，王克俊几次要见他，但孙在千里之外的包头，迟迟未到归绥。

第三天晚上，董其武来到王克俊的住处。王克俊以为孙兰峰要来了，谁知董其武一开口就说："张庆恩明早要来见你！"

王克俊一怔，继而说："我是受傅总司令的委派，也是按中共中央的意图来归绥，是来帮助你们执行'协议'的，绝不是与张庆恩谈判的。如果你让他来，我就立即返回北平！"

"我没让他来！我没让他来！"董其武急忙解释。

第二天一早，董其武坐压道车赶到萨县，把张庆恩挡回了包头。

要解决绥远问题，只有联络处进入归绥，才能使工作进入实质性阶段。王克俊与董其武、刘万春几次商量，力图尽早确定入归日期。

"联络处入归是件大事，时间太仓促了，怎么能准备好？"刘万春却这样说。

董其武嗫嚅着，怒火中升，却说不出话来。

王克俊看了看董其武，明白是怎么回事了。原驻防归绥的独七师，是一支有战斗力且为董其武掌握的力量。董其武为防范有人鼓动部队西撤，便将该师调到绥西五原。手中没掌握着部队，便受制于人了。

王克俊想到傅作义的嘱托，依旧在进行着工作。

几天后，王克俊与董其武商议，派李竭忠与绥远地方人士寿耀南一道，到丰镇与潘纪文商量联络处进驻归绥的具体事宜。

七月十一日，李竭忠等人返回，带来了商谈的结果："联络处一行四十人，将于三天后到归绥。"

刘万春一听，忽地站起来："他们来了，枪支须集中，由我派人保管；不能上街，否则出了问题我不负责！"

紧接着，发生了一系列的事件：

当天晚上，多次刊登过主张和平解放绥远的奋斗日报的社址，被人砸了；

第二天，大街小巷都出现了漫骂共产党的标语……

为了联络处人员的安全，董其武亲自安排住新城西落凤街的一幢房院中，并调动可靠部队负责警卫。

王克俊又找到刘万春，商量联络处入归具体问题。

刘万春提出："联络处务必天黑以后入城，另外，也不宜随意离开住处，否则，安全问题难以保证。"

王克俊气不打一处来，心里十分明白，刘万春想以此减小联络处的影响，捆住联络处人员的手脚。

七月十六日，按原定时间，潘纪文、鲁志浩率"华北人民政府驻归绥联络处"四十余人，进驻归绥了。董其武为扩大影响，当晚即召集军政人员和地方士绅，宴请联络处人员。共产党地下组织积极配合开展宣传。人民群众，乃至国民党军队的下层广大官兵欢欣鼓舞、奔走相告：共产党来了！解放军也快来了！绥远解放的日子快到了！

四、蒋介石处心积虑

浓浓的树荫，呼呼的电扇，似乎都未能缓解燥热给人带来的不适。

蒋介石召来了军令部长徐永昌、特务头子毛人凤等人。

"说说吧，绥远的形势！"蒋介石近些日子脾气很暴躁，今天也不例外。

徐永昌讲了解放军已逼近归绥，在北平举行的和谈几近达成协议的情况。

"你也说一说……"蒋介石指指毛人凤。

毛人凤讲了董其武组织革新运动委员会，改组省级机构，改革人事制度，成立"革新学院"，改进报纸宣传等情况，末了加上一句："看来董其武也要效法傅作义，投降共产党了。"

"这些情况，早有所闻，你们怎么处置了？你们还准备怎样处置？"蒋介石脸色铁青。

徐永昌汇报了几个月间所采取的措施。三月初，曾命令董其武率驻绥部队西撤，董以绥远目前形势还算稳定，驻绥部队下层官兵多为当地人，轻易西撤可能多有逃跑为由，不予执行。其后，南京又派绥远籍的国民党中央立法委员祁子厚和董的小同乡严子言二人乘飞机赴绥，要接他去南京面见蒋介石，董又以局势难以控制，一旦离开，可能出现意外为借口，拒绝了祁、严的劝说。两次碰壁后，南京政府便使出"撒手锏"，停发了绥远军政经费和一切补给，董其武多次文电申请、派人交涉，南京政府均以"让董主席来"为条件，而董一直未去……

毛人凤汇报说，河北、天津、北平、察哈尔解放后，这些地方的特务都麋集绥远，他们制造谣言，组织示威游行，砸毁报馆，破坏铁路交通……已成为破坏绥远和平起义的一支力量。

"这些，我已有所闻。你们下一步怎么办？"

"下一步……毛泽东、朱德四月二十一日发出所谓'解放全中国'的命令后，共军气势汹汹。南京失陷，上海失陷……"

"现在有一种论调"，蒋介石打断徐永昌的话，"认为我们的主战场在华东在中南，认为绥远贫瘠，我们鞭长莫及，可以放弃了。这是短视，这是对党国的失职！"

徐永昌、毛人凤低头不语。

"傅作义在北平投降共产党，和曾泽生、潘朔端这些人不一样，不仅拱手交出的军队多，还拱手交出了大片战略要地，交出了一切……搞得人心涣散。现在，湖南、四川、云南，以至大西北，有人都在暗地里与共产党秘密联系，等待时机，搞什么起义。假如绥远再投降共产党，投共风就会形成一股洪水，不可遏止的洪水。你们懂吗？"

"委座所言极是！"

"一定不能让绥远重蹈北平覆辙！"

"你们赶快办，该用什么手段用什么手段，明的暗的，软的硬的，军事的政治的……"蒋介石说。

六月十六日上午，也就是王克俊赴绥远的第二天，一份广州国民党政府的来电放到董其武的案头。董其武拿起来一看，只见上面写道：即将召开全国省主席会议，务望前去广州参加。

中午，董其武刚回到宿舍，便听有人求见。董其武一看，原来是三十二兵站分监部分监马良弼。

"马分监到此有何公干？"董其武问。

"报告董主席，我奉命来接你到广州开会。"马良弼说。

"到广州？你不是在兰州催发补给的吗？"董其武好生狐疑。

马良弼解释说，他接到南京政府的电报，接董其武到兰州，然后转道广州参加开会。他是搭乘西北军政副长官郭寄峤派的飞机来的，驾机的是美国人。

"马分监，给你添麻烦了，不过我去不了。"

"为什么？"马良弼问。

董其武说："目前前线形势一触即发，我身为绥远最高指挥，不可随便离开。"

马良弼例行公事，不再多说什么。

马良弼是个坚决反对起义的死硬分子，他曾对二十四兵站支部长王度说："宁跳黄河，也不跟共产党。"

王度积极参加起义，针锋相对地回答："我宁跟共产党走，也不跳黄河。"

第二天，董其武接到报告，马良弼乘飞机回兰州时天色已晚，飞机导航不好，撞到兰州附近会宁县境内山上，机毁人亡。

董其武出了一身冷汗。

几天后，董其武接到一份电报，说徐永昌和空军总司令王叔铭即将来绥，要他和孙兰峰、刘万春到包头专候。

董其武知道徐、王来绥的用意，也知道为何二人同行。徐是晋军老人，是刘万春的老上司，与刘交往甚深。王与孙兰峰是同乡。董其武思考着应付办法。

又过了几天，从绥西陕坝飞来一架小飞机，接董等三人到陕坝。来人说，徐永昌、王叔铭已于上午到陕坝。

一见面，徐永昌就宣布了蒋介石的命令：命令董其武为西北军政副长官，命令孙兰峰为第九兵团司令官，刘万春为第九兵团副司令官，要求董将部队交第九兵团指挥，向西撤退。

"明升暗降，夺我兵权，拉一个打一个，制造分裂！"董其武心里暗暗骂道。

不过，表面上他尽量显得平静："部队西撤，不就将绥远大片土地拱手让给共产党了？"

"该让还让，要从全国来考虑。说不定将来撤到缅甸才是英雄，才是最大胜利。"王叔铭抢过话来。

"撤退可以，我们服从命令。不过我想问一句，北平解放了，怎么就停发了绥远的一切补给？北平是北平，绥远是绥远嘛！"

"这完全是误会，董主席不必多去想它了。"徐永昌说。

"欠饷几个月，部队生活太艰难。要西撤，士兵和下级军官都是绥远当地人，总得有点钱安安家吧，这怎么能不叫我想呢？"

"好好好，补给的事我们回去后马上研究。但部队一定要西撤，不撤即是违抗军令，要军法论处！"徐永昌换了副嘴脸说。

集体见面后，徐、王又分别同董、孙、刘谈了话，无非是分化、瓦解。

徐永昌、王叔铭走后，董其武等三人也回到了包头。

董其武公开发布命令："执行徐部长的命令，独七师向西开到河套去！"独七师是装备较好、实力较强，又听命于董其武的部队。

暗地里，董其武吩咐师长张世珍："我们的敌人已不在东边，而在西边了。你师进驻河套后，坚守住乌不浪口和西山嘴，没有我的命令向西逃窜者，一律予以阻击解决！"

徐永昌听到部队西撤的消息后，以为董其武已开始西撤，立即运作，将几个月的欠饷折成一万九千两黄金，拨到董其武部。

董其武立即电告傅作义，傅作义向毛泽东作了汇报。

"蒋介石的黄金可以收下，但这点钱还解决不了董其武的经济困难，应该再想办法帮助董其武解决困难。"毛泽东说。

以张庆恩为首的特务分子，活动更猖狂了。

有的特务带着电台渗入到部队内部，与部队中的顽固分子相勾结，极力破坏和平起义。他们大肆造谣："第三次世界大战今年就要爆发了，美国援助有望了；日本志愿空军已经组织起来，国际志愿军就要到中国参战了；国民党在缅甸训练了许多部队，战斗力很强……"有的还造谣说："你们无法与共产党合作，共产党不会要你们，你们再改造也白搭……"企图搞乱人心。

特务组织少数暴徒在包头大街上游行示威，张贴标语，散布传单，沿街高呼："傅作义出卖北平！决不能让董其武再出卖绥远！""打倒傅作义！打倒董其武！"他们蒙骗部分士兵，打伤奋斗日报编辑、记者、工人多人。他们还煽动铁路工人罢工、破坏机车、桥梁，企图中断铁路交通。

七月二十四日下午二时左右，联络处铁路组秘书王士鑫等四人，从旧城返回新城，走到归绥警备司令部门口时，三个穿便衣的特务分子拦住去路，强行搜查。王士鑫等人严词斥责了他们。此处围观的群众很多，特务分子没敢动手。当王士鑫四人回车站时，尾随的特务和事先埋伏在"纯一善社"的暴徒突然投掷手榴弹，用枪扫射。王士鑫受重伤，抢救到医院后，因流血过多而牺牲。

本来已经紧张的归绥形势，顿时更紧张了。

特务分子以为得计，各种破坏活动更加猖狂了。

绥东解放区广大军民义愤填膺，纷纷要求把联络处撤回绥东，要求抬着王士鑫的遗体游行抗议。还有的给上级打报告，主张打，用枪杆子来解决问题。

绥远的和平起义，进入最关键的时刻，面临严峻考验。

第十一章 共促绥远和平起义

五、聂荣臻精心处置

早在一月二十八日，西北野战军八纵在旗下营歼灭了董其武主力部队的一个团，俘敌七百余人，逼近离归绥仅三十余里的百塔站。董其武一面做好乘火车西逃的准备，一面要求解放军停止进攻。军委从促使绥远和平起义的战略意图考虑，一月二十九日命令八纵停止向董方的一切军事进攻。二月二十一日，军委又命令纵队主力后撤六十里到卓资山一线休整，以减轻董军的军事压力，防止有人煽动部队西逃。

聂荣臻和薄一波负责领导与绥远的和谈后，按照毛泽东的"绥远方式"的战略部署，妥善地处置各类问题：

——取消对董方的政治攻势。按照军委的命令，改董军为友军称号，报纸、广播停止对董军的批判和揭露宣传，在部队、地方广泛进行统一战线教育，减少敌对情绪；

——停止组织董军哗变与瓦解董军的工作。董军保安第四团团长魏刚、副团长刘金生，三月初举行起义，把部队拉出归绥，解放军没派部队去接应，而且阻止他们开入绥东解放区。归绥骑兵十一旅旅长陈秉义，也曾许诺配合解放军行动，但解放军方面停止了这一行动。董军还有其他的部分团长、营长、连长，也都与共产党地下工作人员有过往来关系，后来也都令他们停止了组织反董活动，并劝导他们积极支持董其武起义。

从四月二十日开始，徐向前、彭德怀共同指挥华北一、二、三兵团和四野炮兵一部，向阎锡山的老巢太原发起了第二阶段总攻，二十四日上午十时结束，消灭阎部八万四千人，解放了太原。在聂荣臻、薄一波的领导下，华北解放军对大同敌人实行"围而不打"的方针，迫使守城的国民党军一万三千人于四月二十九日放下武器，接受和平改编。五月五日，解放军攻占安阳，歼灭国民党军一万五千人。同日，新乡国民党军二万余人全部投诚。至此，华北地区全部解放。

面对这样的形势，一些同志产生了急躁情绪，认为"绥远方式"既麻烦又吃亏。聂荣臻坚决执行中央的意图，认真做好官兵的思想工作。四月十八日，聂荣臻在华北军区直属队团以上干部会议上讲话时指出："绥远谈判问题上的急躁情绪，是与党的七届二中全会精神不一致的，不明了这样的斗争方式，更便于集中力量解决主要敌人……这不是由于我们力量小，而正是由于我们的力量已是强大的。"

王士鑫牺牲的消息传来后，聂荣臻立即与薄一波商量，从实现"绥远方式"的大局考虑，以华北局名义电示绥远省委并转归绥工委，对王士鑫同志牺牲表示悼念，不抬遗体游行，并指示搞清此事究竟系董所为还是反董并反我们的特务所为？如系前者则联络处坚决撤退，如系后者则暂不撤退，但必须逼董下决心逮捕特务并加以镇压。后来，归绥召开了王士鑫烈士追悼会，未搞抬遗体游行，考虑到董其武难以完全驾驭绥远的局势，联络处难以全面开展工作，工作人员的安全问题也得不到保证，决定联络处只留下主任鲁志浩等三人，处长潘纪文带其他人员暂时撤离归绥。

这样的处理，使董其武深受感动。他安排留下的三位同志搬到建设厅德王府院内居住办公，加强了警卫；命令刘万春、独立七师师长张世珍、二五八师师长赵晓峰追查凶犯，从严惩处。凶犯是二五八师的连长李锡庆，此人是刘万春原来的马弁。刘派部下将其捕获，未经审讯便就地枪决了。这事其中可能有文章，但从和平大局出发，未加追究。

董其武部有些小部队不断袭扰解放军防区。七月三十日，聂荣臻、薄一波电示绥远军区司令员姚喆等人，解放军宜一方面提高警惕，如敌来袭，坚决还击，并记录在案；另一方面又要忍耐，不要主动出击，尽量避免事端，以利于和平解决绥远问题。

毛泽东、周恩来接到了中共绥远省委和傅作义的紧急报告，一起研究了处置的方针、原则。他们认为，绥远在走向和平的道路上出现这样的问题，是不足为奇的，总的形势仍在向着和平的方向发展。和平是绥远群众的最大意愿，出现的问题是违背群众意愿的。董其武处境困难，要理解、支持他。

毛泽东说："事情总是曲折的，革命不能没有牺牲。""绥远解放，用'绥远方式'不变，请董主席多加注意。"

这些精神，在中共中央、中央军委给绥远省委、省军区的复电里作了传达。傅作义也给绥远有关方面发报，传达了毛主席的指示。

归绥城里的惶恐不安逐渐消除了，董其武等人的情绪也渐渐安定下来了。

七月十四日，傅作义给毛泽东写了一份关于绥远问题的报告，说明绥远的情况及他对一些问题的看法。

报告的末尾，傅作义这样写道："因情况已至非仇即友的紧急阶段，反动派必出以破坏手段，并可能有少数分子受阎利用，对董其武、王克俊等加以迫害，或生出其他变故。为免除问题拖延夜长梦多计，我的意见：绥远问题必须迅速彻底解决，俾能在最近时期内成为解放区、解放军之一部。把立场站过来，仍继续加紧思想教育，至适当时机即可配合解放军作战，为人民立功。因目前情况急迫，请主席再予以特别之支持，军事应如何？政治应如何？经费应如何？指派人员拟定一具体方案，付诸实施，彻底执行，使绥远部队能有机会配合其他解放军向宁青甘进击，分担解放大西北之光荣任务。"

也就在这时，王克俊发来了请傅作义到绥远解决问题的电报。傅作义把电报连同报告，一起交给了毛泽东。

毛泽东深感傅作义意见中肯。

七月十六日，毛泽东在聂荣臻、薄一波陪同下，接见了傅作义、邓宝珊，充分肯定了傅作义的意见，明确提出按傅的意见办。

王士鑫遇害后，王克俊从绥远回到北平，向傅作义汇报了情况。

八月初的一天晚上，毛泽东在丰泽园东屋接见了傅作义。

谈了一些绥远的情况后，毛主席说："宜生，你亲自去解决，同邓宝珊先生一起去绥远走一趟。"

毛泽东转向在座的王克俊、阎又文说："你们也一起去，去帮助，都有好处。"

谈到解决问题的方式时，毛泽东说："绥远起义后，用不着军管方式，可设军政委员会，由宜生先生任主席。"

接见结束后，毛泽东亲自把傅作义等人送出了门。

聂荣臻和薄一波按照毛泽东的要求，积极为傅作义去绥远做准备。

毛泽东接见后的第二天，聂荣臻、薄一波即与周北峰、阎又文一起，在华北局会议室研究了傅作义到绥远的问题。

大家先分析了绥远的形势，尤其是各部队的政治态度，确定了具体的处置办法。

研究到傅作义到绥远的驻地问题时，聂荣臻起身，指着地图说："傅将军可驻到包头、归绥中间。"

聂荣臻解释说："眼下包头被蒋介石的特务张庆恩和孙兰峰左右的坏人闹得很乱了，归绥方面，刘万春虽表示不再为难董其武，但对刘手下的鄂友三、乔汉魁的情况还把握不住，所以，归绥、包头都不便驻留。"

大家都同意聂荣臻的分析，选定了归绥与包头之间的美岱召为驻留点。

聂荣臻通知铁路部门，给傅作义准备了一列装甲专车，认真抢修车辆，选派了最好的司乘人员。接着，聂荣臻又通知部队，选调了战斗力很强的一个营，负责警卫工作。他还命令沿途部队，务必做好安全保障工作。

薄一波通知人民银行行长南汉宸，拨给傅作义十五万元现大洋，供他到绥远使用。傅作义则从他原来部队的奋斗基金中提取了五万元，共带走了二十万元。

另外，傅作义还从北平解放时允许其保存的三个仓库中，带走大量布匹，以供绥远部队做军服用。

傅作义要到绥远的消息传开后，有人产生了疑虑，甚至认为是"放虎归山，后患无穷"。

聂荣臻说："傅将军深明大义，绝不是那种朝秦暮楚、反复无常的人！"

毛泽东说："要允许别人思想徘徊波动，只要我们做到了仁至义尽，就争取了主动。傅作义先生就是要去广州、台湾，我们也派飞机欢送。孔明能够七擒孟获，难道我们就不能效仿吗？"

傅作义闻讯，深为感动："我这辈子跟共产党，跟定了！"

傅作义、邓宝珊的随行人员有李世杰、王克俊、阎又文、袁庆荣等。华北人民政府派潘纪文陪同前往。

八月二十日，傅作义携带着毛泽东的"不用武力解决绥远问题"的亲笔信出发了。聂荣臻、薄一波专门赶到前门车站送行。他们把九月二十一日将召开全国政协第一届会议的通知、全国政协《共同纲领》草案，以及经过协商后的预定人选名单，交给傅作义、邓宝珊收阅。

列车缓缓启动了。看着车下挥手致意的聂荣臻、薄一波，傅作义的心头泛起一阵热浪。

六、傅作义殚精竭虑

铁甲车如脱缰的野马，奔驰向前，房舍、树木、田畴呼呼地往后退去。

傅作义靠坐在临窗的软卧上，双目微闭，似做休息状，心里却如前行的列车，时起时伏。绥远数十万平方公里的大地、十余万军队、上百万民众，能否免遭战火洗劫？此行至关重要。邓宝珊坐在他的对面。

铁甲车到丰镇、旗下营。高克林、杨植霖、姚喆、裴周玉等军地领导人均在车站迎送。腰鼓声、口号声此起彼伏，使人心里暖烘烘的。

车到旗下营时，担任护送的解放军把任务移交给了董其武派来的部队，领队的军官叫卫景林，是参加北平起义的傅作义的老部下，带领史国玺营担任警卫。

铁甲车启动后，卫景林来到傅作义的软卧旁报告说："董主席要我向傅总司令转告，你回来了很好，同情我们的人非常欢迎，团结在我们方面的人越来越多了，顽固分子只占少数。由于你的威望所在，敌人的阵脚乱了，非常惊慌，看来他们不敢轻举妄动。"

傅作义听着，不时轻轻地点点头。

行不多久，护兵报告，前面到白塔了。

"到白塔停车，我要检阅史国玺营！"傅作义吩咐。

车在白塔站停稳，史国玺营的官兵立即下车。这是一支训练有素的部队，动作迅速，队列整齐，情绪饱满，不一会儿便列队完毕，接受傅作义、邓宝珊的检阅。

"战友们辛苦了！"傅作义向官兵挥手致意。

"总司令辛苦了！"官兵们的呼声洪亮、整齐。

接着，傅作义命令发放毛泽东让带来的慰问金，干部每人现大洋十元，士兵每人五元。官兵们数月未领到薪饷了，拿到这慰问金，自然别有一番滋味在心头。

检阅完毕回到车上，傅作义对邓宝珊说："我们此行，首先要造成一种气势、一种威慑！"

邓宝珊颔首称是。

铁甲车缓缓驶进归绥车站。站台上人头攒动，鼓号齐鸣。

车刚停稳，董其武即登上了车，向傅作义、邓宝珊致意，请他们在归绥下车休息。

傅作义、邓宝珊一一见过伫立在站台上的刘万春、赵晓峰、张钦、荣祥、阎肃、于存灏、胡凤山等党政要员、社会名流，然后直奔绥远省政府下榻。

在听了董其武关于绥远各方面情况的汇报后，傅作义传达了中共中央、毛泽东主席、周恩来副主席关于绥远问题的意见，转送了捎来的二十万元现大洋及一车皮制作军服的布匹。

傅作义还在董其武的陪同下，分批检阅了归绥驻军，传达中共中央和毛泽东主席的关怀，分发慰问金。每次检阅部队后，傅作义都不多讲什么。但是，官兵看到他精神焕发、红光满面，便知那些关于"傅作义在北平被软禁"之类的说法，纯属谣言。从傅作义身上，官兵们看到了希望。

饱含阴谋、杀机的电波，在和平起义进入最关键的时刻，飞到了绥远。国民党特务头子、保密局长毛人凤密电潜伏在绥远的军统特务头目赵恩武："傅作义潜伏绥远，企图鼓动部队降匪，着速就地刺杀，任务完成，本局当有重赏。"

赵恩武捧着电报，感到一阵阵战栗："傅作义的旧部企盼和平，傅作义绥远之行深得人心，要刺杀傅作义，不是轻而易举之事。"

特务们小心翼翼地窥视着时机。

他们发现，傅作义在归绥住了三天后，就住到了美岱召。这里原为清朝末年土默特部首领阿勒坦汗建立的一座城堡式的寺庙，四周为石面土心的城墙，风景优美，环境清静，尤其易于警戒。张世珍师的一个加强团奉命赶到这里负责警卫，特务们更难下手了。

张庆恩听说傅作义一行驻美岱召，立即乘铁路上的压道车赶去了。

到了火车站，碰到傅作义的随从副官主任张锦涛正在组织搬运东西。张庆恩装着满不在乎的样子："张主任，我看傅总司令来了，没车，我搭你的车吧！"

张锦涛不经意地说："请吧！"

从车站到了住处，张庆恩跳下车，就往召里窜。

此时，阎又文正站在院子里，一见张庆恩来了，大吃一惊。他急中生智，大声对卫士喊道："张处长来了，快去报告总司令！"

里屋的卫兵们听到喊声，立即警觉起来了。

张庆恩见到傅作义，顾不上寒暄，就拿出几份电报，说是国民党广州政府让转交傅作义的。

傅作义接过电报，连看也未看，便唤人："赶快送张主任上车站，别误了去包头的火车！"

张庆恩明知傅作义下了逐客令，涨红着脸出了门。

九月十日，傅作义一行到了包头，驻南门外的皮革厂。这里属郊区，便于警卫。

特务很快将情况报告重庆。蒋介石向傅作义发来了电报："你这次回绥远，如同我当年西安事变回南京一样，一念之差，铸成今日危亡之大错，你要接受历史的教训，不要自误、误国、误部下。……希接电后，即来重庆，我当派飞机迎接，并委以重任，共谋党国之复兴！"

国民党代总统李宗仁、行政院长阎锡山也从广州发来"贺电"，"祝贺"傅作义"脱险"到绥，邀傅到广州，并且说："你在北平的部属来了，也均妥善安置。"

傅作义笑着，把电报扔进字纸篓里。

察实情，做工作，傅作义对解决绥远的问题已经心中有底了。九月十一日，他给薄一波、聂荣臻发了一份电报：

薄政委一波兄、聂司令员荣臻兄勋鉴：

申支二十四时三分电敬悉。甲、正遵照毛主席的正确指示，逐步实施，军队大致均可掌握，通电日内即可发出；乙、目前具体情况：（一）现有军队计第一一一军（下辖二五八赵晓峰、三二〇马逢辰、三二六王崇仁三个师）；独立师计第七师（张世珍）三一九师（张朴）、三一〇师（张副元）；原榆林驻绥部队（邓宝珊属）计二十二军两个师（二二八师杨仲璜部、八十六师胡景通部）；骑兵计整骑十一旅（陈秉义部）、整骑十三旅（鄂友三）、整骑十二旅（高理亭）、骑五旅（安恩达）、独三旅（乔汉魁）、保二旅（张振基）、保四旅（张汉琏）、保六旅（邬青云）。此外尚有杨作舟部、张飞生部、邵守中部及由榆林来的骑兵一部，总计只骑兵乘马就有二万余匹。直属单位计有战车连一、铁甲车队一、野炮营一、辎重营一，及兵站监护部队；指挥机构计西北军政副长官包头指挥所一、晋陕绥边区总司令部一、第九兵团司令部一；（二）除正规部队外，小单位还多，名目繁杂，有些纪律很不好，着手处理极感困难；（三）广州每月发给部队薪饷副食费三五万银元，主食军粮价十三万六千银元，服装补给现品或换当时市价发给；（四）经连日分别传见说明，军政干部对中共领导及人民政府各项政策，均表拥护，尤其对毛主席敬仰崇拜之热忱，出乎一般意料之外。但因受前由北平回绥干部及前骑四师跑回干部的不正确宣传，影响疑惧心理仍不能完全释然，认为即使现在诚心拥护中共领导，努力学习进步，但中共下级人员仍不会谅解他们，仍不要他们，因此向弟要求保证（甚至背后说，再不要第二次出卖他）；（五）因疑惧心理的存在，虽然拥护并实施中共各项决策，但害怕通电发出后，中共政工人员及行政人员大批插入，中共人员看不起原有干部，原有干部惊恐疑虑，如冰炭不相容，可能因小故发生事端。丙：处理原则：（一）坚持团结，耐心教育，使最大多数干部均可成全；（二）肃清特务，使不能散布反动宣传，发生破坏作用；（三）纪律不好的小单位，需妥慎安排，以免操之过急，流为地方土匪盗贼，影响治安及生产建设；（四）军队逐渐整编教育，最后转入工农业生产。丁：实施步骤：（一）董其武等通电发出后，即彻底成为解放区、解放军，与反动政权完全断绝关系，并站在敌对立场；（二）董其武等通电发出后，立即先恢复交通；（三）他们要求我保证他们，并要求由我负责整编，故于董其武等通电发出后，成立军政委员会，拟再以几个月时间进行思想教育，并调整人事，逐渐将干部中进步的与落后的分开。因为他们对我还抱有信心，我处置坏分子，他们认为是应该的。如中共人员直接处理，其他干部即发生疑惧。所以军政委员会成立后，除高、杨、潘、姚各同志协同，设计决策外，请再派若干较高级同志协助进行思想教育及检查工作。惟部队政治工作人员及省厅内部直接处理事务人员暂不插入。俟思想打通，疑惧心理消除，两个省府合并为一，部队政治制度建立，即可水乳交融，合为一体。毛主席对弟极其信任，两兄对弟亦充分了解。目前绥远干部又要求弟负责保证。弟体察实际情况，不做则已，既做就必须负责做好，才不辜负毛主席成全他们的厚意，亦可以作全国其他各地一个较好的影响。这是弟目前应尽的责任。以上各节系弟针对目前实况所拟议，而对整个方针，体会容有不同，但此确为处理此一复杂矛盾情形之所必需，故一本知无不言，言无不尽，宁可丑话说在前边，不愿事后再求补救，两兄有何意见，请电示。

傅作义申真十二时

九月十三日，秘书送进一份电报，傅作义展开一看，是聂荣臻、薄一波的复电。复电同意他所提出的处理绥远问题的四项原则、三个步骤。

复电接着说，毛主席指示：不论采取什么步骤和办法，只要能使绥远及其军队成为全国一样的解放区和解放军，便都是好的，可以照办的，从北平跑回绥远的人发生不满情绪是可以理解的。我们过去在处理这一问题时，许多人是多少带着一些敌对情绪的情况下去处理的，因此处理得很不好，正在加以检讨。毛主席说：回到绥远的一万七千人，应全部收容起来，给以适当的安置与教育。还说，由你去处理这些人，比较我们去处理为适宜。

傅作义长久未放下电报。他默念着："共产党人于人胸怀宽阔，严以自律……"

他当时并不知道，这电报是经毛泽东主席修改和批准的。

七、绥远和平终成现实

九月十五日下午，一架涂有青天白日标志的国民党军用飞机，在包头机场徐徐降落了。机上走下一个人。迎候的包头军政要员意外地发现，来人是国民党二级上将、军令部长徐永昌。

一出机场，徐永昌很快找到傅作义。

"宜生老弟，我想你不会把我拒之门外的。"一见面，徐永昌便揶揄地说。

徐永昌年长傅作义八岁，都是山西人，很熟悉，说起话来也很随便。

"次宸兄，你看我是那样绝情绝义之人吗？"

"我们都在晋军多年，我知道宜生不是那样的人，才敢在这样的时候到包头来。"徐永昌说完，很不自在地笑了两声。

傅作义也笑了。

"宜生，实话实说，我这次前来会晤，就为一个目的，劝阻你在绥远的行动，按委座训示，到广州去。"

傅作义听着，没吱声。

"宜生，你是个很有头脑的人。但是我不明白，你在北平那样干了，现在又到这里这样干……共产党到底能给你什么好处？"徐永昌咄咄逼人。

"次宸兄，我对部属这样说，对共产党这样说，今天对你也这样说，我的行为，绝不是为了自己，而是为国家为民族。"傅作义努力保持平和的语气，可声调依旧较往日要高要重得多，"我一向为国家独立、民族复兴而奋斗，谁能救国救民我就跟谁走。蒋先生私心太重，全不顾国家民族。国民党政府已丧尽民心、军心，大势已去，无可挽回，即使我去了广州也无能为力。不只北平、绥远要解放，全国都要解放，这是历史的必然。"

一番话，说得徐永昌无言以对，来前想好的一肚子话，不知飞到哪里去了。

然而，徐永昌毕竟不是一般的政客。他知道全国政协会议即将召开，傅作义这样一个极富影响的人物一定会去参加，便心生一计："我住着不走，你们就不好通电起义；即使通电起义，等你傅作义回北平，我再生办法。"

当天晚上，徐永昌就"病"了。

绥远起义的准备工作，在紧锣密鼓地进行着。

傅作义把邓宝珊、董其武请到自己住处，商定起义时间为九月十九日，即赶在全国政协会议召开之前。

"徐永昌赖在这里，碍手碍脚的，怎么办？"邓宝珊问。

傅作义想了想，对邓、董二人低声说了几句。

第二天早晨，邓宝珊到了徐永昌住处，先是问寒问暖，接着说董其武已为他安排了医院，很快就可以住进去。

邓宝珊接着说："住下来好，宜生想请你别回广州，在这里领衔起义。起义后，我们一起到北平见毛主席！"

徐永昌一听，脸刷地变了色，急忙说："我的病不要紧，不要紧，我明天就走，不妨碍你们的事！"

九月十九日早晨，徐永昌果然离开包头，飞往重庆、广州复命去了。

"我想来说服傅宜生，没想到反而让他给我讲了一通大道理，"徐永昌上飞机前不满地对随从说，"不过不要紧，我们三年后再见！"

起义的通电稿电报传到北京，毛泽东主席看了后说："要把蒋、李、阎的全名写出来，这是历史事件，免得后人不知道'蒋、李、阎'是谁。"

北平回电传达了毛主席的这个指示后，工作人员在电稿上写了蒋介石、李宗仁、阎锡山的全名，然后用虎皮宣纸抄好，待签字后发出。

九月十九日上午，绥远军政要人和地方各界代表，以及邓宝珊部驻包头附近的二十二军的代表，汇集省银行包头分行，举行签字仪式。

董其武第一个签完字后，随手用一个小茶碗扣在签名字的后边。待大家签完后，共三十八人。小茶碗处还空着，那是留给孙兰峰的。

此时，傅作义正在医院里给孙兰峰做工作。

王克俊到绥远后，曾给孙兰峰做过工作。可是，孙兰峰坚持："没亲眼面见傅先生，什么人劝我拥护绥远和平解放都是废话。"

傅作义到绥远后，曾两次和孙兰峰做过长谈。

九月十日是第一次。针对孙兰峰听信许多谣言，疑虑颇重的问题，傅作义说："实际情况和你听说的并不一样。就拿我来说，不仅没被软禁过，有人身自由，还到西柏坡见到了毛主席和周副主席，受到极为热情的接待。你说的一些情况，比如一些被俘人员没释放的问题，不是共产党的政策造成的，而是一些人没有很好理解、执行政策造成的。共产党说话是算话的。有不少问题，毛主席、周副主席已经知道，正采取措施纠正。"

然而，孙兰峰顾虑并未完全消除，仍认为："共产党不会使用我们这些人，早晚必受其害。"

四天后是第二次。这次，傅作义主要给他讲共产党的统战政策、起义政策。傅作义说，共产党是真正为人民谋利益的，因而得到人民拥护，最终获得成功。我们起义，就是站到人民方面，无疑做对了。共产党的政策是既往不咎，只要跟着共产党走，就会有光明的前途。傅作义还说，"绥远方式"就是部队不改编,人员不遣散,只要求地区解放区化,军队解放军化。至于个人,起义前是什么级别,起义后仍按什么级别待遇。

徐永昌到包头见过傅作义后,曾说要找孙兰峰,孙为了躲避,就称病住进了医院。傅作义到医院,作第三次谈话。

这次谈话,傅作义对这位老部下十分严肃。他说:"畹九(孙兰峰的字),起义通电已经写好了,别人都签字了,只有你没签字。如果你不相信我的话,不愿意同大家一道起义,打算离开我们,断绝我们几十年的交情,那就随你的便吧!但我要告诉你,仗是绝对不能再打下去了。"

孙兰峰百感交集,泪如泉涌:"我跟傅先生几十年,情同手足……你是毛主席派来的,我听你的话,马上签字。"

起义通电签名的空白处,很快写下了"孙兰峰"三个字。

这份给毛泽东、朱德、聂荣臻、薄一波的起义通电,很快传到了北京,接着又通过中央人民广播电台,传遍了全世界。

当天下午一时,傅作义把部属召集到银行,给大家讲了话。他说:"过去我领着你们走错了路,迷失了方向,是我一个人的错误,责任都在我一个人身上。今天,我把大家引到光明大道上来了,希望大家在共产党、毛主席的领导下,努力学习,自我改造,全心全意为人民服务。今后谁人如果再走错路,犯了错误,那就要由自己负责了。"

这些朴实而坦诚的话,使不少部属牢记了一辈子。

九月二十日,毛泽东主席、朱德总司令联名复电:

董其武将军及在贵将军领导下的绥远军队全体官兵、政府工作人员和各界同胞们:

看了你们九月十九日的声明,你们的立场是正确的。自从傅作义将军领导北平和平解放后,人民表示欢迎,反动派表示反对。反动派还企图破坏绥远军民和平解放的努力,但是终归失败，你们已经率部起义，脱离反动派，站在人民方面了。希望你们团结一致，力求进步，改革旧制度，实行新政策，为建设人民的新绥远而奋斗。

毛泽东　朱德

一九四九年九月二十日[①]

同一天，聂荣臻、薄一波也联名复电：

董其武将军及绥远起义全体将士和各级行政人员：

接读九月十九日通电，宣布脱离依靠美帝主义的蒋介石、李宗仁、阎锡山等反动残余集团，参加人民革命阵营，使绥远获得和平解放，我们于欣慰之余，特致热烈的祝贺。从此华北全境之内，国民党反动派所妄图依为最后挣扎的据点宣告扫除，这对全华北今后的建设事业和华北军民支援全国解放战争最后的胜利的事业，均极为有利。国民党反动派残余集团完全消灭之期在尔，开创中国五千年历史新时期的崭新人民共和国已诞生。尚望团结部属与华北及全国解放区军民亲密合作，安定地方秩序，肃清反动派一切残余势力；并以为人民服务的精神，教育部队，改造思想，改变作风，力求进步，把绥远建设成真正的人民解放区，把军队改编成为真正的人民解放军，为建设新绥远、新华北及彻底解放全中国而奋斗。

聂荣臻　薄一波

一九四九年九月二十日

[①] 中华人民共和国政体通鉴编辑委员会编《中华人民共和国政体通鉴：1949～2003》（1949年卷），红旗出版社，2003，第28页。

八、情满政协会

即将召开第一届全国政协会议的北平，天高气爽，风和日丽，彩旗飘扬，百花争艳，一改旧日颜容。

九月二十二日上午，聂荣臻、薄一波赶到西直门车站，在站台前等候着。

"嘟——"一列绿色的专列缓缓驶入车站。聂荣臻与薄一波迎上前去。

傅作义满面春风地走下火车，身后是邓宝珊、孙兰峰。

"你们辛苦啦！毛主席、周副主席、朱总司令让我们代表他们欢迎你们来了！"聂荣臻浓重的四川乡音，让人听着热情、亲切。

薄一波则用山西话，大声问候着。

傅作义介绍了身后的孙兰峰，然后说："其武留守绥远，那里还不能都离开。"

聂荣臻说："我们知道了。其武已被提名为政协委员。"

下午，傅作义、邓宝珊、孙兰峰一起步入中南海怀仁堂。他们怀着激动的心情，参加已经开幕的中国人民政治协商会议第一届全体会议。

怀仁堂这地方，傅作义多次来过，今天的感觉却与往日完全不同：那样的崭新、庄严；主席台上孙中山先生的画像，格外神采奕奕。

热烈的掌声中，傅作义走上讲台作了发言。他的发言很短，却充满爱国主义的激情。他最后说："我由衷地拥护中国共产党，拥护毛泽东主席的领导。我将继续为建设繁荣、富强的新中国而努力奋斗！"

"哗——"台下响起了热烈的掌声。毛泽东、周恩来、朱德、聂荣臻等都起身迎了上去，与他热烈握手。毛泽东还情不自禁地与他热烈拥抱。

邓宝珊和孙兰峰也都发了言。

孙兰峰用很朴素的话语作了自我批评，坚定地表示今后一定要跟着中国共产党，建设新绥远，建设新中国。发言虽然很短，但全为肺腑之言，也受到了热烈的欢迎。

会议中，毛泽东见到孙兰峰时，握着他的手，深情地说："特别邀请你参加政协会议。"

孙兰峰这位脾性刚烈、戎马半生、性格倔犟的将军，一听这话，泪水竟扑簌簌流下来了。

晚上，举行了盛大的宴会。中央领导人和政协委员们互相敬酒。聂荣臻向傅作义、孙兰峰高举酒杯，敬了酒。

这时，毛泽东笑盈盈地走过来了，走到了孙兰峰身边。

孙兰峰倏地直起身。

毛泽东说："今天特别欢迎你，我们两个来干一杯！"说完，举杯一饮而尽。

孙兰峰也把酒一饮而尽。他的眼眶又泛湿了。

会议期间，周恩来百忙中设便宴招待傅作义、孙兰峰。

客人落座后，周恩来对孙兰峰说："听说你能喝酒，我这里还有一点好酒，你尝一杯吧！"

周恩来从书架上取下半瓶酒，给孙兰峰斟了一杯。

"这是一位法国朋友送给孙中山先生的。孙夫人宋庆龄女士珍藏多年了，最近她把酒转送与我。"

孙兰峰一听这是和孙中山先生名字连在一起的酒，很兴奋，一扬头，喝了下去。顿时，一股热流融遍了他的全身。

十月一日下午，中国现代史上展现出最光辉的一页。

这天下午，天安门广场红旗如海，歌声如潮，开国大典将在这里隆重举行。

毛泽东主席在天安门城楼上向全世界庄严宣告："中华人民共和国中央人民政府在今天成立了！"中国人民从此站起来了！

参加开国大典的傅作义、孙兰峰与党和国家领导人，与三十万参加庆典的军民一样，心潮起伏，热血奔涌。他们毕竟也为新中国的诞生，作出了贡献。

十月八日，中共中央华北局召开常委扩大会议，研究讨论绥远问题。

董必武、聂荣臻、薄一波等出席了会议。

会议按照毛泽东提出的"以我之人，加傅之人，兴我之政"的原则，研究了成立绥远军政委员会等问题。

十月二十六日，聂荣臻通知绥远到京开会的高克林、姚喆、裴周玉三人："你们暂不要回绥远，等待毛主席、周总理的接见。"

当晚，毛泽东、周恩来在中南海接见了傅作义、聂荣臻、薄一波，以及高克林等人。

毛泽东强调，绥远的工作原则和步骤，按傅先生提出的四个原则、三个步骤办。

在谈到向董其武部队派出政工干部，做好政治工作时，聂荣臻说："蒋介石的政工人员是特务，应防止对我们有这样的认识。"

十月二十九日，毛泽东对绥远工作的请示写信作答：

十月二十八日信悉。绥远两个军及一个骑兵师，可以编入人民解放军的战斗序列，并颁发番号；所列两军及骑师的军事指挥人员亦可照准，惟须与政治委员及政治部主任同时委任，方能使政治工作在军中建立威信，此点请与傅宜生商酌。如果他认为此时发表政治委员及政治部主任有不便处，则军事人员可以事实上先行到职，而正式委任则待政治人员商定后一同行之。在绥远军队中实行认真的政治工作制度是一件大而艰难的事，必须事先有充分的精神准备，并须由傅宜生亲自领导方能行得通，否则难免出乱子。①

毛泽东的这封信，后来成为绥远工作的一个基本依据。

十二月二日，中央人民政府任命了绥远省军政委员会、省人民政府的组成人员。傅作义被任命为军政委员会主席，董其武、孙兰峰被任命为副主席。董其武还被任命为人民政府主席，孙兰峰被任命为副主席。

十二月十三日，中央人民政府人民革命军事委员会任命了绥远省军区的负责人员，傅作义被任命为司令员，董其武、孙兰峰被任命为副司令员。

在傅作义即将离京上任前，聂荣臻、薄一波专门通知中共绥远省委、省人民政府、省军区的领导人："傅作义先生是和平解放北平的有功之人，是绥远和平起义的重要领导人，他赴绥远上任后，应以隆重礼仪接待。今后在他的领导下，和平建设新绥远。"

绥远地方的各项工作在顺利进行。

绥远部队的各项工作也在顺利进行。

一九五〇年底，为了适应抗美援朝需要，绥远部队整编为二十三兵团，开出绥远，到河北衡水整训。董其武任兵团司令员。

经过一个多月的整训，兵团党委和军政委员会向党中央、毛泽东写了一个总结报告。毛泽东阅后，挥笔批转傅作义：

---

①朱金甫主编《中国档案文献辞典》，中国人事出版社，1994，第85页。

宜生兄：

　　二十三兵团最近情况报告一份，送上请审阅，阅后请予掷还。二十三兵团进步如此之大且快，可为庆贺！

　　　　顺致

敬意

　　　　　　　　　　　　　　　　毛泽东

　　　　　　　　　　　　　　　一月二十六日[①]

　　一九五一年九月九日，二十三兵团跨过鸭绿江，投入抗美援朝。全兵团完成任务出色，受到党中央、中央军委、华北军区和朝鲜政府奖励。

　　一九五二年年底奉调回国。

---

①裴周玉：《从绥远起义到抗美援朝》，载《革命回忆录》第17辑，人民出版社，1984，第129—130页。

第十二章

时光淡漠不了的交往

一、聂荣臻为傅作义送行

　　刚解放，聂荣臻先后兼任北平市长兼市军管会主任，任人民革命军事委员会副总参谋长，代理总参谋长，中央人民政府人民革命军事委员会副主席，一九五五年被授予中华人民共和国元帅军衔。一九五六年以后，先后任国务院副总理，主管科技工作，任中共中央军委副主席，人大常委会副委员长。几十年间，他为社会主义革命、社会主义建设操尽心血。尤其是他直接领导科学研究事业，主持"两弹"攻关，为新中国的国防、科技事业建立了彪炳史册的功勋。

　　傅作义历任政协委员，中央人民政府委员，水利部部长，绥远军政委员会主席，绥远省军区司令员，水利电力部部长，国防委员会副主席。他在担任水利部长的二十三年间，几乎走遍了全国各地，长江、黄河、珠江、淮河、海河、黑龙江、新疆的水利工作工地都留下了他的足迹。他竭尽心力为新中国的水利事业作出了不可磨灭的成绩。一九五五年，毛泽东亲自授予他一级解放勋章。

　　傅作义十分崇敬毛泽东，拥护共产党。有的民主党派曾想动员他加入。但傅作义说，我全心全意追随毛主席、共产党。如果我能有进步，工作做得好，我愿意争取加入中国共产党，这是我后半生的心愿！只因发生"文革"，傅作义的心愿未能实现。

聂荣臻和傅作义都十分关心台湾的回归和祖国的统一大业。一九八四年，八十五岁高龄的聂荣臻，欣然担任黄埔同学会名誉顾问。一九九〇年一月十九日，他与徐向前一起，发表对黄埔师生的春节谈话，呼吁海内外黄埔师生为海峡两岸尽早和平统一做出努力。傅作义在第一届政治协商会议上就呼吁"国民党军政人员走到人民方面来"。在政协二届二次会议上，他提出建议；台湾军政人员可组成代表团来大陆参观访问，会见亲友。以后历次政协会议，台湾"二二八"起义纪念及有关场合，他都发言或写文章，号召台湾回归。一九七四年二月二十八日，首都各界人士和在京的台湾同胞举行纪念"二二八"座谈会，傅作义病重住院，不能出席，特委托董其武代读他的书面发言。

毛泽东、周恩来对傅作义关怀备至。聂荣臻与傅作义以诚相待，相敬如宾。

一九四九年十二月，毛泽东到苏联访问，根据聂荣臻的命令，杨成武护送他到山海关。毛泽东回国时，杨成武又到山海关去迎接，同车返京。路上，毛泽东与杨成武谈起傅作义，称赞傅作义为北平解放立了大功，称赞其和平《通电》是肺腑之言，高瞻远瞩。

谈着谈着，毛泽东问："听说有的同志对任用傅作义有意见。成武，你听到过吗？"

杨成武说："听到过。"

"什么革命不如反革命，早革命不如晚革命，这些说法，你觉得对不对？"毛泽东又问。

"当然不对。"

"是哟，革命当然比反革命好，老革命贡献是大嘛，新革命也有贡献。只要革命就好，就要欢迎嘛！"

"是，是这个道理。"

"我们有些同志，心胸不那么开阔。要建立新国家，心胸不开阔不行啰。"

毛泽东接着打了个比方："新中国成立了，就像建起了一座很好的大厦。大厦里面总不能空空的嘛，要摆上各种陈设，沙发呀，桌子呀，古董呀，才不单调。可是，我们有些人只要自己的陈设，不要别人的陈设。"

杨成武认真听，默默记。

"要讲这些道理，要让大家都懂这些道理。"毛泽东又叮嘱。

回到北京后，杨成武向聂荣臻代总参谋长汇报接送情况时，转达了毛泽东的谈话内容。

聂荣臻当即告诉杨成武，毛主席讲的这个问题很重要。在这方面，我们做了许多工作，但还不够。要团结、尊重傅作义先生和其他起义的人员，首先要提高思想认识。

按照聂荣臻的要求，华北军区的《华北解放军报》专门发表一篇社论，宣传了毛泽东的谈话精神。军区在部队中开展了教育活动，取得了很好的效果。

北京市第一届体育运动会在天坛举行，毛泽东等党和国家领导人应邀出席了开幕式。

比赛开始后，毛泽东走到同来出席开幕式的傅作义身旁："到外面转转如何？"

傅作义起身："行啊，我很想看看修葺一新的天坛景色。"

两人边走边谈，来到了祈年殿前。

毛泽东指着修补过的祈年殿说："宜生，你看看这一块我们补得好不好？"

傅作义抬头望着完好如初的祈年殿："不错，不错，不仔细看，还看不出是修补过的。"

"如果我们兵戎相见，这祈年殿就补不得喽！"毛泽东风趣地说。

傅作义会意地笑了。

"宜生，你是保护北京的大功臣，该给你一枚天坛一样大的奖章！"

傅作义听着毛泽东幽默的话语，心里热乎乎的。

周恩来对傅作义的关心、支持一如既往。

每年的春节，周恩来和夫人邓颖超，都要以各种方式，转达党和人民对傅作义及其一家的关怀。一九七三年春节，已患癌症的周恩来还抱病前往傅作义的寓所，代表党和政府向他拜年，使傅作义和全家深受感动。

一九七四年初，周恩来手术后不久，获悉傅作义患了癌症，即前去安慰，鼓励他战胜病魔，争取康复。四月十五日，周恩来拖着沉重的病躯，冒着风沙，赶到北京医院看望傅作义。病榻前，周恩来紧紧握着傅作义的手，俯下身子就在他耳边深情地说："宜生先生，毛主席叫我看你来了，毛主席说你对和平解放北平立了大功。"

傅作义的双眼，闪现出激动的泪光。

四月十九日，傅作义逝世，终年七十九岁。

一直关心着傅作义的聂荣臻，心里十分悲痛。

四月二十二日下午，聂荣臻与叶剑英、董其武来到医院，向遗体告别。

聂荣臻默默伫立着："傅作义将军，你安息吧！你对中国人民的贡献将永垂青史！"

四月二十三日下午，在八宝山革命公墓举行追悼大会。毛泽东送了花圈，周恩来主持追悼会，聂荣臻参加了追悼会。

叶剑英代表中共中央、国务院所致的悼词中特别讲道："傅作义先生一九四九年一月率部起义，对北平和绥远的和平解放，作出了重要贡献。"

二、元帅暮年的深情

　　傅作义逝世后，聂荣臻逐渐进入人生的暮年。但他对傅作义的历史功勋，始终铭记在心。

　　一九八三年底，《聂荣臻回忆录》出版。聂荣臻在书中，记述了北平和平解放和绥远起义的情况，对傅作义的义举给予了极高评价。

　　"回忆录"对傅作义的女儿傅冬菊（傅冬）等同志，也给予了充分的肯定：地下党"利用各种关系，获得了大量的情报，源源不断地供给平津战役指挥部，使我们对敌情基本上做到一清二楚。他们甚至通过傅作义的女儿、我地下党员傅冬菊同志了解掌握傅作义将军的各方面动态，劝她父亲不要跟着蒋介石走。""傅作义将军的神态、言谈、情绪变化，傅冬菊同志都能及时、准确地了解清楚。然后，每天通过地下电台，向平津战役指挥部报告。""几十年来，我打过许多仗，能够如此及时了解对方最高指挥官的动态，还是不多的。这对于我们正确做出判断，下定正确决心，进行正确部署，具有重要的作用。"

　　聂荣臻年近九旬时，一次见到傅冬菊，亲切地询问了她的工作情况，特意提到了她在和平解放北平时的贡献。

　　一九八五年，中国人民政治协商会议全国委员会文史资料研究委员会编辑出版了《傅作义将军》一书。聂荣臻欣然题词："化干戈为玉帛功在祖国。"

　　一九九二年五月十四日，聂荣臻元帅走完了光辉的一生，以九十三岁高龄在北京逝世。

主要参考书目

1.《聂荣臻传》，编写组著，当代中国出版社，1994 年。

2.《聂荣臻回忆录》，解放军出版社，1986 年。

3.《聂荣臻军事文选》，解放军出版社，1992 年。

4.《毛泽东年谱》，中共中央文献研究室编，中央文献出版社，1993 年。

5.《毛泽东书信选集》，人民出版社，1983 年。

6.《傅作义将军》，全国政协文史资料委员会编，中国文史出版社，1985 年。

7.《平津战役亲历记》，全国政协文史资料委员会编，中国文史出版社，1989 年。

8.《傅作义传略》，蒋曙晨著，中国青年出版社，1990 年。

9.《杨成武回忆录》，解放军出版社，1987 年。

10.《从华北到西北》，郑维山著，解放军出版社，1985 年。

11.《横戈马上》，杨得志著，解放军文艺出版社，1984 年。

12.《戎马春秋》，董其武著，中国文史出版社，1986 年。

13.《北京革命史》（第四辑），北京出版社，1992 年。

14.《绥远方式的胜利》，裴周玉著，山西人民出版社，1985 年。

15.《第四野战军南征纪实》，王迪康等编写，解放军出版社，1993 年。